JN099283

これからの**教育課程**と**カリキュラム・マネジメント**

吉冨芳正 村川雅弘 田村知子 石塚 等 倉見昇一 編著

ぎょうせい

教育課程とカリキュラム・マネジメントを学ぼう！
─本書の目的、構成と編集・執筆上の工夫─

1 教育課程とカリキュラム・マネジメントを学ぶ意義

　学校の教師は、子どもたちの教育に当たるという職務の重要性から、その養成の過程や現職研修などを通じて多くのことを学ぶ必要があります。なかでも、近年、重視されているものが学校の「教育課程」と「カリキュラム・マネジメント」です。

　これからの学校教育は、「社会に開かれた教育課程」という考え方に立って教育の質を高めていくことが求められています。知識基盤社会の到来、グローバル化や情報化の進展、人工知能（AI）の進化など、社会の様々な領域で大きな変化が進む中で、私たちは豊かさや便利さを享受するとともに予想もしなかった困難な問題に直面しています。学校教育は、こうした社会の変化を後追いし受け身で対応することにとどまるのではなく、子どもたちがよりよい人生や社会を自ら創造していく資質や能力を育成する必要があります。

　そのために大切な役割を果たすのが、各学校の教育課程です。学校の教育活動は、意図的、計画的、組織的に行う必要があります。「教育課程」とは、各学校の教育活動全体の基幹となる計画、つまり「基本設計」を示すものです。そこには、子どもたちがどのように成長してほしいか（教育目標の設定）、そのためにどんな経験をしてほしいか（教育内容の選択や組織・配列）、どれくらい行うのか（授業時数の配当）といった要素をはじめ、各学校の教育の基本的な方向性や重点、指導上の配慮事項などが示されます。各学校では、校長を責任者として教師が協働しながら教育課程を適切に編成し、さらに種々の指導計画として具体化して、児童生徒の主体的・対話的で深い学びが成立するよう授業を展開することが求められます。こうした一連の流れを教育課程の編成・実施といいます。

　さらに、教育の質を高めるためには、教育目標に向け教科等横断的な視点で教育内容を組織・配列すること、教育課程の編成・実施の過程や結果を評価し改善につなげることや、学校がもつ資源や条件を最大限に活用していくことが求められます。こうした営みを「カリキュラム・マネジメント」と呼び、各学校で積極的に取り組むこととされています。カリキュラム・マネジメントは、その考え方が教育課程の基準である学習指導要領に盛り込まれるとともに、国が示した教員育成のための指針や「教職課程コアカリキュラム」では教師がカリキュラム・マネジメントができる力を身に付けるよう明示されています。

　教師は、教育課程の編成・実施に主体的に参画し、カリキュラム・マネジメントを通じて教育実践の質を高めていくことが期待されています。そのためには、教育課程やカリ

キュラム・マネジメントに関する基礎的・基本的な知識をもつとともに、優れた実践から得られる着眼点などを理解し、それらを効果的に生かしながら根拠を明確にもって自分たちの取組を創意工夫していくことが求められているのです。

2 本書の目的と特徴

　本書は、このような要請に応え、<u>教育課程とカリキュラム・マネジメントについて学びを深め実践に役立てるためのテキスト</u>として刊行するものです。具体的には、次の二つの目的に沿うよう編集・執筆されています。

① 大学の教員養成課程における教職必修「教育課程の意義及び編成の方法（カリキュラム・マネジメントを含む。）」に関する科目のテキストとして

　教師を目指す学生が、教育課程やカリキュラム・マネジメントの意義を理解し、学校の教育課程の編成・実施や評価・改善に主体的に参画できるようにするとともに、教育課程の方向性を踏まえ自分自身の授業を工夫し改善していくために必要な知識や能力、態度を能動的かつ効果的に身に付けられるようにする。

② 管理職や指導主事の参考資料、現職の先生方の研修資料として

　管理職や指導主事、現職の先生方が、「社会に開かれた教育課程」、「カリキュラム・マネジメント」、「主体的・対話的で深い学び（アクティブ・ラーニング）」といったこれからの教育の鍵となる概念などについて理解を深め、自らの取組を工夫する視点や手立てを見出す手がかりを提供する。

　こうした目的に即して編集・執筆された本書は、学習者が<u>カリキュラム・マネジメントの考え方を形成しながら教育課程について学ぶ</u>ことを意図しているところに大きな特徴があります。教育課程に関連する諸要素のそれぞれについて学ぶことにとどまらず、カリキュラム・マネジメントの考え方を軸として教育課程の編成・実施全体を構造的にとらえ、諸要素を相互に関係付けながら能動的に学び、学んだことが教師としての知識や能力の体系の中に組み込まれ、教育実践の質の向上に役立つようにすることを期しています。

3 本書の構成

　本書の内容については、学習者が教育課程やカリキュラム・マネジメントについて豊かに学べるよう、次の20講で構成しています。

第 1 講　カリキュラム・マネジメントができる教師
第 2 講　教育課程の意義
第 3 講　教育課程の基準の必要性と教育課程に関する法令
第 4 講　幕末から戦前までの教育制度と教育課程

　全 20 講は、「カリキュラム・マネジメントができる教師」について考えることからスタートし、教育課程の意義や法令、教育課程や学習指導要領の変遷、教育課程の編成・実施、カリキュラムの理論や評価、カリキュラム・マネジメントの概念や方法を学んだ上で、カリキュラム・マネジメントの中核となる教育課程編成の実際を理解し、再び教師にとって身近な「学級におけるカリキュラム・マネジメント」で締めくくりました。

　本書が大学の教職科目のテキストとして用いられる場合、指導教員の意図や授業の目標によって、複数の講を統合して扱ったり、順序を変えたりして扱われることがあるでしょう。また、選択的に取り扱われることもあるでしょう。その場合、学生のみなさんは授業で扱われなかった講についても自分で目を通し、学びを広げ深めることをお勧めします。

　現職の先生方は、はじめから読み進めてもよいですし、関心があるところから読み始めてもよいと思います。最も知りたいことや考えたいことから着手し、そこを起点に全体をつなげていくことは、成人の学習が課題解決的であるという特徴をもつことからも妥当な方法だと考えられます。

　さらに、巻末のキーワード索引や関係法令も学習に活用していただきたいと思います。

4　本書の編集・執筆上の工夫

ア　学習者が本質的な問いをもって主体的に学べる

　各講の冒頭で、そこで取り上げるテーマと本質的な問いを示しています。

　（例）第 2 講　教育課程の意義　各学校が創意工夫して教育課程を編成・実施することはなぜ大切なのか？

学習者が自分の中に「問い」をもち、これから取り組む学習はほかならない自分自身の学びだという意識を高めることで、主体的な学習が成立します。本質的に重要な「問い」を立てることで、学習はより深いものへと展開すると考えられます。

イ　はじめに学習内容を概観し、どのように関わればよいのか見通しをもてる

　本質的な問いの次に、【本講のポイント】を示しています。テーマや本質的な問いを支える主な概念やキーワードを押さえて内容を概観するとともに、それらとどのように関わり学ぶのか（理解する、考えるなど）を示し、学習の見通しがもてるようにしています。

ウ　具体的な作業課題に取り組むことで本質的な問いを能動的に追究できる

　本質的な問いを追究する過程に役立てられるよう、作業課題を示しています。例えば、調べる、考える、話し合う、まとめるといった課題です。

（例）

考えてみよう！

　学校で作成される全体計画、教科等の年間指導計画、単元の指導計画、本時案には、様々な事項が盛り込まれている。実際の計画を調べて、そこに示されている事項は、よりよい授業を展開する上でどのような意味をもつのか考えてみよう。

　こうした具体的な課題に取り組むことで、能動的に学習に取り組むことができます。グループやペアで課題について話し合ったり作業を進めたりすることを通じて、対話的な学びも成立しやすくなります。

エ　知っていることや経験などと関連付けて考えられる

　本書の執筆に当たっては、できるだけ平易に説明するとともに具体例を挙げるなどして、学ぶ側がすでに知っていることや経験したことと関連付けて考えられるよう努めました。教育課程やカリキュラム・マネジメントについては、教科内容や教科教育法に比べると、自分の学校時代の経験をもとに理解することが少し難しいようです。特に学生のみなさんは、これまでに学習した知識やインターンシップなど学校現場での経験を思い出したり、具体的な事例を集めて内容を確かめたりして、教育課程やカリキュラム・マネジメントの実際の状況を考えながら学習を進めるようにしてください。

オ　自分の学びを確かめられる

　各講のおわりに、〈学びの確認〉を示しました。学びを深めるためには、自分の問いをもとに学習を振り返り、考えをまとめ表現することが大切です。根拠をしっかり吟味しながら自分の考えをまとめ、深い学びを成立させていきましょう。

　以上のように、本書は新しい工夫をたくさん盛り込んだものとなっています。こうした工夫をみなさんの学習の充実に役立てていただくことを願っています。

令和２年３月　　　　　　　　　　　　　　編集・執筆者を代表して　　吉冨芳正

目　次

資料

索引

＊本書は、JSPS 科学研究費 17K01094 による研究成果の一部を活用したものです。

第1講

カリキュラム・マネジメントができる教師

何をどのように行えることが求められているのか？

村川雅弘

【本講のポイント】

　教師の仕事は実に多様である。その中に教育課程の編成・実施に関わる仕事があり、学習指導要領の今次改訂では新たに「カリキュラム・マネジメント」に関する資質・能力の育成・向上が求められている。若手教員であっても学校全体のカリキュラム・マネジメントに積極的に関わっていくとともに、自己の授業実践・学級経営等においてもカリキュラム・マネジメントの視点を意識し取り組みたい。本講では、カリキュラム・マネジメントを進めるに当たってどのような資質・能力が求められるのか、具体的に考える。

1 　教師に求められる資質・能力とカリキュラム・マネジメント

　令和元（2019）年度より全国の教職課程を有する 829 の大学（短期大学を含む）において「教職課程コアカリキュラム」に基づく教員養成教育が進められている。「教職課程コアカリキュラム」とは、すべての大学において共通に習得すべき資質・能力を示したもので、教師として共通に求められる資質・能力と考えることができる。

【　　】は科目名例

〈教育の基礎理論に関する科目等（小学校）の必要事項〉

①教育の理念並びに教育に関する歴史及び思想【教育原理】

②教職の意義及び教員の役割・職務内容（チーム学校運営への対応を含む。）【教職概論】

③教育に関する社会的、制度的又は経営的事項（学校と地域との連携及び学校安全への対応を含む。）【教育社会学、学校安全】

④幼児、児童及び生徒の心身の発達及び学習の過程【教育心理学】

⑤特別の支援を必要とする幼児、児童及び生徒に対する理解【特別支援教育】

⑥教育課程の意義及び編成の方法（カリキュラム・マネジメントを含む。）【教育課程論】

⑦道徳の理論及び指導法【道徳理論・指導法】

⑧総合的な学習の時間の指導法【総合的な学習の時間の指導法】

⑨特別活動の指導法【特別活動】

⑩教育の方法及び技術（情報機器及び教材の活用を含む。）【教育方法・技術論】

⑪生徒指導の理論及び方法【生徒指導・教育相談】

⑫教育相談（カウンセリングに関する基礎的な知識を含む。）の理論及び方法【生徒指導・教育相談】

⑬進路指導及びキャリア教育の理論及び方法【進路指導】

⑭教育実習【教育実習（小）】

〈各教科の指導法（情報機器及び教材の活用を含む。）〉

⑮各教科の指導法（10教科）［国語（書写含む）、社会、算数、生活、外国語（英語）等］

資料1　小学校の教職課程のコアカリキュラム

　資料1は小学校の教職課程のコアカリキュラムであるが、①から⑬までは中学校・高等学校も共通である。⑭「教育実習」は実習対象が異なる。また、⑮は取得する教科の免許に対応して受講する。タイトルからおおよその検討がつくと思うが、カリキュラム・マネジメントは⑥「教育課程の意義及び編成の方法」の中で扱われる。

確認してみよう！考えてみよう！

(1)　あなたが大学で受講する授業科目がどの事項を扱っているものかを確認しよう。

(2)　資料1に示されている必要事項から、教師として求められている資質・能力とは何かを考えよう。

2　カリキュラム・マネジメントとは

　「カリキュラム・マネジメント」という言葉に学校現場においても戸惑いを感じている教師は少なくない。学校現場に立ったことのない、場合によっては教育実習も経験していない学生にとってはなおさらのことである。まず、「教育課程」についての理解が必要であるが、第2講で詳しく述べられているので、参照していただきたい。

　平成29（2017）年小学校学習指導要領では、総則の中でカリキュラム・マネジメントについては資料2のように説明している。中学校と高等学校もほぼ同様の趣旨の内容である。

　学校の組織の一員として「教育課程に基づき組織的かつ計画的に各学校の教育活動の質の向上を図っていく」ためには、教師一人一人に「①児童や学校、地域の実態を適切に把

握する力」「②教育の目的や目標の実現に必要な教育の内容等を教科等横断的な視点で組み立てる力」「③教育課程の実施状況を評価してその改善を図る力」「④教育課程の実施に必要な人的又は物的な体制を確保するとともにその改善を図る力」が求められる。以下、この四つの力（資質・能力）について具体的に考えていきたい。

■総則　第1の4
　各学校においては、児童や学校、地域の実態を適切に把握し、教育の目的や目標の実現に必要な教育の内容等を教科等横断的な視点で組み立てていくこと、教育課程の実施状況を評価してその改善を図っていくこと、教育課程の実施に必要な人的又は物的な体制を確保するとともにその改善を図っていくことなどを通して、教育課程に基づき組織的かつ計画的に各学校の教育活動の質の向上を図っていくこと

資料2　平成29（2017）年小学校学習指導要領

確認してみよう！考えてみよう！

(1) カリキュラム・マネジメントを簡単に説明してみよう。
(2) カリキュラム・マネジメントを推進していくために必要な資質・能力を四つ挙げてみよう。

3　子どもや学校、地域の実態を適切に把握する力

　組織的・計画的に教育活動を展開し教育効果を上げていくためにまず重要なことは、「何を目指すか」である。つまり教育目標のベクトルがずれていると教育効果を十分に上げることは困難である。確かに、学習指導要領には「育成を目指す資質・能力」が示され、それに基づいて各教科等の目標が定められてはいるが、学校や地域、子どもの実態は異なる。国が示した「育成を目指す資質・能力」を参考にしつつ、「学校が育成を目指す資質・能力」を明らかにし、共有化を図り、教育活動を展開していくことが求められている。

　では、具体的にどのようなことが必要か。

　子どもの実態把握に関して一つは、全国学力・学習状況調査や県版学力テスト、新体力テスト等の結果を丹念に分析し、日々の授業改善に生かそうとすることである（本講の**5**に関連）。もう一つは、学習面だけでなく生活面、生活面も学校生活だけでなく家庭や地域での生活においても個々の子どもの実情の把握・理解に努めることである。全国レベルの調査結果も自校の子どもの実態を客観的に捉える上で必要なことであるが、日々の具体的な姿こそ重要である。地域の実態把握に関しては、本講の**6**に関連するが、校区及びその近辺のフィールドワークを行ったり、地域の様々な立場や年齢の方と積極的に関わり情報を得たりすることが必要である。

　また、具体的な研修方法として推奨しているのが「児童・生徒の実態把握と共有化ワー

クショップ」[1]である。

　資料3はある中学校の校内研修成果物の一つである。この学校は生徒指導と学力の両面において課題を抱えていた。学年ごとに生徒の「学習面」と「生活面」に関して「プラス面」と「マイナス面」を整理・分析し、学校全体の分析結果を集約し、その上で授業改善・学校改革のための取組の具体化・共通化を図り、その後、生徒指導改善・学力向上を成し遂げて

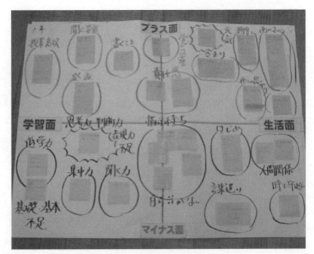

資料3　ある中学校の校内研修成果物

いる。そのターニングポイントになったのがこの研修である。年度始めに学年団で同様のワークショップを行い、学年の教育目標や取組の策定、総合的な学習の時間の指導計画立案を行った小学校もある。参考にしていただきたい。

考えてみよう！

　日々の子どもの実態を多面的に捉えるためには具体的にどんな方法があるだろうか。他の授業（例えば、「教育方法論」や「各教科の指導法」）で学んだことも参考にして考えてみよう。

4　教育の目的や目標の実現に必要な教育の内容等を教科等横断的な視点で組み立てる力

　先行き不透明な時代を生きていく子どもたちは、現代的な諸課題（環境や福祉、防災などのその解決が困難とされている課題）への対応と、AIの発達に伴う人間の仕事の喪失による新たなものの創出が求められている。その際には、各教科等で身に付けた知識や技能を、教科等を越えてつなげて活用することが求められる。

　資料4は平成29（2017）年小学校学習指導要領の総則に書かれているものである。中・高等学校等も共通である。学校の教育目標を踏まえ、「言語能力、情報活用能力、問題発見・解決能力等の学習の基盤となる資質・能力」と「現代的な諸課題に対応して求められる資質・能力」の二つの面から教科横断的な視点で目標達成に必要な教育内容を組織的に配列することが求められている。

　では、具体的にどう考えればよいのか。

　資料5は淡路市立志筑小学校5年の総合的な学習の時間（平成31（2019）年度）の単元構想図である。「収集した知識や情報を関連付け、目的や意図に応じて適切な言葉遣いで話す」（国語）といった言語活動と「共助・自助による備えが重要であることや一人一

人の防災意識が必要であることの考えを深める」（社会）、「関係機関の連携や地域のつながりを理解させ、地域の一員としての自覚を育てる」（道徳）など現代的諸課題の面から、主要な教科等との関連が具体的に示されている。

生活科や総合的な学習の時間の主な学習活動が固まった段階で、当該学年の教員が教科書を持ち寄り、どのような知識や技能が関連するのかを具体的に考えることが有効である。なお、志筑小では「育成を目指す資質・能力」の三つの柱（「生きて働く知識・技能」「未知の状況にも対応できる思考力・判断力・表現力」「学びに向かう力・人間性等」）で関連付けを図っている。

> ■総則　第2の2
>
> (1)　各学校においては、児童の発達の段階を考慮し、言語能力、情報活用能力（情報モラルを含む。）、問題発見・解決能力等の学習の基盤となる資質・能力を育成していくことができるよう、各教科等の特質を生かし、教科等横断的な視点から教育課程の編成を図るものとする。
>
> (2)　各学校においては、児童や学校、地域の実態及び児童の発達の段階を考慮し、豊かな人生の実現や災害等を乗り越えて次代の社会を形成することに向けた現代的な諸課題に対応して求められる資質・能力を、教科等横断的な視点で育成していくことができるよう、各学校の特色を生かした教育課程の編成を図るものとする。

資料4　平成29（2017）年小学校学習指導要領

平成29・30（2017・2018）年学習指導要領では教育課程全体を通しての教科横断的な視点での関連を求めている。生活科や総合的な学習の時間を中心としながらも、各教科（外国語科や道徳科を含む）間や特別活動との関連も視野に入れて授業を展開していきたい。各学校では学年ごとに年間指導計画配列表の中で各教科等との関連を線で結ぶなどの取組をしている。

中学校や高等学校においても総合的な学習の時間と各教科等との関連を図る単元配列表（第18講参照）の作成を行っている場合が多いが、日々の授業で具体的な関連を示すためには、一部分でも他教科の授業を日常的に見合うことを勧める。授業内容を知ることとなり、担当教科の内容と他教科等の内容との関連を意識した指導を行うことができる。生徒一人一人の中に各教科等の横断的な学びを実現することにつながる。

思い出してみよう！考えてみよう！

自己の小・中・高等学校の経験から教科等を越えて関連していた学びを思い出してみよう。

5年「総合的な学習の時間」の単元の構想（全70時間）

| 単元名 | 主な学習活動 | 主な教科等との関連 |

志筑子供防災チーム！発動‼

活動の見通しをもつ（2h）
・地域の防災上の課題を設定し、解決方法を考える。
・自分や地域の防災意識を高めるために活動する。

<国語>
・収集した知識や情報を関連付け、目的や意図に応じて適切な言葉遣いで話す。【思・判・表】

【地震に対する不安を安心に変えよう！】（18h）
○過去の災害を知る。

> 福祉サロンで聞いた自然災害のことが気になるな。身近な人に聞いてみよう。

> 一番不安な災害は、いつ起こるか分からない地震・津波だ。

・地域の方の自然災害に対する思いをつかむ。
・人と防災未来センターを見学し、被災体験談を聞く。
○不安を安心に変えるために自分たちにできることを考え、計画を立てる。

> 安全な避難経路や非常持ち出し品を知っておくと安心じゃないかな。

・自分の課題について調べ、情報収集し、整理・分析する。
○第1回志筑子供防災会議を開く。

> 減災方法を勉強したことを、志筑の人に伝えたい。

・地域の方に減災方法等について発信し、意見交流する。
○地域の方の感想や評価を基にふり返り、課題を見付ける。

> 自分の防災意識も地域の防災意識もまだまだ低いね…。

> たくさんの人に伝えるためには、学校に来てもらうのではなくて、配るものがいいんじゃないかな。

<社会>
・国土の特色やよさを知る一方で、自然災害の危険性もあることを知る。【知・技】

<理科>
・台風と災害との関係を学び、テレビやラジオ、インターネット等を活用して情報を収集することができる。【知・技】

<道徳>
・阪神淡路大震災と東日本大震災の概要を比較し、特徴や被害について理解する。【知・技】

【自他の防災意識を高めよう！】（30h）

> 地震から高齢者の命を守るために必要な情報は何か。

○地震から命を守るための活動計画を立てる。
・現地調査、聞き取りから得た情報を整理・分析し、地域の防災問題をつかむ。

> 気になる人（災害時要配慮者等）の状況は把握できるかな。

○防災福祉マップづくりを通して課題を解決していく。
・命を守るための防災福祉マップに掲載すべき項目を多角的に考察する。

> 見やすくするために必要なものやことを絞り込もう。

・第2回志筑子供防災会議で地域の方とマップを検証し、意見交流する。

> 実際に作ったマップを持って、地域の方と町を歩いてみようよ。

○防災福祉マップを地域の方に発信する。
・第3回志筑子供防災会議で、学んだことを伝えマップを渡す。

> 相手に必要な情報を載せたマップに仕上げるぞ。

○防災福祉マップづくりをふり返る。

> 地域の人と人とのつながりが、もっと必要だね。

> 学んだことをもっと多くの人に伝えたい。

<社会>
・共助・自助による備えが重要であることや一人一人の防災意識が必要であることの考えを深める。【知・技】
・自然災害から命やくらしを守るためにどんな備えがよいか考える。【思・判・表】

<道徳>
・関係機関の連携や地域のつながりを理解させ、地域の一員としての自覚を育てる。【主】

<国語>
・浜口儀兵衛が村民の命を守るために尽力した伝記から、自分の生き方を考える。【思・判・表】

【地域の防災意識を更に高めよう！】（18h）
○地震から命を守り合うための活動計画を立てる。

> いざという時、頼りになるのは近所の人達だね。

・目的、相手、方法を意識して課題をつかむ。
○地域がつながる防災福祉フェスティバルについて考察する。
○防災福祉フェスティバルを開こう。

> いろんな方の理解と協力が必要だな。

> 共助の大切さを感じられるようにしたいな。

・これまで学んだことをまとめ、発信する。
○フェスティバルをふり返り、次への学びにつなげる。

<国語>
・自分の考えをまとめ、説得力のある構成を考え、場に応じた言葉遣いで話す。【思・判・表】

<道徳>
・被災による悲しく怖い気持ちを、身近な人とのふれ合いで互いの心を温かくする方法を身に付ける。【知・技】

<特別活動>
・避難訓練で、災害の種類に応じた安全な避難行動ができるとともに、そこで働いている人に着目し自分たちにできることを考える。【思・判・表】

1年間の活動をふり返る（2h）

> 地域の方の防災意識は変化したかな。

> これから自分たちにできることは何かな。

・地域の防災上の課題が解決したか。
・地域の防災意識を高める活動は成果があったか。

目指す子供の姿
　地域の防災上の課題を見付け、追究し、地域の人が安心して暮らせるために、自ら行動しようとする子

資料5　淡路市立志筑小学校5年の総合的な学習の時間（平成31（2019）年度）の単元構想図

5　教育課程の実施状況を評価してその改善を図る力

③でも述べたが、全国学力・学習状況調査や県版学力テスト、新体力テスト等、児童生徒を対象とした各種調査の結果を、授業改善や学校改革に生かすことが必要である。それが「子どもに調査結果を返す」ことである。その際、特に全国学力・学習状況調査の結果を当該学年や当該教科の教員だけで分析・検討するのではなく、結果は学校全体の成果であり、課題であると受け止めたい。課題に関しては具体的な改善策を学校全体で模索し、その実現に取り組むことが必要である。

　例えば、新体力テストにおいても、学校全体において特定の力に課題がある場合には、学校全体の体力づくりの計画に反映させることも重要だが、個々の教員によっての改善も可能である。持久力や柔軟性、俊敏性などが学級全体を通して低い場合には、体育の授業の中でその力を高めるための運動を一定時間取り入れたり、個々に課題が見られる場合には該当の児童生徒にそのような運動を続けることを奨励したりすることも可能である。

　一方、各教員は日頃の子どもの姿を基に日常的に見直し・改善を図っていくことが重要である。例えば、比較的多くの児童生徒が理解できていない、定着がよくないといった場合には、次の授業の内容や方法を改善していくことは一般的に行われていることである。教員一人一人が日々の授業において小さなPDCAサイクルを回している。学校教育目標やその実現のための授業づくりの考え方・手立てが有効に機能しているかを組織的・計画的に行うのが授業研究と捉えることが必要である。

　これらの調査結果や日々の子どもたちの姿を踏まえて、教育課程の「P（計画）・D（実施）・C（評価）・A（改善）サイクル」を確立することが大切である。

考えてみよう！

　全国学力・学習状況調査（小学校：平成31（2019）年度）の児童質問紙の項目29「学級の友達との間で話し合う活動を通じて、自分の考えを深めたり、広げたりすることができていると思う」（中学校生徒質問紙では項目35）の結果が芳しくなかった場合、学校として取り組むべきこと、学級担任として取り組めることを考えてみよう。

6　教育課程の実施に必要な人的又は物的な体制を確保するとともにその改善を図る力

　校内外の人的・物的資源（人、もの、金、時間など）の有効活用である。目指す資質・能力の育成のための授業改善や学校改革には教職員だけでなく家庭や地域の理解と協力が必要となる。諸資源（人材や予算、施設・設備、学習時間や勤務時間など）は限られている。校内外の人的・物的資源を有効活用するためのマネジメントが重要となる。

　まず、勤務校の校区を知ることが必要である。勤務校が決まれば、春休みの内に校区の地図を手に散策したり、その結果を整理したりすることを勧める[2]。どのような自然や史跡、公共施設があるのか、できればパンフレットを求めたり、そこで働く人や利用している人に直接話しかけるなどしてさらに具体的な情報も得ておきたい。生活科や総合的な学習の時間だけでなく、理科や社会科などの教科指導においても活用できる。

　三重県のある中学校では英語の授業の中で海外勤務歴の長かった企業の退職者がボランティアとして指導に当たっている。グループ指導や個別指導だけでなく、日本人英語教師とのやり取りも行う。生徒が「英語を学ぶことの意味」を理解する上でのキャリアモデルにもなっている。英語力だけではない、様々な分野に堪能な方が地域には存在する。そのような人材を授業で活用することが「社会に開かれた教育課程」（第9講）実現への早道でもある。

調べてみよう！考えてみよう！

(1)　あなたが通う大学の周り、あるいはあなたの住む町には、教育活動に活用できるどんな自然や施設、史跡等があるか、調べてみよう。

(2)　各教科等の学習内容に関して、どんな立場や分野の地域人材の知識や経験を生かすことができるかを考えてみよう。

7　カリキュラム・マネジメントの3側面との関連

　平成29（2017）年学習指導要領の改訂は、第6講で学ぶこれまでの教育改革の延長線上に位置付くものである。平成20（2008）年学習指導要領においても「言語活動の充実」「思考力・判断力・表現力の育成」「各教科等と実社会・実生活との関連」を重視してきた。「主体的・対話的で深い学び」はこれまでの「思考力・判断力・表現力」の育成と「言語活動の充実」の延長線上にあり、「育成を目指す資質・能力」は「生きる力」の具現化と考えることができる。また、「社会に開かれた教育課程」を含む四つのキーワードはいずれも平成10（1998）年学習指導要領改訂時に創設された総合的な学習の時間（第8講参照）において重視され実践されてきたことである。

　カリキュラム・マネジメントの三つの側面に関してもまったく新しいことを求めているわけではない。「教育課程」（第2講参照）の捉え方は従前のままである。カリキュラム・マネジメントに関しては次の三つの側面（「教科横断的な視点による学習内容の編成」「PDCAサイクルの確立」「校内外の人的・物的資源の活用」）が示されている。「教科等横断的な視点による学習内容の編成」は本講の**4**、「PDCAサイクルの確立」は本講の**5**、「校内外の人的・物的資源の活用」は本講の**6**が各々対応している。

▶〈学びの確認〉

　学校のカリキュラム・マネジメントを推進していく上で、教師一人一人に求められる資質・能力にはどのようなものがあるか。具体的に説明しよう。

▶〈発展課題〉

　日々の授業の設計・実施・評価・改善のPDCAサイクルを回していく上で、どのようにして、どのような観点から児童生徒の状況を把握していけばよいか、第16講「学習評価の充実」も参考にして説明しよう。

[注]
1　村川雅弘『ワークショップ型教員研修　はじめの一歩』教育開発研究所、2016年、pp.61-62
2　村川雅弘『ワークショップ型教員研修　はじめの一歩』教育開発研究所、2016年、pp.63-65

第 2 講

教育課程の意義

各学校が創意工夫して教育課程を編成・実施することはなぜ大切なのか？

吉冨芳正

【本講のポイント】

「教育課程」とは、学校の教育活動全体の基幹となる計画のことである。各学校では、教育目標の実現を目指し、教育課程を柱として様々な教育活動を計画・実施・評価・改善する営みが進められていく。本講では、このように学校教育を進める上で重要な概念である「教育課程」の捉え方について理解を深めた上で、各学校において創意工夫して教育課程を編成・実施することはなぜ大切なのか、その意義について考えていく。

---

1 学校教育の特質と「教育課程」の捉え方

　学校教育は、家庭教育と比べ、どのような特質をもつのだろうか。学校教育は、人間の自然な生活の中に根源をもつ家庭教育とは異なり、社会的な必要性から法令によって制度を設けているものである。教育基本法では、学校教育について、①教育の目標が達成されるよう②体系的な教育が③組織的に行われなければならないと定めている。このことから、学校教育は、①意図的、②計画的、③組織的であることが求められるという特質をもつ（図1参照）。

　学校教育を意図的、計画的、組織的に展開する上で、「教育課程」は不可欠なものである。「教育課程」について研究的には様々な定義があるが、最も簡潔にいうと、学校で作成されるたくさんの計画のうち、教育活動全体の基幹となる計画のことを

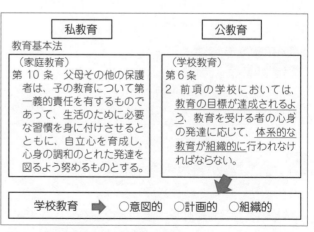

図1　家庭教育と学校教育の比較

指すと考えてよい。学校の教育課程では、教育活動全体の基本的な方針や重点、教科等や学年で扱う内容の選択や組織・配列の全体像、学習や生活の節目となる主な行事、授業時間数、週時程や日課などの大枠が決められる。そうした教育活動全体についての計画がよく練られ、方向性や重点などが明確であることによって、教師は自分たちが担当する各教科等の単元等の指導計画や本時の指導案などを適切に立案し、授業を効果的に展開することができる。

　文部科学省では、学校において編成される「教育課程」について、「学校教育の目的や目標を達成するために、教育の内容を児童生徒の心身の発達に応じ、授業時数との関連において総合的に組織した各学校の教育計画」であると定義している[1]。このように捉えた場合、①学校の教育目標の設定、②指導内容の組織及び③授業時数の配当が教育課程の編成の基本的な要素になる。意図的、計画的、組織的に行うという学校教育の特質を踏まえると、各学校において何を目指すのか（目標）、どんな事項を扱うのか（内容）、どれくらい実施するのか（授業時数）を明確にすることは不可欠であるといえる。（なお、これらに関する法令については、第3講で学ぶ。）

　さらに、教育課程に関係する要素をより広く具体的にみてみよう。例えば天笠は、教育課程に関係する要素が学校現場で実際にどのようなところに表れるかに留意して、次のように整理している[2]。

①　教育理念・目標（教育目標、ビジョン、校訓、目指す学校像、育てたい児童・生徒像、育てたい学力、本年度の重点目標、等）

②　組織配列した教育内容（各教科、道徳、外国語活動、総合的な学習の時間、特別活動、年間指導計画、等）

③　配当した授業時数（日課表、週時程、月間行事計画、年間行事計画、等）

④　教材・教具・施設・設備

　また、安彦は、教育課程の内部要素と外部要因に分け、教育課程の内部要素として、教育の目的・目標を達成するための教育内容、組織原理、履修原理、教材、授業形態、教育方法（指導方法・指導技術）を挙げ、教育課程の外部要因として、行政的決定過程、施設・設備、教職員の質と量を挙げている[3]。

比べてみよう！

　私たちの社会や生活には、学校教育以外にも適切に計画を立てることが不可欠なものごとがある。具体例を考えて、学校教育と比べてみよう。共通点や相違点を探そう。

2 教育課程の編成と実施

　学校の教育課程を作成することを「教育課程の編成」という。「教育課程の編成」とは、学校としての教育目標を設定し、その実現のための基本的な考え方や計画の全体的な枠組

みなどを明らかにし、文章や表や図などで示すことのすべてを指している。

　そして、教育課程をもとに、さらに具体的な指導計画を作成し教育活動を展開していく一連の過程を「教育課程の実施」という。「教育課程の実施」の概念には、各教科等の年間指導計画をもとに、単元等の指導計画、本時の指導案といったように順次、具体的な計画を作成し、授業を実施し、評価を行うことを包含すると考えてよい。

　教育課程の「編成」と「実施」は、その間に一線が引かれるように画然と分かれているものではなく、両者は重なり合うように接続していると考えるべきであろう。つまり、各教科等や各学年の目標を示し、主な内容を選択し組織・配列して、それらに授業時数を配当することは、各学校としての「教育課程の編成」の概念に含まれる。同時に、そうした作業は各教科等の年間指導計画を作成することであって、それをもとに単元等の指導計画や本時の指導案などを具体的に作成し授業を展開していく一連の「教育課程の実施」のはじまりでもある。このように、教育課程は、その「編成」に加えて「実施」までを視野に入れると、学校の教育活動のかなり広い範囲をカバーする概念であるといえる（図2参照）。

　教育課程の編成・実施の主体は、各学校である。各学校では、国によって定められている教育課程に関する法令や教育課程の基準としての学習指導要領、教育委員会によって定められている学校を管理する規則などを踏まえながら、校長が責任者となり、教職員全体が参画し協働して教育課程を編成し実施する。

　教育課程の編成・実施に関わって、近年、PDCAサイクルという言葉が強調されている。各学校で教育の質を高めるためには、教育活動を計画（Plan）し、それを具体的に実施（Do）に移し、実施の過程や結果を評価（Check）して、それをもとにさらに計画を改善（Action）していく過程（PDCAサイクル）を循環させることが求められる。各学校では、教育課程を中心に据え、教職員

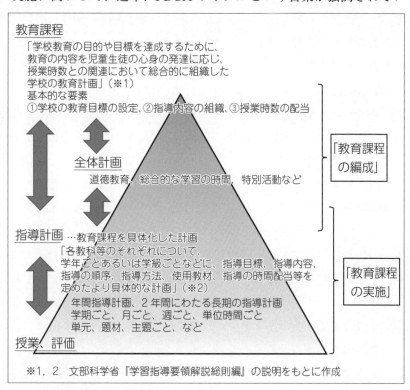

図2　「教育課程」の「編成」と「実施」

で知恵を出し合いながら、PDCA サイクルを回すことを通して教育活動全体をよりよいものに改善していくことが大切である。

さらに、各学校は、自ら学校運営の状況を評価し改善して、その結果を公表することが求められている。教育課程は学校運営の中核であり、各学校は自らの責任で適切な教育課程を編成し実施しなければならない。

調べてみよう！

学校にはどのような種類の計画が存在するのだろうか。第 19 講を手がかりにしたり、学校のホームページを参照したりして具体例を調べてみよう。また、それらの計画にはどのような事項が示されているのか確かめてみよう。

3 「カリキュラム」の捉え方

「教育課程」に近い用語に「カリキュラム」という用語がある。これは、英語の curriculum を日本語のカタカナで表記したものである。curriculum の語源には、競走路といった意味があるといわれている。ここから、「カリキュラム」は、学習の道筋を枠付けるよう教育内容を配列したものを指すようになった。

「カリキュラム」は、一般的に、広くは「学習者の学習経路を枠付ける教育内容の系列」といった意味で、狭くは「学校教育の内容を発達段階や学習目標に応じて系統的に配列した教育課程」(『広辞苑第七版』) といった意味で用いられている。また、研究的には、「学校教育における児童生徒の経験の総体」といった広い捉え方がされている。

「教育課程」も「カリキュラム」も、もとは curriculum をもとにした用語である。昭和26 (1951) 年改訂の学習指導要領一般編 (試案) では、文部省 (当時) も「教育課程とは、学校の指導のもとに、実際に児童・生徒がもつところの教育的な諸経験、または、諸活動の全体を意味している」と示していることは興味深い。その後、学習指導要領を中心とした学校の教育体制が整備され、「教育課程」の用語が教育行政によって使われる過程で次第にそこから「経験」といった説明が薄くなっていったと考えられる。

これまで、主に行政の場を中心に「教育課程」の語が、研究の場を中心に「カリキュラム」の語が使われてきたといわれるが、近年、両者の垣根を低くしようとする傾向がみられる。研究の場においては、「教育課程」を積極的に研究対象とする意味を込めて、できるだけこの語を用いようとする動きがある。一方、行政の場においても、平成 20 (2008) 年の中央教育審議会の答申では、教育課程や指導方法等を不断に見直すことにより効果的な教育活動を充実させることを意図して、「カリキュラム・マネジメント」の用語が使われた。さらに、平成 29・30 (2017・2018) 年の学習指導要領の改訂では、総則において各学校は「カリキュラム・マネジメント」に努めるよう求められている。

　「教育課程」と「カリキュラム」の用語を研究的に厳密に捉えようとするならば、教育についての考え方や歴史的な経緯を踏まえて使い分け方を吟味する必要がある。「教育課程」という用語は、「編成」に加えて「実施」の概念までを視野に入れれば授業を含めたかなり広い範囲をカバーする。しかし、意図していないものを児童生徒が身に付けることを指す「隠れたカリキュラム」という用語がある（「隠れた教育課程」とはいわない）ことからもわかるように、「カリキュラム」という用語の方がより広い範囲を指すといえる。

　なお、「教育課程」については、学校の教育活動全体に関わってよく用いられてきた経緯があり、個別の教科等の計画を指す場合に、例えば「国語科の教育課程」といったいい方は通常はされていないことに留意する必要がある。この場合、「国語科の指導計画」、「国語科のカリキュラム」といった方が混乱を招かないであろう。

4　各学校が創意工夫して教育課程を編成・実施することの意義

　各学校においては、創意工夫して教育課程を編成・実施することが大切である。ここでは、その意義について、三つの視点から具体的に考えてみよう。

　第一に、学校教育の本質から考えるという視点である。各学校における教育は、在籍する児童生徒の心身の発達の段階や特性、学校や地域の実態などに適切に応じたものであってはじめて効果が期待できる。このことは、学習指導要領の総則の冒頭（総則第1の1）においても教育課程編成の原則的な考え方として示されている（巻末資料参照）。

　実際、各学校で適切な教育を実現するためには、児童生徒の状況などを十分に把握・分析し、それに即して具体的な目標の設定、指導内容の組織や授業時数の配当、教材の選択や開発、学習指導の過程、評価の観点や規準などを創意工夫する必要がある。

　このように、目の前の児童生徒一人一人を確かに育てることができるよう、教育活動全体を見通し、教育課程の編成・実施に創意工夫を重ねていくことは、それぞれの学校ならではの特色ある教育活動を生み出すことにつながっていく。

　第二に、よりよい社会や人生を自ら創造できる資質や能力を育成するという視点である。これからの時代は、新しい知識・情報・技術が社会のあらゆる領域での活動の基盤として重要性を増す知識基盤社会の時代であるといわれており、グローバル化や情報化、人工知能（AI）の進歩などが進展する一方、少子高齢化、環境や資源をめぐる問題、貧困や格差、世界各地の紛争など、複雑で困難な問題に向き合っていかなければならない。

　こうした問題にはあらかじめ用意された唯一の正解はないのだから、教育の在り方も関係者が知恵を出し合って開発していく必要がある。各学校では、児童生徒の学習と社会や生き方などとを関連させ、教科等横断的な視点に立ち、知識や技能を活用して考えたり議論したり表現したりしながら問題を発見し解決できる資質・能力を高める教育課程を自ら練り上げていく必要がある。

第三に、地域に根差し地域社会を支える人間を育成するという視点である。学校教育は公の性質を有し、児童生徒一人一人の能力を伸ばすとともに、国や社会の形成者としての資質を養うことを期して行われる。特に、地方公共団体が設置し、管理している公立学校は、地域の学校として地域社会の後継者を育成することが期待されている。

　児童生徒は、毎日を地域の中で生き、地域の人々、文化、自然などと密接に関わり、その経験を頼りに学習を進めていく。そして、地域社会もまた解決すべき問題を抱えている。児童生徒は、地域の中で育まれつつ、地域社会の一員として自分たちにできることを考え実践していく力を高めていくことが求められる。地域の実情はそれぞれに異なっており、それらを生かして教育課程を工夫していく必要がある。そうした努力を通じて、地域に開かれ、信頼される学校となることができる。

▶〈学びの確認〉

(1)　「教育課程」や「カリキュラム」とは何を指すのか。説明してみよう。

(2)　学校教育を意図的、計画的、組織的に行う上で、教育課程を適切に編成することがなぜ大切なのか、教育課程の基本的な要素（①学校の教育目標の設定、②指導内容の組織、③授業時数の配当）に着目して説明してみよう。

(3)　各学校が教育課程の編成・実施に創意工夫を凝らすことはなぜ大切なのか、視点を明確にして考え、説明してみよう。

▶〈発展課題：学校の条件と教育課程との関係を検討してみよう！〉

　あなたは、これからはじめて学校をつくる国で、その手伝いをすることになったとする。学校をつくり運営するためには、どんなことについて準備をしたり条件を整えたりすればよいだろうか。そうしたことと教育課程は、どのような関係にあるのだろうか。

（ヒント）教職員などの人的条件、施設・設備、教材・教具などの物的条件、予算などの財政的条件、学級編制、教員の職務や校務分掌などの組織・運営的条件に着目して検討してみよう。

[注]
1　文部科学省『小学校学習指導要領解説総則編』東洋館出版社、2018年、p.11
2　天笠茂『カリキュラムを基盤とする学校経営』ぎょうせい、2013年、p.37
3　安彦忠彦『改訂版教育課程編成論―学校は何を学ぶところか―』放送大学教育振興会、2006年、pp.28-34

第3講

教育課程の基準の必要性と教育課程に関する法令

学習指導要領はなぜ必要なのか？

石塚　等

【本講のポイント】

　小学校、中学校、高等学校の学校段階ごとに、教育課程の基準として学習指導要領が定められている。本講では、国として教育課程の基準を設定する必要性と、教育課程の基準として定められている学習指導要領の性格及び教育課程に関する法制度について理解を深める。

1　教育課程の基準の必要性

　教育基本法第6条においては、「法律に定める学校は、公の性質を有するものであって、国、地方公共団体及び法律に定める法人のみが、これを設置することができる。」と規定されている。教育基本法の定めのとおり、学校は公の性質を有するものであるから、全国的に一定の教育水準を確保し、全国どこにおいても同水準の教育を受けることのできる機会を保障することが要請される。学校教育の目的や目標を達成するためには、各学校において編成・実施される教育課程について国として一定の基準を設けて、ある限度において国全体としての統一性を保つことが求められる。これは、小・中学校の義務教育はもとより、高等学校においても同様である。このため国においては、学校教育の目的や目標などを教育基本法や学校教育法で定めるとともに、学校教育法施行規則の規定に基づき教育課程の基準として学習指導要領を定めている。

　学校においては、児童生徒の心身の発達の段階や特性及び学校や地域の実態を十分考慮して適切な教育課程を編成することが必要である。つまり、各学校や教師の創意工夫を生かした特色ある教育活動を展開することが求められる。このような観点から、学習指導要領に示された教科等の目標や内容等は中核的な事項にとどめられ、大綱的なものとなっている。学校において特に必要がある場合には学習指導要領に示していない内容を加えて指導することができること、小・中学校では教科等の特質に応じ目標や内容が複数学年まと

めて示されていること、授業の1単位時間の設定や時間割の編成を弾力的に行うことができること、総合的な学習の時間（高校は「総合的な探究の時間」）において目標や内容を各学校で定めることなど、学習指導要領は、学校や教師の創意工夫を重視した教育活動が展開されるよう配慮されている。

話し合ってみよう！

(1) 教育課程の基準である学習指導要領がないと、困ることは何だろうか。
(2) 国全体としての統一性と学校の創意工夫とのバランスをどのように考えたらよいだろうか。

調べてみよう！

学校や教師の創意工夫を生かした教育活動を行うことができるよう、学習指導要領における大綱的な記述について調べてみよう。

2 学習指導要領の性格

(1) 学習指導要領の法的拘束性

学習指導要領は、学校教育法及び学校教育法施行規則の規定に基づき、教育課程の基準として文部科学大臣が告示という形式で定めている。学校教育法第33条では「小学校の教育課程に関する事項は、第29条及び第30条の規定に従い、文部科学大臣が定める。」（中学校は第48条、高等学校は第52条において同様の規定）とされ、これを受け学校教育法施行規則第52条では「小学校の教育課程については、この節に定めるもののほか、教育課程の基準として文部科学大臣が別に公示する小学校学習指導要領によるものとする。」（中学校は第74条、高等学校は第84条において同様の規定）と定められている。学習指導要領は、学校教育についての一定の水準を確保するために、法令に基づいて国が定めた教育課程の基準であり、法規としての性格を有する。このため、各学校が教育課程を編成・実施するに当たっては、学習指導要領に従わなければならない。つまり、各学校が教育課程の編成・実施する場合は、学習指導要領に基づかなければならないという点において法的な拘束力を有するということができる。

このように、法規としての性格を有する学習指導要領は、国としての統一性を保つために必要な限度として定められた教育課程の基準であり、学校や教師の裁量による創意工夫を生かした教育課程が編成できるように大綱的な示し方となっている。

学習指導要領に関わる代表的な判例である昭和51（1976）年5月の旭川学力テスト事件の最高裁判決においては、学習指導要領は法的見地から教育における機会均等と全国的な一定の水準の維持という目的のために必要かつ合理的な基準として是認されている。平成2（1990）年1月の伝習館高校事件最高裁判決においても、この判決が踏襲され、学習

指導要領が法規としての性質を有するとの判断が是認され、法的拘束性を有することが確認されている。

(2) 学習指導要領の基準性

　学習指導要領に示している内容は、すべての児童生徒に対して確実に指導しなければならないものであると同時に、児童生徒の学習状況等を踏まえ必要がある場合には、各学校の判断により学習指導要領に示していない内容を加えて指導することも可能であるという性格について、学習指導要領の基準性といわれている。このことは、平成15（2003）年の学習指導要領の一部改正において明確にされ、平成20・21（2008・2009）年及び平成29・30（2017・2018）年の学習指導要領改訂においてもその考え方が引き継がれている。

3　教育課程に関する法令

(1) 関係法令の概要

　学校における教育課程は、教育課程に関する法令に従って編成・実施されなければならない。このため、教育課程に関する法令の全体を概観し体系的に理解しておく必要がある。教育課程に関する法令としては、教育基本法、学校教育法、学校教育法施行令、学校教育法施行規則、学習指導要領、地方教育行政の組織及び運営に関する法律があり、全体を概観すると次のとおりである。

■教育課程に関する法令の概観

<u>教育基本法</u>…教育の目的・目標、義務教育の目的、学校教育の役割　など

<u>学校教育法</u>…義務教育の目標、学校種別の目的・目標、学力の要素、体験活動の充実、教育課程に関する事項は文部科学大臣が定めること　など

<u>学校教育法施行令</u>…学期、休業日の規定　など

<u>学校教育法施行規則</u>…教科等の種類、標準授業時数、教育課程については教育課程の基準として文部科学大臣が公示する学習指導要領によること　など

<u>学習指導要領</u>…前文、総則、各教科等の目標・内容・内容の取扱い　など

<u>地方教育行政の組織及び運営に関する法律</u>…学校の教育課程その他に関する事務を管理・執行、教育委員会規則の制定　など

---

①教育基本法

　教育基本法は、学校教育法などすべての教育法規の根本となる法律であり、教育の目的（第1条）、教育の目標（第2条）、義務教育（第5条）のほか、学校教育（第6条）、教員（第9条）、教育行政（第16条）などについて定めている。

（教育の目的）

第1条　教育は、人格の完成を目指し、平和で民主的な国家及び社会の形成者として必要な資質を備えた心身ともに健康な国民の育成を期して行われなければならない。

（教育の目標）

第2条　教育は、その目的を実現するため、学問の自由を尊重しつつ、次に掲げる目標を達成するよう行われるものとする。

　　一　幅広い知識と教養を身に付け、真理を求める態度を養い、豊かな情操と道徳心を培うとともに、健やかな身体を養うこと。

　　二　個人の価値を尊重して、その能力を伸ばし、創造性を培い、自主及び自立の精神を養うとともに、職業及び生活との関連を重視し、勤労を重んずる態度を養うこと。

　　三　正義と責任、男女の平等、自他の敬愛と協力を重んずるとともに、公共の精神に基づき、主体的に社会の形成に参画し、その発展に寄与する態度を養うこと。

　　四　生命を尊び、自然を大切にし、環境の保全に寄与する態度を養うこと。

　　五　伝統と文化を尊重し、それらをはぐくんできた我が国と郷土を愛するとともに、他国を尊重し、国際社会の平和と発展に寄与する態度を養うこと。

（義務教育）

第5条　国民は、その保護する子に、別に定めるところにより、普通教育を受けさせる義務を負う。

2　義務教育として行われる普通教育は、各個人の有する能力を伸ばしつつ社会において自立的に生きる基礎を培い、また、国家及び社会の形成者として必要とされる基本的な資質を養うことを目的として行われるものとする。

3　国及び地方公共団体は、義務教育の機会を保障し、その水準を確保するため、適切な役割分担及び相互の協力の下、その実施に責任を負う。

4　国又は地方公共団体の設置する学校における義務教育については、授業料を徴収しない。

②学校教育法

　学校教育法は、学校教育に関する諸制度の根本を定めた法律である。教育基本法における教育の目的と目標、義務教育の目的を受け、義務教育の目標（第21条）が定められている。

第21条　義務教育として行われる普通教育は、教育基本法第5条第2項に規定する目的を実現するために、次に掲げる目標を達成するよう行われるものとする。

　　一　学校内外における社会的活動を促進し、自主、自律及び協同の精神、規範意識、公正な判断力並びに公共の精神に基づき主体的に社会の形成に参画し、その発展に寄与する態度を養うこと。

二　学校内外における自然体験活動を促進し、生命及び自然を尊重する精神並びに環境の保全に寄与する態度を養うこと。

三　我が国と郷土の現状と歴史について、正しい理解に導き、伝統と文化を尊重し、それらをはぐくんできた我が国と郷土を愛する態度を養うとともに、進んで外国の文化の理解を通じて、他国を尊重し、国際社会の平和と発展に寄与する態度を養うこと。

四　家族と家庭の役割、生活に必要な衣、食、住、情報、産業その他の事項について基礎的な理解と技能を養うこと。

五　読書に親しませ、生活に必要な国語を正しく理解し、使用する基礎的な能力を養うこと。

六　生活に必要な数量的な関係を正しく理解し、処理する基礎的な能力を養うこと。

七　生活にかかわる自然現象について、観察及び実験を通じて、科学的に理解し、処理する基礎的な能力を養うこと。

八　健康、安全で幸福な生活のために必要な習慣を養うとともに、運動を通じて体力を養い、心身の調和的発達を図ること。

九　生活を明るく豊かにする音楽、美術、文芸その他の芸術について基礎的な理解と技能を養うこと。

十　職業についての基礎的な知識と技能、勤労を重んずる態度及び個性に応じて将来の進路を選択する能力を養うこと。

　これら義務教育の目標規定のもと、小・中、高等学校の学校種別の目的と目標（小学校：第 29 条、第 30 条第 1 項、中学校：第 45 条、第 46 条、高等学校：第 50 条、第 51 条）が定められている。また、第 30 条第 2 項において「生涯にわたり学習する基盤が培われるよう、基礎的な知識及び技能を習得させるとともに、これらを活用して課題を解決するために必要な思考力、判断力、表現力その他の能力をはぐくみ、主体的に学習に取り組む態度を養うことに、特に意を用いなければならない」との規定により、学力の要素が明示されている。さらに、これらの規定に従い、教育課程に関する事項は文部科学大臣が定めること（小学校：第 33 条、中学校：第 48 条、高等学校：第 52 条）とされ、文部科学大臣が定める学校教育法施行規則に委ねられている。

　このほか、体験活動の充実（第 31 条）、修業年限（小学校：第 32 条、中学校：47 条、高等学校：第 56 条）などが定められている。

③学校教育法施行令

　学校教育法施行令は、学校教育法を施行するために必要な事項を規定した政令であり、学期及び休業日（第 29 条）など定められている。

④学校教育法施行規則

　学校教育法施行規則は、学校教育法を施行するために必要な事項を規定した省令である。

上述のとおり、学校教育法における教育課程に関する事項は文部科学大臣が定めることとの規定を受け、学校教育法施行規則においては教育課程に関する基準が定められている。

　学校種ごとに教科等の種類（小学校：第50条第1項、中学校：第72条、高等学校：第83条）について次のとおり定められている。

　第50条　小学校の教育課程は、国語、社会、算数、理科、生活、音楽、図画工作、家庭、体育及び外国語の各教科、特別の教科である道徳、外国語活動、総合的な学習の時間並びに特別活動によつて編成するものとする。

　第72条　中学校の教育課程は、国語、社会、数学、理科、音楽、美術、保健体育、技術・家庭及び外国語の各教科、特別の教科である道徳、総合的な学習の時間並びに特別活動によつて編成するものとする。

　第83条　高等学校の教育課程は、別表第3に定める各教科に属する科目、総合的な探究の時間及び特別活動によつて編成するものとする。

　教科等の種類に関して第50条第2項においては「私立の小学校の教育課程を編成する場合は、前項の規定にかかわらず、宗教を加えることができる。この場合においては、宗教をもつて前項の特別の教科である道徳に代えることができる」（中学校は第79条により準用）とされ、私立学校における教育課程編成に係る例外事項が規定されている。教科等の種類と合わせて、各学年における各教科等の年間標準授業時数が定められている（小学校：第51条に規定する別表第1、中学校：第73条に規定する別表第2）。

　学校教育法施行規則では、これらの規定のほか、教育課程については文部科学大臣が別に公示する学習指導要領によること（小学校：第52条、中学校：第74条、高等学校：第84条）と定められている。

　このように学校教育法施行規則においては、主に教科等の種類と標準授業時数が定められ、そのほかの具体的な事項は学習指導要領に委ねられている。

　このほか学校教育法施行規則においては、指導要録（第24条、第28条）、休業日（第61条、第62条）、学校評価（第66条、第67条、第68条）などが定められている。

■特別の教科とは

　「特別の教科　道徳」については、平成29（2017）年改訂の学習指導要領に先立って、平成27（2015）年の学習指導要領の一部改正により、平成30（2018）年度から小学校で令和元年度から中学校でそれぞれ全面実施されている。平成26（2014）年の中央教育審議会「道徳に係る教育課程の改善等について（答申）」においては、『道徳の時間については学習指導要領により示された内容について体系的な指導により学ぶという各教科と共通する側面がある一方で、道徳教育の要となって人格全体に関わる道徳性の育成を目指すものであることなどから、学級担任が担当することが望ましいと考えられること、数値などによる評価はなじ

まないと考えられることなど、各教科にはない側面がある。このことを踏まえ、教育課程上も各教科とは異なる新たな枠組みとして「特別の教科」（仮称）を設け、学校教育法施行規則に位置付けることが適切』、『「特別の教科道徳」（仮称）の特性を踏まえ、教材として具備すべき要件に留意しつつ、民間発行者の創意工夫を生かすとともに、バランスのとれた多様な教科書を認めるという基本的な観点に立ち、中心となる教材として、検定教科書を導入することが適当』と提言されている。

⑤学習指導要領

　学習指導要領は、学校教育法及び学校教育法施行規則の規定に基づき、文部科学大臣が告示という形式で定めている。

　平成29・30（2017・2018）年告示の学習指導要領は、前文、総則、各教科等により構成されている。総則は、小（中・高等）学校教育の基本と教育課程の役割、教育課程の編成、教育課程の実施と学習評価、児童（生徒）の発達の支援、学校運営上の留意事項、道徳教育に関する配慮事項、単位の修得及び卒業の認定（高等学校のみ）などが定められている。以下は、小（中）学校学習指導要領全体の構成（左図）と総則及び教科等の構成（右図）である。

学習指導要領の構成を把握しよう！（平成29（2017）年3月告示）

前文
第1章　総則
第2章　各教科　※（　）は中学校
　第1節　国語
　第2節　社会
　第3節　算数（数学）
　第4節　理科
　第5節　生活〔小のみ〕
　第6節　（5）節　音楽
　第7（6）節　図画工作（美術）
　第8節　家庭（技術・家庭）
　第9（7）節　体育（保健体育）
　第10（9）節　外国語
第3章　特別の教科　道徳
第4章　外国語活動〔小のみ〕
第5（4）章　総合的な学習の時間
第6（5）章　特別活動

総則
　第1　小（中）学校教育の基本と教育課程の役割
　第2　教育課程の編成
　第3　教育課程の実施と学習評価
　第4　児童（生徒）の発達の支援
　第5　学校運営上の留意事項
　第6　道徳教育に関する配慮事項

教科等
　第1　目標……（教科目標）
　第2　各学年（・分野）の目標及び内容
　〔学年〕…（複数学年まとめた教科も）
　　1　目標…（学年（・分野）目標）
　　2　内容
　　3　内容の取扱い（示さない教科も）
　第3　指導計画の作成と内容の取扱い

---

⑥地方教育行政の組織及び運営に関する法律

　以上のほか、公立学校においては、地方教育行政の組織及び運営に関する法律（以下「地教行法」という）による定めがある。地教行法は教育委員会の設置や職務権限などを定めた法律である。

　教育委員会においては、学校の教育課程に関する事務を管理、執行する職務権限を有し

ている（第21条）。法令又は条例に違反しない限度において教育課程について必要な教育委員会規則を定めるものとする（第33条第1項）と規定されている。

(2) 各学校の教育課程編成と関係規定

①教育目標に関する規定

　各学校において教育目標の設定や各種の教育計画を策定するに当たっては、教育基本法に定める教育全体の目的・目標及び義務教育の目的、学校教育法に定める義務教育の目標及びそれを踏まえた小・中・高等学校段階ごとの目的・目標、学習指導要領における関係規定を踏まえることが必要となる。

②教育内容に関する規定

　各学校において教育内容を組織するに当たっては、学校教育法施行規則における小・中・高等学校段階ごとに教科等の種類、学習指導要領における各教科等の目標、内容及び内容の取扱いを踏まえることが必要となる。

③授業時数に関する規定

　各学校において授業時数を配当するに当たっては、学習指導要領に示す教育内容との関連を考慮し、学校教育法施行規則において規定する年間標準授業時数を踏まえることが必要である。表で示されている授業時数の1単位時間は、小学校45分、中学校50分であることに留意する必要がある。

　高等学校は義務教育と異なり単位制をとっていることから、高等学校学習指導要領総則において各学科に共通する各教科・科目及び総合的な探究の時間の標準単位数を定めていることに留意する必要がある。

▶〈学びの確認〉
(1)　教育課程の基準について、国全体としての統一性と学校の創意工夫とのバランスの重要性を踏まえ、学習指導要領の必要性を説明してみよう。
(2)　教育課程について、目標、内容、授業時数などの要素に着目しながら、どのような法令でどのようなことが規定されているかをまとめてみよう。小・中・高等学校で法令の規定の違いに着目してまとめてみよう。

▶〈発展課題：教育課程の基準の決め方について考えてみよう！〉
　教育課程の基準はどのような主体がどの程度決めることが望ましいだろうか。理由を明らかにして考えてみよう。

第4講

幕末から戦前までの教育制度と教育課程

戦前の教育内容はどのようなものだったのか？

倉見昇一

【本講のポイント】

　我が国の近代教育制度は明治5（1872）年の学制に始まるが、その源をさぐれば江戸時代に遡る。学制は、小学校から大学校に至る教育制度であったが、まず小学校の設置に力が注がれた。その後、教育令、学校令が出され、国家の管理下に近代教育が組織されていった。義務教育が始まり、国民教育の普及は近代国家の形成に大きな役割を果たした。明治初期の教育内容は実学中心であったが、明治10年代に儒学中心の教育内容へと転換し、明治23（1890）年に発布された教育勅語は国民道徳及び国民教育の基本とされた。大正期を経て、昭和初期以降、戦時体制に合わせた教育が行われるようになり、国民学校令により教育内容や制度もそれに応じて変更されていった。

　本講では、文部省が作成した『学制百年史』、『学制百二十年史』やその他の資料などに拠りながら、明治当初から力が注がれた小学校教育を中心に戦前までの学校教育の状況を概観し、その教育内容について考えていく。

1 幕末期の教育

　江戸時代において武士と庶民（百姓・町人）の身分が区別されていたように、教育についても基本的には武士の教育と庶民の教育はそれぞれ独自の形態がとられていた。

　武士のための教育機関は「藩校」であり、藩校では、儒教思想に立脚して支配者に必要とされる儒学が中心とされ、四書五経などが教えられていた。藩校は幕末維新期において270校ほどあったが、中でも、名古屋藩の明倫堂、会津藩の日新館などは創立が古く、規模も大きく著名である。

　幕府も学校を設立していたが、江戸時代の最高学府として、諸藩の藩校の模範ともいうべき地位を占めていたのは、昌平坂学問所であった。多くの藩ではここに藩校の教官を派遣し、儒学を修めさせる例もあって、江戸時代における儒学の中心をなす学校となっていた。

庶民の教育機関は「寺子屋」であり、寺子屋は、庶民の子どもたちに対して、読み・書き・算用など日常生活に必要な実用的・初歩的な教育が行われていた私設の教育機関であった。寺子屋は農山漁村にまで普及していたので、その数は数万ともいわれている。寺子屋の普及は、明治維新後の初等教育の発展にとって重要な基盤となった。

寺子屋の様子

　江戸時代末期、自分の姓名を書くなどの簡単な識字率は、地域差や男女差があるものの、8割くらいではないかといわれている。

2 　学制の時代（明治5（1872）年〜）

　明治維新直後は、江戸時代以来の諸藩がなお存続していたため、諸藩による教育が独自に行われていた。明治4（1871）年に廃藩置県が行われ、新政府は全国を統一した行政を実施できる体制となり、教育行政を総括する機関として文部省を設置した。文部省は、翌年の明治5（1872）年に「学制」を発布し、ここに近代学校制度がはじまった。

　学制においては、学校制度の体系として、大学・中学・小学の三段階を基本とし、これらを設けるため学区制をとり、全国を8大学区に分けて各大学区に大学校を1校、1大学区を32中学区に分けて各中学区に中学校1校、1中学区を210

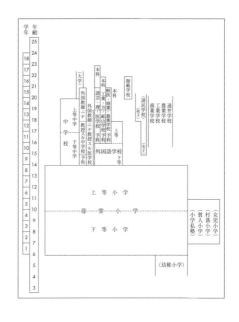

小学区に分けて各小学区に小学校1校をそれぞれ置くことで、全国に大学校8校、中学校256校、小学校53,760校を設置すると定められていた。これは、人口約600に対して小学校1校を、人口約13万に対し中学校1校を置くことを目標としたものであった。

　しかしながら、実施のための財政的裏付けが不十分だったこともあり、学制を一斉に実施することは実際上困難であった。文部省は、まず小学校の設立に力を注ぎ、明治8（1875）年の段階で全国に約24,500校の小学校が設立された（参考：令和元（2019）年の全国の小学校数は約19,700校）。これは、江戸時代に普及した寺子屋の基盤があったからといえる。

　小学校には、尋常小学、女児小学、村落小学、貧人小学などの種別があり、一般の児童

は尋常小学に入学するとされていた。尋常小学は下等・上等に分かれ、下等小学は6歳から9歳までの4年、上等小学は10歳から13歳までの4年を原則とし、男女とも必ず卒業すべきものとされていたが、当時の就学率は35％（男子約50％、女子約19％）であった。

　小学校の教科については、学制の条文に掲げられている。また、これに基づいた「小学教則」には、教科目と時間配当、教科書、授業の要点などが示されている。

学制に定められている教科

下等小学教科 （4年）	綴字（カナヅカヒ）、習字（テナラヒ）、単語（コトバ）、会話、読本、修身、書牘、文法、算術、養生法、地学大意、理学大意、体術、唱歌（当分之ヲ欠ク）
上等小学教科 （4年）	（下等小学教科に加え）史学大意、幾何学罫画大意、博物学大意、化学大意、（拡張して教えることができる教科として）外国語学、記簿法、画学、天球学

　ここで、学制の教育観・学問観をみておこう。学制の教育理念は、学制の序文（被仰出書）に示されている。そこには、人々に対して、仕事を盛んにして財産を成し、身を立て生きていくためには、すべての子どもたちが学校に通い勉強をする必要があることなどが説かれており、欧米の近代思想に基づく個人主義・実学主義の教育観・学問観が表われている。

3　教育令の時代（明治12（1879）年〜）

　学制は、欧米の教育制度を模範としており、実地の経験をもとにしていなかったため、考慮すべき多くの問題を含み、また、当時の国力、国民の心情や実情、文化の程度においても、これを実施することは困難な状況にあった。例えば、学校の運営に要する経費は、国庫負担・補助の制度もあったが、住民の負担（受益者負担）を原則としていたことによる経済的な負担や、この頃、子どもも労働力であり、それを学校にとられるとの意識などから、就学拒否の運動や学校焼き討ち騒動も発生した。

　このような状況から、文部省は、明治12（1879）年に学制を廃止して「教育令」を公布した。教育令は、全国画一的な教育を改めて、教育を地方の管理に委ねようとするものであった。例えば、就学義務を緩和させたり、学制の重要な方策であった学区制を廃止して府県に学校運営を任せたり、地方の学務事務を管理する学務委員を町村住民の選挙によるものにしたりするなど、地域の実態を考慮しようとするものであったため、「自由教育令」ともいわれた。しかし、地方によっては就学率が減少し、経費削減のために小学校を廃校する、あるいは校舎の建築を中止するなどの事態も生じてしまい、かえって小学校教育を後退させる結果となってしまった。

　ちょうどその頃、文部卿（今でいうところの文部科学大臣）が交替し、明治13（1880）

年に前年に公布されたばかりの教育令が改正された。改正された教育令では、文部省の行政力を強めて中央統轄の方策を立て、学校の設置や就学についての規定を強化して学校教育が弱体化する傾向を改めようとした。

　翌明治14（1881）年、改正された教育令に基づいて、「小学校教則綱領」が定められた。そこでは、小学校は初等科3年・中等科3年・高等科2年の3段階編制とされ、教える学科として次のように定められている。

小学校教則綱領に定められている学科

初等科 （3年）	修身、読書、習字、算術ノ初歩、唱歌*、体操 （*唱歌は教授法等が整うのを待って設けることとされた）
中等科 （3年）	小学初等科ノ修身、読書、習字、算術ノ初歩、唱歌、体操、地理、歴史、図画、博物、物理ノ初歩、裁縫（女子）
高等科 （2年）	小学中等科ノ修身、読書、習字、算術、地理、図画、博物ノ初歩、唱歌、体操、裁縫、化学、生理、幾何、経済ノ初歩（女子は家事経済ノ大意）

　なお、土地の状況や男女の区別等によって学科の増減を認めているが、修身・読書・習字・算術は欠くことができないとされていた。

　小学校教則綱領においては、特に修身と歴史とが国民の精神を育成するものとして重視され、また、教育を実際の生活に即応させる観点から学科が編成されている。この背景には、教育令が改正された前年の明治12（1879）年に出された「教学聖旨」がある。教学聖旨は、天皇の意向を体して天皇の侍講、元田永孚が記したもので、この中では、知識才芸よりも先に仁義忠孝に基づくいわば儒教的な道徳教育が、我が国の教学の要として確立されるべきことが強調され、また、庶民教育は出身階層に合わせた実学を中心とするべきとの趣旨が述べられている。これは、世の中の品行や風俗が乱れているのは、明治維新後の教育が知識や技芸に偏ってしまい、仁義忠孝を後回しにしているからであり、また、農家や商人の子弟の教育は、彼らの実態から見て遊離しているのではないかとの認識によるものであった。

4　学校令の時代（明治19（1886）年〜）

(1) 最初の小学校令（明治19（1886）年）

　明治18（1885）年、内閣制度が創設され、初代文部大臣に森有礼が就任した。森は、かねてから国家の発展と教育との関係について深く思いを致しており、そのため、国家の発展・繁栄のための教育を重視した。つまり、教育は結局、国家の繁栄のためになすものであって、学制の序文（被仰出書）に示されていた立身昌業のためのものという教育観・

学問観とは隔たりをもつものであった。

森有礼

　翌明治19（1886）年には、それまでの教育令が廃止され、学校の基本体制をつくるため、「小学校令」「中学校令」「帝国大学令」「師範学校令」といったように、各学校種別に単独の学校令が制定された。小学校令に基づいて、同年「小学校ノ学科及其程度」が定められ、新しい小学校の教育内容の基準が示された。

　これらによると、小学校は尋常小学校と高等小学校の2段階とし、修業年限はそれぞれ4年、父母・後見人は尋常小学校4年を修了するまでは児童を就学させる義務があるとしている。また、小学校の1学級の児童数についても規定を設け、尋常小学校は80人以下、高等小学校は60人以下とされた。学科としては、次のようなものが定められている。

小学校ノ学科及其程度に定められている学科

尋常小学校 （4年）	修身、読書、作文、習字、算術、体操。土地の情況により図画、唱歌の1科もしくは2科を加えることができる。
高等小学校 （4年）	修身、読書、作文、習字、算術、地理、歴史、理科、図画、唱歌、体操、裁縫（女児）。土地の情況により英語、農業、手工、商業の1科もしくは2科を加え、唱歌を欠くことができる。

　これを明治14（1881）年の小学校教則綱領と比較すると、読書の中にあった作文が独立したこと、博物・物理・化学・生理を統合して理科としたこと、英語を加えたことなどが挙げられるが、各学科の毎週の授業時間の規定を見ると、修身が週6時間から1時間半に激減し、これまで授業の合間に行う程度であった体操は週6時間が充てられていることが注目される。体操には軍隊式の「兵式体操」が取り入れられた。これらは、森文相の修身に対する教育観の違いと国体主義の教育観によるものとされている。

(2) 教育勅語と新しい小学校令（明治23（1890）年）

　明治22（1889）年11月2日に大日本帝国憲法（明治憲法）が発布され、翌年には帝国議会が開会される。明治憲法には教育に関する規定は設けられなかったが、教育の基本となる天皇による勅令が明治23（1890）年に発布された。これが「教育に関する勅語」（教育勅語）である。

　教育勅語は、明治12（1879）年に出された教学聖旨の思想の流れをくむものであり、国民道徳及び国民教育の基本とされた。教育勅語は、修身教育をはじめとする学校教育に大きな影響を与えることとなった。

　教育勅語が発布された同年に、新しい小学校令が公布され、それまでの小学校令は廃止

された。これは主として、市制・町村制や府県制・郡制などの地方自治制度の整備と関連し、諸条項を定めたものであるが、注目すべきことは、その第1条に小学校の目的が明示されたことである。すなわち、「小学校ハ児童身体ノ発達ニ留意シテ道徳教育及国民教育ノ基礎並其生活ニ必須ナル普通ノ知識技能ヲ授クルヲ以テ本旨トス」とされ、小学校の目的は、①道徳教育、②国民教育、③知識技

教育ニ関スル勅語

朕惟フニ、我カ皇祖皇宗、國ヲ肇ムルコト宏遠ニ、德ヲ樹ツルコト深厚ナリ。我カ臣民、克ク忠ニ、克ク孝ニ、億兆心ヲ一ニシテ、世世厥ノ美ヲ濟セルハ、此レ我カ國体ノ精華ニシテ、教育ノ淵源亦實ニ此ニ存ス。爾臣民父母ニ孝ニ、兄弟ニ友ニ、夫婦相和シ、朋友相信シ、恭儉己レヲ持シ、博愛衆ニ及ホシ、学ヲ修メ、業ヲ習ヒ、以テ智能ヲ啓發シ、德器ヲ成就シ、進テ公益ヲ廣メ、世務ヲ開キ、常ニ國憲ヲ重シ、國法ニ遵ヒ、一旦緩急アレハ、義勇公ニ奉シ、以テ天壌無窮ノ皇運ヲ扶翼スヘシ。是ノ如キハ、獨リ朕カ忠良ノ臣民タルノミナラス、又以テ爾祖先ノ遺風ヲ顯彰スルニ足ラン。

斯ノ道ハ實ニ我カ皇祖皇宗ノ遺訓ニシテ、子孫臣民ノ倶ニ遵守スヘキ所、之ヲ古今ニ通シテ謬ラス、之ヲ中外ニ施シテ悖ラス。朕爾臣民ト倶ニ、拳々服膺シテ、咸其德ヲ一ニセンコトヲ庶幾フ。

明治二十三年十月三十日

御名御璽

能の三つであると明示されたのである。それまでは、小学校は普通の教育を児童に授ける所であるという程度の規定に過ぎなかった。この第1条の目的規定は、その後、昭和16（1941）年の国民学校令の制定に至るまで存続し、約50年間にわたって我が国の小学校の基本的性格を示すことになった。

　また、小学校を尋常小学校と高等小学校に分け、尋常小学校を義務教育として修業年限を3年または4年、高等小学校を2年、3年または4年とし、次のように教科目を定めている。

小学校令（明治23（1890）年）に定められている教科目

尋常小学校 （3年または4年）	修身、読書、作文、習字、算術、体操。土地の情況により体操を欠くことができ、日本地理、日本歴史、図画、唱歌、手工の1科目もしくは数科目を加え、女児のために裁縫を加えることができる。
高等小学校 （2年、3年または4年）	修身、読書、作文、習字、算術、日本地理、日本歴史、外国地理、理科、図画、唱歌、体操。女児のために裁縫を加えることができる。土地の情況により外国地理、唱歌を欠くことができ、幾何ノ初歩、外国語、農業、商業、手工の1科目もしくは数科目を加えることができる。

　教育勅語の発布と新しい小学校令を受けて、明治24（1891）年に「小学校教則大綱」が制定された。小学校教則大綱の第1条では、小学校令の趣旨を遵守して児童を教育すべきであることが確認され、徳性の涵養は教育上最も大切であり、いずれの教科目においても道徳教育と国民教育に関係することは留意して教える必要があること、第2条では、修身は教育勅語の趣旨に基づき、児童の良心を教え導いてその徳性を涵養し、人道の実践方法を教えるものであり、教えるべき徳目として、「孝悌、友愛、仁慈、信実、礼敬、義勇、

恭倹等」を挙げ、特に「尊王愛国ノ志気」を涵養することを求めている。また女児については「貞淑ノ美徳ヲ養ハンコトニ注意」とされている。第7条では、日本歴史についても、「本邦国体ノ大要」を教え「国民タルノ志操」を養うことを要旨とし、また修身との関連を重視している。このように小学校教則大綱を通じて、教育勅語の徹底を図っている。教科目の時数についても、修身を尋常小学校では週1時間半から3時間に、高等小学校では週2時間に増加させ、修身教育を重視していることがうかがえる。

調べてみよう！

教育勅語には、どのような内容が書かれていたのか調べてみよう。

(3) 小学校令の改正（明治33（1900）年）

　日清戦争（明治27〜28（1894〜1895）年）を経て、明治33（1900）年、小学校令が改正され、これに基づいて新しく「小学校令施行規則」が制定された。改正された小学校令では、これまで尋常小学校の修業年限を3年または4年としていたものを4年に統一した。高等小学校については引き続き2年、3年または4年としたのであるが、将来の義務教育年限延長に備えて、2年制の高等小学校を尋常小学校に併置することを奨励し、尋常小学校と高等小学校の教科目の関連を図った。また、公立の尋常小学校では特別な場合を除き、授業料を徴収してはならないと規定して義務教育無償の原則を明示した。なお、小学校への就学率の変化をみると、明治28（1895）年には61.2％であったものが、明治33（1900）年には81.5％、明治38（1905）年には95.6％に達している。

　改正された小学校令において、教科目は次のように定められている。

小学校令（明治33（1900）年）に定められている教科目

尋常小学校（4年）	修身、国語、算術、体操。土地の情況により図画、唱歌、手工の1科目または数科目を加え、女児のために裁縫を加えることができる。
高等小学校（2年、3年または4年）	修身、国語、算術、日本歴史、地理、理科、図画、唱歌、体操。女児のために裁縫を加えることができる。
（2年制）	理科、唱歌の1科目もしくは2科目を欠き、または手工を加えることができる。
（3年制）	唱歌を欠き、または農業、商業、手工の1科目もしくは数科目を加えることができる。
（4年制）	英語を加えることができる。

　これをみるに、従前の読書・作文・習字が「国語」の1科目に統合されている点が注目される。また、小学校令施行規則では、小学校で使用する漢字の数を制限するとともに、

かなづかいを簡易にしている。これは、児童の負担を軽減して、心身の発達に即応させ、また教育の実質的な効果を上げようとしたものであった。

なお、教科書については、認可制度を経て検定制度が行われていたが、明治36（1903）年には、小学校について国定教科書制度が確立する。

(4) 再度の小学校令の改正（明治40（1907）年）

日露戦争（明治37〜38（1904〜1905）年）を経て、明治40（1907）年、再び小学校令が改正された。この小学校令において、尋常小学校の修業年数を2年延長して6年とし、これを義務教育の期間とした。この義務教育年限の延長は、近代産業の発達に伴う国民生活の向上や初等教育制度の整備による就学率の上昇、高等小学校の普及などによって実施が可能となったものである。これにより、尋常小学校の教科目は、従前の高等小学校の教科目を移す形で次のようになった。

小学校令（明治40（1907）年）に定められている教科目

尋常小学校 （6年）	修身、国語、算術、日本歴史、地理、理科、図画、唱歌、体操。女児のために裁縫を加える。土地の情況により手工を加えることができる。

5　大正期の教育（大正8（1919）年〜）

大正時代に入り、大正3（1914）年から大正7（1918）年にかけて第一次世界大戦が起こる。当時、教育方法を根本から審議して拡充する方策を立てるために、大正6（1917）年に内閣直属の諮問機関として「臨時教育会議」が設けられた。臨時教育会議は、教育に関する重要事項を調査審議する機関であり、内閣総理大臣の諮詢に応じて意見を開申し、また内閣総理大臣に建議することができるものであった。

小学校については、大正8（1919）年に小学校令及び小学校令施行規則が改正され、理科を重視して科学教育を改善し、日本歴史と地理の時間を増加して国民精神の涵養に努めることとされた。

大正15（1926）年には、再び小学校令施行規則が改正された。これは当時、高等小学校への進学率が約55％に達するようになっていたことから、高等小学校の性格を改めて検討し、その内容を改善するものであった。具体的には、図画、手工、実業の教科目と算術において珠算を必修とするなど、高等小学校に在学する多くの児童は、卒業後すぐに社会の実務に従事するものであるという見地から改正が行われている。これにより、高等小学校の教科目は次のようになった。

小学校令施行規則に定められている教科目

高等小学校 （2年）	修身、国語、算術、国史、地理、理科、図画、手工、唱歌、体操、実業、家事・裁縫（女児）。

一方、いわゆる大正デモクラシーの風潮とともに、児童中心主義の観点から様々な実践研究が行われた。これを称して、「大正自由教育」といっている。例えば、沢柳政太郎が創設した成城小学校での取組、木下竹次による奈良女子高等師範学校附属小学校での取組などが有名である。

この頃、大正12（1923）年に起こった関東大震災は東京に大きな打撃を与え、第一次大戦後の不景気をさらに深めた。また、大正14（1925）年に制定された治安維持法は、思想運動、文化運動などに弾圧を与え、我が国は軍国主義へと進むことになる。

大正時代のモダンガール

調べてみよう！

大正自由教育といわれた取組は、どのような内容のものであったのか調べてみよう。

6　国民学校令の時代（昭和16（1941）年～）

昭和6（1931）年の満州事変以後、我が国の教育は戦争の影響を受けるようになってきていたが、昭和12（1937）年の日華事変を契機として、さらに著しい変化をするようになった。

この年（昭和12（1937）年）、内外の諸情勢の推移に鑑み、教育の制度・内容の全般に関する刷新振興の方策を審議する機関として「教育審議会」が内閣に設けられた。

この教育審議会の答申に基づき、昭和16（1941）年に小学校令を改正して「国民学校令」が、小学校令施行規則を改正して「国民学校令施行規則」がそれぞれ公布された。これにより、「小学校」という名称を改めて「国民学校」とし、国民学校に初等科と高等科を置き、修業年限をそれぞれ6年と2年とした。このとき、8か年を義務教育とすることが決定されたが、戦争により義務年限の

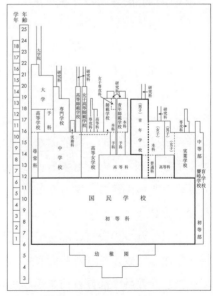

延長時期を延期したので実現しなかった。このため、義務教育は依然として初等科6年にとどまった。

　国民学校では、皇国民の基礎的錬成をするという目標のもとに、教科の編成とその内容が改められ、初等科では教科を国民科、理数科、体錬科、芸能科とし、高等科では初等科の教科に実業科が加えられた。そして、例えば、国民科の中には修身、国語、国史、地理が科目として立てられた。

国民学校令に定められている教科・科目

	教　科	科　　目
初等科 （6年）	国民科	修身、国語、国史、地理
	理数科	算数、理科
	体錬科	体操、武道（女児は欠くことができる）
	芸能科	音楽、習字、図画、工作、裁縫（女児）
高等科 （2年）	国民科	修身、国語、国史、地理
	理数科	算数、理科
	体錬科	体操、武道（女児は欠くことができる）
	芸能科	音楽、習字、図画、工作、家事（女児）、裁縫（女児）
	実業科	農業、工業、商業、水産 外国語とその他必要な科目を設けることができる

　当時の文部省の説明によると、これは、皇国民としての基礎的錬成の資質内容が、①国民精神を体認し、国体に対する確固たる信念を有し、皇国の使命に対する自覚を有していること、②透徹せる理知的能力を有し、合理創造の精神を体得し、もって国運の進展に貢献しうること、③闊達剛健な心身と献身奉公の実践力を有していること、④高雅な情操と芸術的、技能的な表現力を有し、国民生活を充実する力を有すること、⑤産業の国家

「修身」の教科書

的意義を明らかにし、勤労を愛好し、職業報国の実践力を有していることの五つに大別されたことによっている。このような資質を錬成するための教育内容の大文節が教科であり、上記の五つの資質に応じて国民科、理数科、体錬科、芸能科、実業科という五つの教科が分節して設定された。そして、各教科が含む多種多様な内容をその性質と目的に応じて組織し、教科の部分目的を達成させようとする小文節が科目であるとされたのである。

　教育方法としては主知的教授に陥ることなく、心身一体として教育することが指示され、儀式や行事を重視して、これを教科の授業と合わせて効果が上がるよう求められた。また、学校における訓練の方法が重視され、団体訓練によって錬成する方法をとることが奨励された。

学童疎開

　その後、戦局は悪化し、昭和 19（1944）年、学童疎開が閣議決定され実施に移されるなど、子どもたちの生活は困難を極めることとなった。そして、昭和 20（1945）年、終戦を迎えた。

▶〈学びの確認〉

(1)　近代的な学校教育が創られていく中で、教育内容はどのような目的でつくられていったのだろうか、まとめてみよう。

(2)　戦前と現代の教育内容（科目など）を比べ、似ているところ、異なっているところを挙げるなどして比較してみよう。

[参考文献]
文部省『学制百年史』帝国地方行政学会、1981 年
文部省『学制百二十年史』ぎょうせい、1992 年
水原克敏、髙田文子、遠藤宏美、八木美保子『新訂 学習指導要領は国民形成の設計書 その能力観と人間像の歴史的変遷』東北大学出版会、2018 年

第 5 講

教育の再建から教育内容の現代化（戦後 1）

戦後の教育再建の道筋はどのようなものであったか？

倉見昇一

【本講のポイント】

　戦後における我が国の教育課程の変遷は、教育課程の基準である学習指導要領の改訂を辿ることで概観できる。学習指導要領は、時代の変化や子どもたちの状況、社会の要請等を踏まえ、現在のような制度の枠組みができた昭和 33（1958）年以降、概ね 10 年ごとに改訂されてきた。第 5 講では、その時代の主な出来事とともに、試案として示された昭和 20 年代から、昭和 30 年代、昭和 40 年代に改訂された学習指導要領を見ていくことで、戦後教育の再建から、経済社会の発展に対応した教育内容の増大と現代化が図られた教育課程の道筋について考えていく。

　なお、記述内容は、文部科学省が作成した『小学校学習指導要領解説総則編』及び『中学校学習指導要領解説総則編』に収録された「学習指導要領等の改訂の経過」、『学制百年史』、『学制百二十年史』やその他の資料などに拠っている。

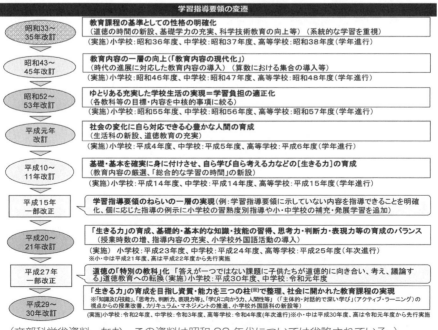

（文部科学省資料。なお、この資料は昭和 20 年代については省略されている。）

1 昭和20年代の学習指導要領

この頃の主な出来事

ポツダム宣言受諾・GHQ による占領（昭和20（1945）年）

日本国憲法公布（昭和21（1946）年）

教育基本法・学校教育法制定（昭和22（1947）年）

朝鮮戦争（昭和25 〜 28（1950 〜 1953）年）

サンフランシスコ講和条約（昭和26（1951）年）

日米安全保障条約締結（昭和26（1951）年）

終戦の玉音放送を聞く国民

(1) 昭和22（1947）年の学習指導要領（試案）

GHQ の本部が置かれたビル

　昭和20（1945）年、我が国は敗戦によって連合国の占領管理下に置かれ、戦後の教育改革は占領政策の一部として進められた。

　戦後の民主的な教育体制の確立と教育改革の実現にとって最も重要な意義をもつものは、「日本国憲法」と「教育基本法」の公布である。

　日本国憲法は、昭和21（1946）年に公布された。旧憲法（大日本帝国憲法）では教育に関する条項は規定されていなかったが、新憲法では、第26条において国民の基本的人権の一つとして「教育を受ける権利」が規定され、「保護する子女に普通教育を受けさせる義務」と義務教育の無償とが明文化された。

　教育基本法は、昭和22（1947）年に公布された。教育基本法は、国の教育に関する基本的な理念と原則とを、戦前のように天皇の名において詔勅の形式により確定するのではなく、国民の代表により構成される国会において法律として定めたこと、日本国憲法の理念を踏まえて教育の理念を宣言した異例の前文を付していること、今後制定される各種の教育関係法の理念と原則とを規定することの3点において、教育関係法一般の上位に立つ性格をもっていた。

　また、この教育基本法の制定との関係において、従前の教育勅語の取扱いが問題となり、文部省は昭和21（1946）年に「勅語及び詔書等の取扱について」を発し、教育勅語をもって我が国の教育の唯一の根源とする考えを排した。さらに、昭和23（1948）年には国会において、教育勅語の排除ないし失効確認が決議された。

　加えて新教育制度の骨組となり教育改革を具体化したものは、昭和22（1947）年に制定された「学校教育法」である。この学校教育法により、これまで学校の種類ごとに（国

民学校令や中等学校令、大学令など）学校令が
定められていたものが、幼稚園から大学まで総
合して単一の法律によって規定されることに
なった。また、小学校を6年、中学校を3年、
高等学校を3年、大学を4年とする6・3・3・
4の学校制度となり、教育基本法で規定された
義務教育9年制を小学校・中学校において実施
することになった。新制の学校は、小学校と中
学校が同年4月に、高等学校は1年の準備期間
をおいて、昭和23（1948）年4月にそれぞれ
発足した。

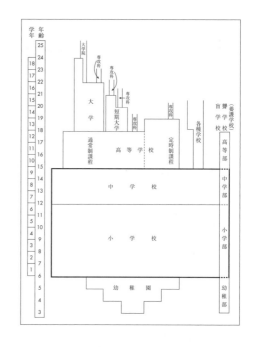

　学校教育法が制定された昭和22（1947）年5
月、「学校教育法施行規則」が制定され、小学校、
中学校、高等学校の教科について定められた。

　小学校の教科は、国語、社会、算数、理科、音楽、図画工作、家庭、体育及び自由研究
を基準とすることとされ、従来の修身、日本歴史、地理の3科目を廃止し、新たに社会、
家庭、自由研究が設けられたほか、体操が体育に、図画と工作とが一つの教科に統合され
た。中学校の教科は、必修教科と選択教科に分けられ、前者は国語、社会、数学、理科、
音楽、図画工作、体育及び職業を、後者は外国語、習字、職業及び自由研究をそれぞれ基

準とすることとされた。そして、教科課程、教科
内容及びその取扱いについては、監督庁（文部大
臣）の定める学習指導要領の基準によることとさ
れたが、これに先立ち3月には、新学制の実施に
合わせて先に「学習指導要領一般編（試案）」が
刊行され、その後、各教科編がそれぞれ刊行され
た。これらは、米国の資料なども手がかりにしな
がら、取り急ぎ暫定的に取りまとめられたもので
あり、「（試案）」という形で作成された。

　高等学校の教科課程は、学習指導要領一般編（試案）の補遺として示された通達「新制
高等学校の教科課程に関する件」によってその基準が定められた。高等学校の教科課程の
特色は、選択制と単位制にあった。これらは、生徒の多様な進路に対応することと、生徒
の個性に応じた学習を可能にすることの二つの要件を満たそうとするものであった。必修
教科は、国語、社会、数学、理科、保健体育の5教科とされ、また、単位制は選択の多様
性に統一的な基礎を与えるためのものであった。

(2) 昭和26（1951）年の学習指導要領（試案）

　昭和22（1947）年の学習指導要領は、戦後の新しい教育制度の発足に合わせて極めて短時日の間に作成されたものであったため、例えば、教科間の関連が十分図られていないなどの問題があった。そこで、昭和23（1948）年以降、学習指導要領の使用状況の調査が行われるとともに、実験学校における研究、学者や教師を含む学習指導要領編集委員会が組織されて問題点の研究などが行われ、改訂作業が始められた。昭和24（1949）年には、小学校、中学校及び高等学校の教育課程に関する事項の調査審議を行うため、文部省に教育課程審議会が設けられ、昭和25（1950）年に、自由研究の存否、総授業時数の改正などについて、昭和26（1951）年には道徳教育の振興について、それぞれ答申を受けた。このような経緯を経て、学習指導要領は、昭和26（1951）年に全面的に改訂され、昭和22（1947）年の学習指導要領と同様に、一般編と各教科編に分けて、試案の形で刊行された。

　小学校については、教科を学習の基礎となる教科（国語、算数）、社会や自然についての問題解決を図る教科（社会、理科）、主として創造的な表現活動を行う教科（音楽、図画工作、家庭）、健康の保持増進を図る教科（体育）の四つの経験領域に分け、これらに充てる授業時数は教科の総授業時数に対する比率で示され、また、教科と教科以外の活動を合わせた総授業時数の基準が2個学年ごとにまとめて示された。教科と時間配当の示し方については、学習指導要領において、「地域社会の必要やこどもの必要を考えて、教育課程をつくるべきであるという原則からいえば、各教科に全国一律の一定した動かしがたい時間を定めることは困難である。（中略）この教科に対する時間配当表は、およその目安をつけるためにつくられたものであって、これを各学校が忠実に守ることを要求するものではない。これは各学校がそれぞれの事情に応じて、よくつりあいのとれたよい時間配当表をつくるための参考資料に過ぎない」と説明されている。

　このほか、自由研究を発展的に解消し、教科の学習では達成されない目標に対する諸活動を包括して、「教科以外の活動」とし、また、道徳教育については学校教育のあらゆる機会に指導すべきであるとされた。

　中学校については、昭和24（1949）年に部分的な改正がいくつか行われ、昭和26（1951）年の改訂はそれらを踏まえた形となった。必修教科は国語、社会、数学、理科、音楽、図画工作、保健体育、職業・家庭となり、選択教科は外国語、職業・家庭、その他の教科で構成され、自由研究に代わり設けられた特別教育活動については、主要なものとして、ホームルーム、生徒会、クラブ活動及び生徒集会が挙げられた。道徳教育については、その振興の観点から、学校教育のあらゆる機会を捉え、周到な計画のもと、生徒の道

徳的発達を助け、判断力と実践力に富んだ自主的、自律的人間の形成を目指すこととされた。さらに、生徒指導（ガイダンス）及び職業指導は学校教育における重要な任務として取り上げられた。

　高等学校についても、昭和23・24（1948・1949）年に部分的な改正が行われ、昭和26（1951）年の改訂では、その内容が補足修正された。高等学校においては、すべての生徒が履修すべき科目を、国語（甲）、一般社会、保健体育のほか、社会（一般社会を除く）、数学、理科のそれぞれの教科において生徒の選択する各1科目とされ、卒業の条件である85単位以上のうちこれらの必修科目は38単位であった。

　なお、今回の学習指導要領から「教科課程」という用語に代えて「教育課程」という用語が用いられた。

2 昭和30年代の学習指導要領

小学校学習指導要領　　　昭和33（1958）年改訂　昭和36（1961）年度実施
中学校学習指導要領　　　昭和33（1958）年改訂　昭和37（1962）年度実施
高等学校学習指導要領　　昭和35（1960）年改訂　昭和38（1963）年度実施

┌─ この頃の主な出来事 ─────────────────────────
│
│　　高度経済成長（昭和30（1955）年～）
│
│　　国際連合加盟（昭和31（1956）年）
│
│　　スプートニク・ショック（昭和32（1957）年）
│
│　　池田内閣「所得倍増計画」（昭和35（1960）年）
│
│　　東京オリンピック開催（昭和39（1964）年）
│
│　　東海道新幹線開通（昭和39（1964）年）
└──────────────────────────────────────

「三種の神器」と呼ばれた電化製品

講和条約調印

　昭和27（1952）年、前年に調印されたサンフランシスコ講和条約が発効し、我が国は独立国の地位を回復する。独立後は、学習指導要領を真に我が国の教育内容の基準としてふさわしいものとするために点検され、改善されることが急務とされた。

　昭和26（1951）年の学習指導要領は、全教科を通じて、戦後の新教育の潮流となっていた経験主義や単元学習に偏り過ぎる傾向があり（「這い回る経験主義」と批判された）、各教科のもつ系統性を重視（系統主義）すべきではないかという問題が指摘されていた。また、授業時数の定め方に幅があり過ぎるということもあり、地域による学力差が目立ち、国民の基礎教育という観点から基礎学力の充実が叫ばれるようになった。そのほか、基礎学力の充実に関連し、科

学技術教育の振興が求められ、理科、算数・数学等の改善が要請された。

　このような背景の下、昭和 33（1958）年に教育課程審議会から「小学校・中学校教育課程の改善について」答申を受け、同年 10 月、小学校及び中学校の学習指導要領が改訂された。

　この改訂では、独立国家の国民としての正しい自覚をもち、個性豊かな文化の創造と民主的な国家及び社会の建設に努め、国際社会において真に信頼され、尊敬されるような日本人の育成を目指して行われた。具体的には、①道徳の時間を特設して、道徳教育の徹底を図ったこと、②基礎学力の充実を図るために、国語、算数・数学の内容を再検討してその充実を図るとともに授業時数を増やしたこと、③科学技術教育の向上を図るために、算数・数学、理科の充実を図ったこと、④地理、歴史教育を充実・改善したこと、などが挙げられる。

　高等学校の学習指導要領については、昭和 35（1960）年の答申を受け、同年 10 月に改訂されたが、4 年前に昭和 31（1956）年改訂版が出されており、昭和 35（1960）年改訂では、昭和 31（1956）年改訂版の趣旨をさらに徹底させる内容となった。例えば、①高等学校教育に、より計画性をもたせる観点から、従前の広範な選択教科制を廃し、教育課程の類型を設ける、②教養の偏りを少なくするため、必修科目の増加を行う、③古典甲・乙 I II、世界史 A・B、地理 A・B、数学 II A・B、物理 A・B、化学 A・B、英語 A・B と分けて、生徒の能力、適性、進路等に応じた教育が行われるようにする、④道徳教育の充実強化のため、「倫理・社会」を新設する、⑤基礎学力の向上及び科学技術教育の充実を図る、などである。

　なお、昭和 33（1958）年 8 月、昭和 35（1960）年 10 月にそれぞれ学校教育法施行規則が一部改正され、学習指導要領は教育課程の基準として文部大臣が公示するものとされた。これにより学校教育法－学校教育法施行規則－告示という法体系が整備されて、学習指導要領は教育課程の基準としての性格が一層明確になった。また、同施行規則において、小学校の教育課程は、国語、社会、算数、理科、音楽、図画工作、家庭、体育の各教科、道徳、特別教育活動及び学校行事等によって、中学校の教育課程は、必修教科（国語、社会、数学、理科、音楽、美術、保健体育及び技術・家庭）・選択教科（外国語、農業、工業、商業、水産、家庭、数学、音楽及び美術）、道徳、特別教育活動及び学校行事等によって、高等学校の教育課程は，別表第 3 に定める教科、特別教育活動及び学校行事等によって、それぞれ編成するものと明示された。また、小学校、中学校においては、各教科等の年間最低授業時数が示された。

調べてみよう！

　経験主義や系統主義は、どのような思想家や心理学者の、どのような考え方に影響を受けていたのか、調べてみよう。

小学校学習指導要領　　　昭和43（1968）年改訂　昭和46（1971）年度実施
中学校学習指導要領　　　昭和44（1969）年改訂　昭和47（1972）年度実施
高等学校学習指導要領　　昭和45（1970）年改訂　昭和48（1973）年度実施

この頃の主な出来事

いざなぎ景気（昭和40（1965）年〜）

公害対策基本法公布（昭和42（1967）年）

アポロ11号月面着陸（昭和44（1969）年）

大阪万博博覧会（昭和45（1970）年）

沖縄本土復帰（昭和47（1972）年）

オイルショック（昭和48（1973）年）

第2-3-2表　日本のGNPの推移

（単位：10億ドル）

	1960	1970	1980	1985	1989
1	米国 511.4	米国 975.2	米国 2,639.0	米国 3,915.3	米国 5,237.7
2	英国 72.0	日本 199.8	日本 1,055.9	日本 1,306.0	日本 2,820.3
3	西独 71.2	西独 180.2	西独 758.4	西独 667.9	西独 1,273.0
4	フランス 61.5	フランス 157.3	フランス 601.5	フランス 526.6	フランス 1,000.9
5	日本 43.5	英国 126.6	英国 476.8	英国 474.9	イタリア 872.0
6	カナダ 36.4	イタリア 94.5	イタリア 359.2	イタリア 371.0	英国 834.2
7	イタリア 35.2	カナダ 79.1	カナダ 243.7	カナダ 347.3	カナダ 500.3
8	オーストラリア 16.1	オーストラリア 35.4	スペイン 195.6	中国 171.1	中国 393.0
9	スウェーデン 13.0	スペイン 34.3	オランダ 155.7	スペイン 168.8	ブラジル 375.1
10	ベルギー 11.5	オランダ 31.6	オーストラリア 147.1	オランダ 132.9	スペイン 358.4

（備考）世銀「The World Bank Atlas 1990」より作成

国民総生産（GNP）世界第2位へ

昭和30年代の高速道路整備

　昭和30年代には、科学技術の革新や経済の高度成長とともに国民の生活や文化水準も著しく向上し、また、我が国の国際的地位の向上とともにその果たすべき役割も大きくなりつつあった。これに伴い、高等学校進学者は急増し（昭和30（1955）年51.5%→昭和40（1965）年70.7%）、生徒の能力・適性・進路等は著しく多様化していた。

　そこで、教育内容の一層の向上を図り、時代の要請に応えるとともに、これまでの実施の経験に鑑み、児童生徒の発達の段階や個性、能力に即し、学校の実情に適合するように改善を行う必要があった。

　このような背景の下、教育課程審議会は、昭和42（1967）年に小学校、昭和43（1968）年に中学校、昭和44（1969）年に高等学校の教育課程の改善について答申をとりまとめた。これを受け、それぞれの翌年に当たる、昭和43（1968）年、44（1969）年、45（1970）年に、小学校、中学校、高等学校に関する学校教育法施行規則の一部改正と学習指導要領の改訂が順次行われた。

　学校教育法施行規則の一部改正では、「特別教育活動及び学校行事等」が「特別活動」となり、小学校、中学校の各学年における各教科及び道徳の授業時数は、地域や学校の実態に即して適切な授業時数を定めることができるように、最低時数から標準時数に改められた。また、中学校の選択教科は、外国語、農業、工業、商業、水産、家庭及びその他特に必要な教科となった。

　小学校、中学校の学習指導要領の改訂では、①児童生徒の心身の発達や特性に応ずる教

育を施し、人間形成における基礎的な能力の伸長を図り、国民形成の基礎を養うこと、②人間形成の上から調和と統一のある教育課程の実現を図ること、すなわち、基本的な知識や技能を習得させるとともに、健康や体力の増進を図り、正しい判断力や創造性、豊かな情操や強い意志の素地を養い、国家及び社会について正しい理解と愛情を育てること、③指導内容を基礎的な事項に精選し、時代の進展に応ずるようにすること、などが基本方針とされた。なお、このときの改訂は、例えば、算数・数学や理科を中心に時代の進展に対応した教育内容（集合論等）の導入などが行われたことから、「教育内容の現代化」などと言われた。

　高等学校の学習指導要領の改訂では、①人間としての調和ある発達を目指すこと、②国家・社会の有為な形成者として必要な資質の育成を目指すこと、③教育課程の弾力的な編成が行われるようにすること、④教育内容の質的改善と基本的事項の精選集約を図ること、などが基本方針とされ、必修科目とその単位数の削減、「数学一般」、「基礎理科」、「初級英語」、「英語会話」などの科目の新設、看護や理数に関する教科・科目の新設などが行われた。

調べてみよう！

　算数・数学、理科の教育内容を昭和 30 年代のものと比べてみよう。

▶〈学びの確認〉

(1)　戦後の学校教育にはどのようなことが期待されたのだろうか、考えてみよう。

(2)　独立を回復し、高度経済成長の中で、どのような教育が行われていったのだろうか。教育内容や授業時数などを手がかりに、まとめてみよう。

[参考文献]

『小学校学習指導要領解説総則編』文部科学省、2017 年

『中学校学習指導要領解説総則編』文部科学省、2017 年

文部省『学制百年史』帝国地方行政学会、1981 年

文部省『学制百二十年史』ぎょうせい、1992 年

水原克敏、髙田文子、遠藤宏美、八木美保子『新訂 学習指導要領は国民形成の設計書 その能力観と人間像の歴史的変遷』東北大学出版会、2018 年

山口満編著『教育課程の変遷からみた戦後高校教育史』学事出版、1995 年

第 6 講

人間への着目と社会の変化への対応（戦後 2）

今日につながる教育課程の流れはどのようなものであったか？

倉見昇一

【本講のポイント】

　本講では第 5 講に続いて、昭和 50 年代、平成元年代、平成 10 年代、平成 20 年代に改訂された学習指導要領を見ていくことで、今日につながる教育課程の流れについて考えていく（平成 29・30（2017・2018）年改訂については第 9 講を参照）。

　なお、記述内容は、文部科学省が作成した『小学校学習指導要領解説総則編』及び『中学校学習指導要領解説総則編』に収録された「学習指導要領等の改訂の経過」、『学制百二十年史』やその他の資料などに拠っている。

1　昭和 50 年代の学習指導要領

小学校学習指導要領　　　昭和 52（1977）年改訂　　昭和 55（1980）年度実施
中学校学習指導要領　　　昭和 52（1977）年改訂　　昭和 56（1981）年度実施
高等学校学習指導要領　　昭和 53（1978）年改訂　　昭和 57（1982）年度実施

> この頃の主な出来事
>
> 　「おちこぼれ」が流行語に（昭和 50（1975）年前後〜）
>
> 　日本で初の家庭用ゲーム機発売（昭和 50（1975）年）
>
> 　校内暴力、登校拒否の増加（昭和 50 年代前半〜）
>
> 　ロッキード事件（昭和 51（1976）年）
>
> 　新東京国際空港（現成田国際空港）開港（昭和 53（1978）年）
>
> 　「竹の子族」ブーム（昭和 55（1980）年）

　昭和 40 年代に行われた学習指導要領の改訂は、科学・産業・文化などの進展に対応し、海外における教育の現代化の動向等も考慮して、教育内容の充実を図ったものであったが、学校教育が知識の伝達に偏る傾向があるとの指摘もあり、児童生徒の知・徳・体の調

一企業戦士としてがむしゃらに働いた

企業戦士として働く社員

和のとれた発達をどのように図っていくかということが課題となっていた。

　また、昭和40年代の後半、高等学校への進学率は90％を超えるに至り、小・中・高等学校の教育内容を一貫して見直すことも課題となっていた。

　このような背景の下、昭和51（1976）年に教育課程審議会から「小学校、中学校及び高等学校の教育課程の基準の改善について」答申を受け、昭和52（1977）年に小学校及び中学校、昭和53（1978）年に高等学校に関する学校教育法施行規則の一部改正と学習指導要領の改訂が行われた。

　小学校及び中学校の改訂では、自ら考え正しく判断できる力をもつ児童生徒の育成を重視し、①道徳教育や体育を一層重視し、知・徳・体の調和のとれた人間性豊かな児童生徒の育成を図ること、②各教科の基礎的・基本的事項を確実に身に付けられるように教育内容を精選し、創造的な能力の育成を図ること、③ゆとりある充実した学校生活を実現するために、各教科の標準授業時数を削減し、地域や学校の実態に即して授業時数の運用に創意工夫を加えることができるようにすること、④学習指導要領に定める各教科等の目標、内容を中核的事項にとどめ、教師の自発的な創意工夫を加えた学習指導が十分に展開できるようにすること、を方針として改善が図られた。

　このときの改訂は、「ゆとりと充実」というキャッチフレーズで有名になったが（いわゆる「ゆとり教育」といわれているものとは時代が違うことに注意）、それはゆとりのあるしかも充実した学校生活を実現するため、各教科の教育内容を大幅に精選し、思い切った授業時数の削減が行われたことに大きな特色があったためである。授業時数については、小学校の第4学年で週当たり2単位時間、第5、6学年で週当たり4単位時間、中学校の第1、2学年で週当たり4単位時間、第3学年で週当たり3単位時間の削減が行われた。これにより、在校時間は従来程度が適当であるとの前提の下に、給食や休憩の時間を含めて児童生徒の学校生活にゆとりがもてるようにするとともに、地域や学校の実態に応じて創意を生かした教育活動（例えば、体力増進のための活動、地域の自然や文化に親しむ体験的な活動、教育相談に関する活動、集団行動の訓練的な活動など）が活発に展開できるようにすることが意図された。

　高等学校の改訂では、①学校の主体性を尊重し、特色ある学校づくりができるようにすること、②生徒の個性や能力に応じた教育が行われるようにすること、③ゆとりある充実した学校生活が送れるようにすること、④勤労の喜びを体得させるとともに徳育・体育を重視すること、を方針として改善が図られた。

　具体的には、卒業に必要な修得単位数が85単位以上から80単位以上に削減されるとと

もに、必修科目とその単位数が大幅に削減され、選択科目を中心とする教育課程が編成できるようになった。また、小・中・高の一貫性の観点から、中学校教育との関連性を密にして、国語、社会、数学、理科においては、基礎的・基本的な内容を中心とする新たな総合的な科目「国語Ⅰ」「現代社会」「数学Ⅰ」「理科Ⅰ」を必修とすることとされた。

2 平成元年代の学習指導要領

小学校学習指導要領　　平成元（1989）年改訂　平成4（1992）年度実施
中学校学習指導要領　　平成元（1989）年改訂　平成5（1993）年度実施
高等学校学習指導要領　平成元（1989）年改訂　平成6（1994）年度実施

┌─ この頃の主な出来事 ─────────────────────────
│
│　　バブル景気と崩壊（昭和61～平成3（1986～1991）年）
│
│　　国鉄分割民営化（現JR）（昭和62（1987）年）
│
│　　ベルリンの壁崩壊（平成元（1989）年）
│
│　　消費税3%導入（平成元（1989）年）
│
│　　湾岸戦争（平成3（1991）年）
│
│　　学校週5日制導入（平成4（1992）年）
│
└────────────────────────────────────

昭和50年代末の渋谷

昭和50年代以降の科学技術の進歩と経済の発展は、物質的な豊かさを生むとともに、情報化、国際化、価値観の多様化、核家族化、高齢化など、社会の各方面に大きな変化をもたらした。しかも、これらの変化は今後ますます拡大し、加速化することが予想された。

このような背景の下、昭和62（1987）年に教育課程審議会から「幼稚園、小学校、中学校及び高等学校の教育課程の基準の改善について」答申を受け、平成元（1989）年に小学校及び中学校、高等学校に関する学校教育法施行規則の一部改正と学習指導要領の改訂が行われた。

この改訂においては、これからの社会の変化とそれに伴う生徒の生活や意識の変容に配慮しつつ、生涯学習の基礎を培うという観点に立ち、21世紀を目指し社会の変化に自ら対応できる心豊かな人間の育成を図ることを基本的なね

┌─────────────────────────────────
│ **【臨時教育審議会】**（昭和59～62（1984～1987）年）
│　昭和59（1984）年、政府全体の責任において教育改革に取り組むため、内閣総理大臣の諮問機関として臨時教育審議会（臨教審）が設置された。
│　臨教審は、4次にわたる答申において、①個性重視の原則、②生涯学習体系への移行、③変化への対応、の3つを教育改革を進める視点として示した。
│　平成元年の学習指導要領は、この臨教審の答申も踏まえて改訂が行われた。
└─────────────────────────────────

らいとし、①心豊かな人間の育成、②基礎・基本の重視と個性を生かす教育の充実、③自己教育力の育成、④文化と伝統の尊重と国際理解の推進、を重視して改善が図られた。

　小学校については、児童の直接体験を学習活動の基本に据え、自立への基礎を培うことをねらいとする生活科が第1、2学年に新設され、これに伴い同学年の社会及び理科は廃止された。また、各教科等の授業時数については、第3〜6学年は従前のとおりとし、第1、2学年については、新設された生活科にそれぞれ102単位時間と、105単位時間（ともに週当たり3単位時間）が充てられ、また、国語の力の充実を図るため、国語の授業時数をそれぞれ34単位時間、35単位時間（ともに週当たり1単位時間）増加することとされた。

　中学校については、生徒の個性を生かす教育の一層の充実を図る観点から、選択履修の幅が拡大された。また、学校が生徒の実態等に応じ創意工夫を生かした教育課程を編成することができるよう、教科によっては、授業時数について下限及び上限の幅をもった示し方とされた。

　高等学校については、普通教科に関する教科・科目を8教科45科目から9教科62科目に増加したり、「その他特に必要な教科」や「その他の科目」を設置者の判断により設置可能とするなど、できるだけ多様な科目を用意することで、教育課程編成の一層の弾力化が図られた。また、社会科は地理歴史科と公民科に再編成され、地理歴史科では「世界史」が必修、家庭科は女子のみ必修の扱いが改められ、男子も必修となった。

　また、学習指導要領の改訂に伴って、平成3（1991）年に指導要録も改訂された。指導要録については、これまでも学習指導要領の改訂に伴い、様式等の改善が行われてきたが、今回の指導要録の改訂に当たっては、①新学習指導要領が目指す学力観に立った教育の実践に役立つようにすること、②児童生徒一人一人の可能性を積極的に評価し、豊かな自己実現に役立つようにすること、などに留意して改善が図られ、各教科の評価については、観点別学習状況を基本としつつ、評定及び所見を併用することや、観点別学習状況については、新学習指導要領に示す各教科の目標に照らして、その実現状況を評価することといった大きな改革が行われた。この改訂方針に掲げられたような教育の考え方を指して、一般に、「新しい学力観に立つ教育」という表現が使われるようになった。

調べてみよう！

　「生活科」が設置された理由について調べてみよう。

3　平成10年代の学習指導要領

小学校学習指導要領　　平成10（1998）年改訂　平成14（2002）年度実施
中学校学習指導要領　　平成10（1998）年改訂　平成14（2002）年度実施
高等学校学習指導要領　平成11（1999）年改訂　平成15（2003）年度実施

阪神・淡路大震災（平成 7（1995）年）

地下鉄サリン事件（平成 7（1995）年）

神戸連続児童殺傷事件（平成 9（1997）年）

長野冬季オリンピック（平成 10（1998）年）

アメリカ同時多発テロ事件（平成 13（2001）年）

「世界に一つだけの花」大ヒット（平成 15（2003）年）

阪神・淡路大震災
（写真提供：神戸市）

(1) 平成 10・11（1998・1999）年改訂の学習指導要領

Windows 95 発売

平成の時代に入り、東西の冷戦構造が崩壊し、経済・社会のグローバル化が進み、インターネットが急速に全世界に広がるとともに、携帯電話が普及し始めた。一方、学校においては、受験競争の過熱化、学級崩壊の現象の顕在化、いじめや不登校の問題など様々な課題に直面していた。

このような背景の下、中央教育審議会は平成 8（1996）年に「21 世紀を展望した我が国の教育の在り方について」の第 1 次答申を行い、[ゆとり]の中で[生きる力]を育むことを重視し、その観点から、完全学校週 5 日制の導入を提言するとともに、そのねらいを実現するためには、教育内容の厳選が是非とも必要であるとした。

この中央教育審議会の答申を受け、教育課程審議会での審議が行われ、平成 10（1998）年、「幼稚園、小学校、中学校、高等学校、盲学校、聾学校及び養護学校の教育課程の基準の改善について」答申が出され、小学校及び中学校については同年、高等学校については翌平成 11（1999）年、学校教育法施行規則の一部改正と学習指導要領の改訂が行われた。

この改訂は、平成 14（2002）年度から実施される完全学校週 5 日制の下で、各学校がゆとりの中で特色ある教育を展開し、児童生徒が豊かな人間性や基礎・基本を身に付け、個性を生かし、自ら学び自ら考える力などの「生きる力」を培うことを基本的なねらいとして、①豊かな人間性や社会性、国際社会に生きる日本人としての自覚を育成すること、②自ら学び、自ら考える力を育成すること、③ゆとりのある教育活動を展開する中で、基礎・基本の確実な定着を図り、個性を生かす教育を充実すること、④各学校が創意工

【学校週 5 日制】

学校週 5 日制は、社会の変化に対応してこれからの時代に生きる子どもの望ましい人間関係を図る観点に立って、学校、家庭及び地域社会の教育全体の在り方を見直し、家庭や地域社会における子どもの生活時間の比重を高めるために、平成 4（1992）年 9 月から月 1 回、平成 7（1995）年 4 月から月 2 回実施されてきた。

平成 10（1998）年の学習指導要領の改訂によって、授業時数の面での条件が整い、学習指導要領が全面実施された平成 14（1999）年 4 月から完全学校週 5 日制が実施された。

夫を生かし特色ある教育、特色ある学校づくりを進めること、の四つの方針により行われた。

　具体的には、小学校の第3学年以上に「総合的な学習の時間」が創設されるとともに、各教科や科目において、体験的な学習や問題解決的な学習の充実が図られた。また、完全学校週5日制の円滑な実施や生涯学習の考え方を進めていくことなどの観点から、小学校と中学校では各学年の年間総授業時数が週当たりに換算して2単位時間削減され、各教科の教育内容を厳選して基礎的・基本的な内容に絞るとともに、中学校では選択教科の拡充が図られた。高等学校では卒業に必要な修得総単位数の削減（80単位以上→74単位以上）及び必履修教科・科目の最低合計単位数の縮減（普通科38単位及び専門学科・総合学科35単位→31単位）が図られ、必履修科目については、各教科において、複数の科目の中から選択して履修ができるようにすることを基本に設定された。

　さらに、各学校が創意工夫を生かした教育活動を展開できるよう、小・中学校では、授業の1単位時間や授業時数の運用の弾力化、国語等の教科の目標や内容を2学年まとめるなどの大綱化が図られた。高等学校においても授業の1単位時間の弾力化が図られたほか、普通教科として「情報」を、専門教科として「情報」及び「福祉」が新設された。

(2) 平成15（2003）年一部改正の学習指導要領

　平成10・11（1998・1999）年の学習指導要領改訂後、教育内容の厳選や授業時数の縮減、総合的な学習の時間の在り方などをめぐって、学力の低下を懸念する議論が起こった。

　このような状況の中、中央教育審議会は、平成15（2003）年10月に「初等中等教育における当面の教育課程及び指導の充実・改善方策について」答申を行い[1]、学習指導要領の一部改正を含め、当面の教育課程及び指導の充実・改善方策を提言した。この答申の趣旨を踏まえ、平成10（1998）年及び平成11（1999）年に改訂した学習指導要領のさらなる定着を進め、そのねらいの一層の実現を図るため、平成15（2003）年12月、学習指導要領の総則を中心にその一部改正が行われた。その概要は次のとおりである。

① 　学習指導要領の基準性を踏まえた指導の一層の充実

　学習指導要領に示しているすべての児童生徒に指導する内容等を確実に指導した上で、児童生徒の実態を踏まえ、学習指導要領に示していない内容を加えて指導することができることが明確にされた。また、内容の範囲や程度を明確にしたり、学習内容が網羅的・羅列的にならないようにするための事項は、すべての児童生徒に対して指導する内容の範囲や程度等を示したものであり、学校において特に必要がある場合には、これらの事項にかかわらず指導できることが明確にされた。

② 　総合的な学習の時間の一層の充実

　総合的な学習の時間のねらいとして、各教科等で身に付けた知識や技能等を相互に関連付け、学習や生活に生かし、それらが総合的に働くようにすること、各学校において総合的な学習の時間の目標及び内容を定め、全体計画を作成する必要があること、などが規定

された。

③　個に応じた指導の一層の充実

　指導方法等の例示として、学習内容の習熟の程度に応じた指導（小学校）、児童生徒の興味・関心等に応じた課題学習（小・中学校）、補充的な学習や発展的な学習などの学習活動を取り入れた指導（小・中学校）が加えられた。

調べてみよう！

　「総合的な学習の時間」が導入された理由について調べてみよう。

4　平成 20 年代の学習指導要領

小学校学習指導要領　　　平成 20（2008）年改訂　平成 23（2011）年度実施
中学校学習指導要領　　　平成 20（2008）年改訂　平成 24（2012）年度実施
高等学校学習指導要領　　平成 21（2009）年改訂　平成 25（2013）年度実施

この頃の主な出来事

　　　韓流ブーム（平成 16（2004）年頃〜）
　　　全国学力・学習状況調査開始（平成 19（2007）年）
　　　リーマン・ショック（平成 20（2008）年）
　　　民主党政権（平成 21 〜 24（2009 〜 2012）年）
　　　東日本大震災（平成 23（2011）年）
　　　スマートフォンの普及（平成 23（2011）年〜）

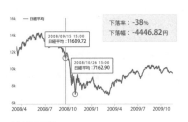

株価暴落

(1) 平成 20・21（2008・2009）年改訂の学習指導要領

　平成 20・21（2008・2009）年の改訂に当たっては、知識基盤社会やグローバル化の進展が予想される 21 世紀において、知識や人材をめぐる国際競争が加速する一方で、異なる文化や文明との共存や国際協力の必要性が増大するため、確かな学力、豊かな人間性、健やかな体の調和を重視する「生きる力」の育成がますます重要となることなどを踏まえた検討が行われた。

　また、平成 18（2006）年に教育基本法、翌平成 19（2007）年に学校教育法の改正がそれぞれ行われ、知・徳・体のバランスとともに、基礎的・基本的な知識・技能、思考力・判断力・表現力等及び学習意欲を重視し、学校教育においては、これらを調和的にはぐくむことが必要である旨が法律上規定された。

　中央教育審議会では、このような法改正も踏まえた審議を行い、平成 20（2008）年に「幼稚園、小学校、中学校、高等学校及び特別支援学校の学習指導要領等の改善について」

答申を行った。この答申を受けて、小学校及び中学校については同年、高等学校については翌平成21（2009）年、学校教育法施行規則の一部改正と学習指導要領の改訂が行われた。

教師用パンフレット（文科省作成）

この改訂では、①教育基本法改正等で明確となった教育の理念を踏まえ「生きる力」を育成すること、②知識・技能の習得と思考力・判断力・表現力等の育成のバランスを重視すること、③道徳教育や体育などの充実により、豊かな心や健やかな体を育成すること、が基本方針とされた。

小学校においては、国語、社会、算数、理科、体育の授業時数が増加され、第5、6学年に「外国語活動」が新設された。一方、総合的な学習の時間については授業時数が縮減された。これにより、各学年の年間総授業時数は、第1、2学年で週当たり2単位時間、第3～6学年で週当たり1単位時間の増加となった。

中学校においては、国語、社会、数学、理科、体育及び外国語の授業時数が増加され、各学年とも年間総授業時数が週当たり1単位時間の増加となった。また、選択教科については、学校教育法施行規則第73条等で規定する標準授業時数の枠外で、各学校において開設し得ることとされた。

高等学校においては、国語、数学、外国語に、すべての生徒が履修する共通必履修科目として「国語総合」「数学Ⅰ」「コミュニケーション英語Ⅰ」が設けられるとともに、理科の科目履修の柔軟性が図られた。また、義務教育段階の学習内容の確実な定着を図るための指導を行うことが配慮事項として新たに示された。

また、各教科において基礎的・基本的な知識・技能の習得を重視するとともに、観察・実験やレポートの作成、論述など知識・技能の活用を図る学習活動を充実すること、さらに総合的な学習の時間を中心として行われる、教科等の枠を超えた横断的・総合的な課題について各教科等で習得した知識・技能を相互に関連付けながら解決するといった探究活動の質的な充実を図ることなどにより、思考力・判断力・表現力等を育成することとされた。また、国語科をはじめ各教科等で記録、説明、批評、論述、討論などの言語活動が重視された。

道徳教育については、小、中学校で道徳教育推進教師を中心とした指導体制が明確化されるとともに、高等学校では道徳教育の全体計画を作成することが規定された。

体育・健康に関する指導については、新たに学校における食育の推進や安全に関する指導が総則に規定された。

(2) 平成 27（2015）年一部改正の学習指導要領

平成 23（2011）年に起きたいじめ自殺問題が発端となり、内閣に設置された教育再生実行会議[2]は、平成 25（2013）年の第 1 次提言において、道徳を新たな枠組みにより教科化することを提言した。中央教育審議会においても平成 26（2014）年 2 月から検討がなされ、同年 10 月に「道徳に係る教育課程の改善等について」答申を行った。

この答申を踏まえ、平成 27（2015）年に学校教育法施行規則と小学校及び中学校学習指導要領の一部改正が行われ、「道徳の時間」が「特別の教科　道徳」として新たに位置付けられ、「考え、議論する道徳」へと転換が図られた。なお、小学校は平成 30（2018）年度、中学校は平成 31（2019）年度から、検定教科書を使用して実施されることとされた。

▶〈学びの確認〉

(1)　昭和 50 年代以降、学習指導要領改訂のキーワードなどに着目しながら、それぞれの改訂の考え方や主な改善事項についてまとめてみよう。

(2)　それぞれの時代で求められていた「学力」とは、どのようなものだったのだろうか、話し合ってみよう。

[注]

1　中央省庁再編により、教育課程審議会は中央教育審議会に統合された。
2　21 世紀の日本にふさわしい教育体制を構築し、教育改革を推進する目的で、平成 25 年 1 月から内閣総理大臣が開催している会議。

[参考文献]

『小学校指導書教育課程一般編』文部省、1978、1989 年

『中学校指導書教育課程一般編』文部省、1980、1989 年

『高等学校学習指導要領解説総則編』文部省、文部科学省、1980、1989、1999・2004 一部補訂、2009 年

『小学校学習指導要領解説総則編』文部科学省、1999・2004 一部補訂、2008、2015、2017 年

『中学校学習指導要領解説総則編』文部科学省、1999・2004 一部補訂、2008、2015、2017 年

文部省『学制百二十年史』ぎょうせい、1992 年

水原克敏、髙田文子、遠藤宏美、八木美保子『新訂 学習指導要領は国民形成の設計書 その能力観と人間像の歴史的変遷』東北大学出版会、2018 年

山口満編著『教育課程の変遷からみた戦後高校教育史』学事出版、1995 年

学力観の変遷や学力に関する諸調査

学力をどう捉えるか？　それはどのような状況にあるか？

石塚　等

【本講のポイント】

　学習指導要領は、改訂のたびに学校教育を通じてどのような学力や資質・能力を育成しようとするのかを明らかにしており、時代ごとの学力観を捉えることが重要である。本講では、学習指導要領に見られる学力観の変遷や国内外の学力に関する調査についての理解を深めた上で、我が国の児童生徒の学力がどのような状況にあるのかを考えていく。

1 学習指導要領と学力観の変遷

　学習指導要領の変遷については第5講、第6講で述べられており、ここでは、平成元（1989）年以降の学習指導要領における学力観の変遷を考察していく。

(1) 平成元（1989）年改訂の学習指導要領と「新しい学力観」

　平成元（1989）年改訂の学習指導要領においては、情報化、国際化などの社会の変化に主体的に対応できる能力の育成として、自ら学ぶ意欲や思考力・判断力・表現力などを学力の基本とする「新しい学力観」が提唱された。これまでの知識や技能を共通的に身に付けさせることを重視して進められてきた学習指導の在り方を根本的に見直し、子どもたちが進んで課題を見付け自ら考え主体的に判断したり表現したりして、解決することができる資質・能力の育成を重視する学習指導へと転換を図ろうとするものであった。新しい学力観に立った教育は学習指導のみならず、各教科の評価について観点別学習状況を基本とし、評価の観点を「関心・意欲・態度」「思考・判断」「技能・表現」及び「知識・理解」の4項目による構成とするなど評価観の転換を含むものである。

(2) 平成10（1998）年改訂の学習指導要領と「生きる力」

　平成10（1998）年改訂の学習指導要領においては、完全学校週5日制の下、ゆとりの

ある教育活動を展開する中で「生きる力」を育成することを基本的なねらいとしている。新しい小・中学校学習指導要領の実施と併せて平成14（2002）年度から実施された完全学校週5日制の趣旨は、学校、家庭及び地域社会の教育全体のバランスを見直し、家庭や地域社会での生活時間の比重を高め、社会体験や自然体験などを経験させ、学校、家庭及び地域社会全体で子どもたちに「生きる力」を育成しようとするものであった。「生きる力」については、①自ら学び自ら考える力、②他人を思いやる心や感動する心など豊かな人間性、③たくましく生きるための健康や体力、これら知・徳・体のバランスのとれた育成を「生きる力」と定義付けた。「生きる力」の育成を基本とし、多くの知識を一方的に教え込む教育から、児童生徒の自ら学び自ら考える力を重視する教育へと転換を図ろうとするものであった。この「生きる力」は平成20・21（2008・2009）年改訂及び平成29・30（2017・2018）年改訂の学習指導要領においても継承され同様に位置付けられている。なお、平成10（1998）年改訂の学習指導要領は、上述の考え方の下、年間総授業時数の削減や教育内容の厳選を図ったことから、後に学力低下を懸念する議論が巻き起こり、「確かな学力」を育成し「生きる力」を育むという学習指導要領のねらいの一層の実現を図る観点からの学習指導要領の一部改正（平成15（2003）年）が行われた。

(3) 平成20・21（2008・2009）年改訂の学習指導要領と学力の要素

　平成20・21（2008・2009）年改訂の学習指導要領においては、その検討過程において教育基本法及び学校教育法の改正が行われている。平成18（2006）年の教育基本法において第2条第1号で知・徳・体のバランスが必要である旨が法律上明示され、学校教育法第30条第2項において①基礎的な知識・技能、②思考力・判断力・表現力、③主体的に学習に取り組む態度の学力について三つの要素が明示された。これらの法律改正を踏まえた学習指導要領の改訂が行われ、知識及び技能の習得と思考力・判断力・表現力等の育成のバランスを重視することが基本方針の一つとして掲げられた。学習指導要領の改善について審議を行ってきた平成20（2008）年の中央教育審議会答申においては、当時の社会構造の変化として「知識基盤社会」（knowledge-based society）を挙げ、「知識基盤社会」の特質として、例えば①知識には国境がなく、グローバル化が一層進む、②知識は日進月歩であり、競争と技術革新が絶え間なく生まれる、③知識の進展は旧来のパラダイムの転換を伴うことが多く、幅広い知識と柔軟な思考力に基づく判断が一層重要になる、④性別や年齢を問わず参画することが促進される、などを挙げている。こうした社会的な構造の変化は国際的にも認識されており、「知識基盤社会」の次代を担う子どもたちに必要な能力を「主要能力（キー・コンピテンシー）」とし、OECDが平成12（2000）年から開始したPISA調査の概念的な枠組みとして定義付けられた。近年の学習指導要領の改訂に当たっては、PISA調査やTIMSS調査（後述）など国際的な学力調査の結果も議論され、反映されている。こうした動きは、我が国を含め諸外国において、学校の教育課程の国際

的な通用性がこれまで以上に強く意識されるようになっていることを意味している。

> ■主要能力（キー・コンピテンシー）とは
>
> 　キー・コンピテンシーは、OECDの「コンピテンシーの定義と選択」（DeSeCo）プロジェクトを通じて、国際的に共通する資質・能力を定義することにより明らかにされ、平成12（2000）年から開始したPISA調査の概念的な枠組みとして定義付けられた。コンピテンシーとは、単なる知識や技能だけではなく、技能や態度を含む様々な心理的・社会的なリソースを活用して、特定の文脈の中で複雑な課題に対応することができる力であり、具体的には、①社会・文化的、技術的ツールを相互作用的に活用する力、②多様な社会グループにおける人間関係形成能力、③自律的に行動する力の三つのカテゴリで構成される。

(4) 平成29・30（2017・2018）年改訂の学習指導要領と資質・能力の三つの柱

　平成29・30（2017・2018）年改訂の学習指導要領においては、予測困難な社会の変化の中でよりよい社会の創り手となるよう、各教科等の目標や内容について育成を目指す資質・能力を「知識及び技能」「思考力、判断力、表現力等」「学びに向かう力、人間性等」の三つの柱で整理している。

(5) 資質・能力の在り方に係る議論

　上記（3）においてOECDにおけるキー・コンピテンシーの議論を紹介したが、平成29・30（2017・2018）年改訂の学習指導要領においてもその検討過程において、資質・能力に係る様々な議論が行われてきた。

　諸外国においては、コンピテンシーに基づく教育改革として、国際的に「21世紀型スキル」を定義し評価の在り方を検討するプロジェクトが進められるなど、21世紀に求められる資質・能力を定義しそれを基盤としたナショナル・カリキュラムの開発が行われている。

　これらはどれも、

- ・言語や数、情報を扱う基礎的なリテラシー
- ・思考力や学び方の学びを中心とする高次認知スキル
- ・社会や他者との関係やその中での自律に関わる社会的スキル

の三層に大別できる点で共通している[1]。

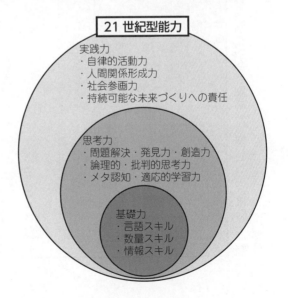

表1 資質・能力に基づく教育の世界的な動向 （国立教育政策研究所、2014）

OECD (DeSeCo)		EU	イギリス	オーストラリア	ニュージーランド	（アメリカほか）
キーコンピテンシー		キーコンピテンシー	キースキルと思考スキル	汎用的能力	キーコンピテンシー	21世紀型スキル
相互作用的道具活用力	言語、記号の活用	第１言語 外国語	コミュニケーション	リテラシー	言語・記号・テキストを使用する能力	
	知識や情報の活用	数学と科学技術のコンピテンス	数学の応用	ニューメラシー		
	技術の活用	デジタル・コンピテンス	情報テクノロジー	ICT技術		情報リテラシー ICTリテラシー
反省性（考え力）		学び方の学習	思考スキル	批判的・創造的思考	思考力	創造とイノベーション
（協働する力）			（問題解決）			批判的思考と問題解決
（問題解決力）			（協働する）			学び方の学習
						コミュニケーション
						コラボレーション
自律的活動力	大きな展望	進取の精神と起業精神	問題解決	倫理的理解	自己管理力	キャリアと生活
	人生設計と個人的プロジェクト					
	権利・利害・限界や要求の表明	社会的・市民的コンピテンシー	協働する	個人的・社会的能力	他者との関わり	個人的・社会的責任
異質な集団での交流力	人間関係力				参加と貢献	
	協働する力	文化的気づきと表現	問題解決	異文化間理解		シティズンシップ
	問題解決力					

（右側のくくり）
- 基礎的リテラシー
- 認知スキル
- 社会スキル

「社会の変化に対応する資質や能力を育成する教育課程編成の基本原理」（国立教育政策研究所）（平成 25（2013）年 3 月）より

62

　こうした諸外国の動向を踏まえ、国立教育政策研究所の報告書では、21 世紀を生き抜く力として、「思考力」を中核として、それを支える「基礎力」、その使い方を方向付ける「実践力」という三層構造で構成される「21 世紀型能力」を提案している[2]。

　文部科学省においては、「育成すべき資質・能力を踏まえた教育目標・内容と評価の在り方に関する検討会」において平成 26（2014）年 3 月に論点整理が取りまとめられ[3]、そこでは、育成すべき資質・能力を踏まえつつ、教育目標・内容について次の三つの視点で捉え整理していくことが提言されている。

①教科等を横断する、認知的・社会的・情意的な汎用的なスキル（コンピテンシー）等に関わるもの

②教科等の本質に関わるもの

③教科等に固有の知識・個別スキルに関するもの

話し合ってみよう！

　これからの社会を生きていくために必要な学力、資質・能力は何か話し合ってみよう。

2　学力に関する各種調査

　児童生徒の学力に関する国際比較調査として PISA 調査と TIMSS 調査、国内の調査として全国学力・学習状況調査を取り上げる。

(1) PISA 調査（Programme for International Student Assessment）

　「生徒の学習到達度調査」と訳される。OECD（経済協力開発機構）が実施。

①目的：知識や技能等を実生活の様々な場面で直面する課題にどの程度活用できるかを評価する調査

②対象：義務教育終了段階（高等学校 1 年生）

③調査項目

・読解力：自らの目標を達成し、自らの知識と可能性を発達させ、効果的に社会に参加するために、書かれたテキストを理解し、利用し、熟考する能力

・数学的リテラシー：数学が世界で果たす役割を見付け、理解し、現在及び将来の個人の生活、職業生活、友人や家族や親族との社会生活、建設的で関心をもった思慮深い市民としての生活において確実な数学的根拠に基づき判断を行い、数学に携わる能力

・科学的リテラシー：自然界及び人間の活動によって起こる自然界の変化について理解し、意志決定するために、科学的知識を活用し、課題を明確にし、証拠に基づく結論を導き出す能力

・問題解決能力：問題の状況が、❶現実のものであり、❷解決の道筋がすぐには明らかで

はなく、❸一つのリテラシー領域内に限定されない場合に、問題に対処し解決する力

　併せて生徒質問紙、学校質問紙による調査を実施

④調査実施年：平成12（2000）年から3年ごとに実施

⑤調査結果の概要

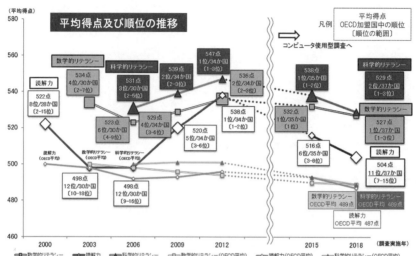

　平成15（2003）年に実施されたPISA調査の読解力の結果において、OECD平均と同程度にまで落ち込み参加国・地域41か国中14位にとどまるなど、いわゆるPISAショックと呼ばれ、学力低下を懸念する声が高まった。平成18（2006）年の調査でも同様の傾向が見られたものの、その後回復し、平成24（2012）年の同調査においては、読解力の平均得点が比較可能な調査回以降、最も高くなるなどの成果が見られた。

　平成27（2015）年の調査においては、科学的リテラシー、読解力、数学的リテラシーの各分野において、国際的に見ると引き続き平均得点が高い上位グループに位置している。一方で、読解力については、前回調査と比較して平均得点が有意に低下しているとの分析がなされている。

　生徒質問調査において、「科学の楽しさ」「理科学習に対する道具的な動機付け」「理科学習者としての自己効力感」「科学に関連する活動」の四つの観点については、平成18（2006）年調査と経年比較が可能であり、OECD平均を下回っているものの「理科学習に対する道具的な動機付け」指標において肯定的な回答をする生徒の割合が増加している。

　平成30（2018）年調査においては、数学的リテラシー及び科学的リテラシーは引き続き世界トップレベルにあり、読解力についてはOECD平均より高得点のグループにあるものの、前回調査に比べて平均得点と順位が統計的に有意に低下している。

（参考）http://www.nier.go.jp/kokusai/pisa/#PISA2018

(2) TIMSS 調査（Trends in International Mathematics and Science Study）

　国際数学・理科教育動向調査と訳される。IEA（国際教育到達評価学会）が実施。

①目的：小学校 4 年生、中学校 2 年生を対象に、学校のカリキュラムで学んだ知識や技能等がどの程度習得されているかを評価する調査。

②対象：小学校 4 年生、中学校 2 年生

③調査項目：算数・数学、理科

　併せて児童生徒質問紙、教師質問紙、学校質問紙による調査を実施。

④調査実施年：昭和 39（1964）年から実施。平成 7（1995）年からは 4 年ごとに実施。

⑤調査結果の概要

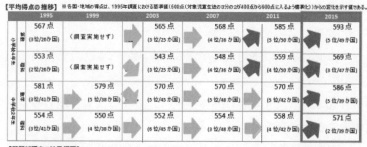

　平成 27（2015）年に実施した国際数学・理科教育動向調査（TIMSS 2015）においては、小・中学校の算数・数学、理科のすべてにおいて、国際的に見て引き続き上位を維持しており、平均得点は有意に上昇している。また、成績下位の児童生徒が減少し、成績上位の児童生徒が増加する傾向がみられる。算数・数学、理科に関する意識では、小学校の「理科は楽しい」を除き、国際平均を下回っている項目が多いものの、算数・数学、理科が楽しいと思う児童生徒の割合は増加し、中学校においては、国際平均との差が縮まっている傾向が見られる。中学校数学、理科については「日常生活に役立つ」、「将来、自分が望む仕事につくために、良い成績をとる必要がある」という生徒の割合が増加しており、国際平均との差が縮まっている傾向が見られる。

（参考）http://www.nier.go.jp/timss/index.html#TIMSS2015

(3) 全国学力・学習状況調査

①目的：義務教育の機会均等とその水準の維持向上の観点から、全国的な児童生徒の学力

や学習状況を把握・分析し、教育施策の成果と課題を検証し、その改善を図る。学校における児童生徒への教育指導の充実や学習状況の改善等に役立てる。そのような取組を通じて、教育に関する継続的な検証改善サイクルを確立する。

②実施主体：文部科学省　国立教育政策研究所

③対象：小学校第6学年、中学校第3学年

④調査項目：国語、算数・数学

　※ 平成24（2012）年度から理科を追加。理科は3年に1度程度の実施。

　※ 平成31（2019）年度（令和元年度）から英語を追加。英語は3年に1度程度の実施。

　※ 平成31（2019）年度（令和元年度）から「知識」と「活用」を一体的に問う問題形式で実施。生活環境や学校環境に関する質問紙調査（児童生徒及び学校を対象）。

⑤調査実施年及び調査の方式：平成19（2007）年度から実施。

　平成19～21（2007～2009）年度　悉皆調査

　平成22・24（2010・2012）年度　抽出調査及び希望利用方式

　平成25（2013）年度　きめ細かい調査

　　　抽出調査：都道府県毎に平均正答率が95％の確率で誤差1％以内になるよう抽出を設定（抽出率約30％）。

　　　希望利用方式：抽出調査対象以外の学校は、学校の設置管理者の希望により、調査を利用することができる。

　　　きめ細かい調査では、対象学年の全児童生徒を対象とした本体調査により、すべての市町村・学校等の状況を把握するとともに、1．経年変化分析、2．経済的な面も含めた家庭状況と学力等の状況の把握・分析、3．少人数学級等の教育施策の検証・改善に資する追加調査等を新たに実施。

　平成26（2014）年度～　悉皆調査

⑥調査結果の公表・提供

　国全体、各都道府県・指定都市、地域の規模等における調査結果を公表。教育委員会及び学校に当該教育委員会・学校の調査結果を提供。児童生徒に個人票を提供。

　調査問題の正答例と解説資料及び調査結果を踏まえた授業の改善・充実を図る際の参考として「授業アイディア例」を作成し学校及び教育委員会に配付。

⑦調査結果の概要

　これまでの調査結果の傾向として、判断の根拠や理由を明確に示しながら自分の考えを述べたり、実験結果を分析した上で解釈・考察し説明したりすることなどについて課題が指摘されている。

（参考）https://www.nier.go.jp/19chousakekkahoukoku/index.html

■昭和 31（1956）年度から昭和 41（1966）年度までに行われた全国的な学力調査について

　昭和 31（1956）年度に全国の小・中・高等学校の最高学年に対して全国的な規模での抽出による学力調査が開始された。中学校については昭和 36（1961）年度から第 2・3 学年の生徒全員を対象とする悉皆調査に変わり、対象教科も 2 教科から 5 教科に拡大された。小学校も昭和 37（1962）年度に抽出規模が拡充され第 5 学年も対象とされた。高等学校は昭和 40（1965）年を最後に中止となり、中学校も昭和 40（1965）年度から抽出調査に変わり、小・中学校ともに昭和 41（1966）年度の実施をもって中止となった。この時代の学力調査については、国による教育統制や教員評価に連なるとして一部の教職員らによる組織的な反対運動、いわゆる「旭川学力テスト事件」などが生じることとなった。

試してみよう！

　PISA 調査、TIMSS 調査や全国学力・学習状況調査の問題にチャレンジしてみよう。

調べてまとめてみよう！

　⑴　子どもたちの学力についてはどのような状況にあるのだろうか。
　⑵　国内外の学力調査では学力をどのように捉え、どのように測っているのだろうか。

▶〈学びの確認〉
　⑴　PISA 調査、TIMSS 調査、全国学力・学習状況調査の問題を検討して、どのような学力を測ろうとしているのかを考えてみよう。
　⑵　PISA 調査、TIMSS 調査、全国学力・学習状況調査の調査結果を調べて、どのような学力の状況にあるのかを分析してみよう。

▶〈発展課題：思考力・判断力・表現力を測る評価問題を考えてみよう！〉
　全国学力・学習状況調査における活用に関する問題を参考に、思考力・判断力・表現力を測る問題を作成してみよう。

[注]
1　「社会の変化に対応する資質や能力を育成する教育課程編成の原理」（平成 25 年 3 月）（国立教育政策研究所教育課程研究センター）p.13
2　「社会の変化に対応する資質や能力を育成する教育課程編成の原理」（平成 25 年 3 月）（国立教育政策研究所教育課程研究センター）p.26
3　「育成すべき資質・能力を踏まえた教育目標・内容と評価の在り方に関する検討会—論点整理—」（平成 26 年 3 月）（文部科学省）

第8講

総合的な学習の時間の意義と変遷
総合的な学習の時間はどのように取り扱われてきたか？

村川雅弘

【本講のポイント】

「総合的な学習の時間」は、平成10（1998）年の学習指導要領で創設されたが、その後の学力論と相まって、その存在意義が論議されてきた。「総合的な学習の時間」はどのような背景や趣旨の下で創設されたのか、学力との関連をどう捉えるのか、教科書が存在しない中でどう充実化を図っていくのか、これらのことについて理解を深めたい。

1 創設以前の先進的な取組

「総合的な学習の時間」は平成10（1998）年学習指導要領で示され、教育課程の中に位置付けられたが、それまでは文部省（当時）の研究開発学校を中心に全国の先進的な学校において、様々な名称で多様な活動が展開されていた。教科を融合して内容の再編成を行うもの（例えば、図工と家庭科を融合させた新潟県上越市立大手町小学校の「創芸科」）や子どもの経験や興味関心を中心に内容や活動を決定するもの（例えば、仙台市立上杉山通小学校や愛媛県西条市立氷見小学校の「総合的学習」）、環境や国際、福祉などの現代的諸課題に対応するもの（例えば、岡山大学附属小学校の「地球環境科」や鳴門教育大学附属中学校の「未来総合科」）など多様な考え方で実に多彩な実践が試行され、現在の総合的な学習の時間のモデルになったと言っても過言ではない。

2 「合科的な指導」と「関連的な指導」

「合科的な指導」や「関連的な指導」の取組も「総合的な学習の時間」の創設につながったと考えられる。昭和52（1977）年小学校学習指導要領では、「低学年においては、児童の実態等を考慮し、合科的な指導が十分できるようにすること」という文言が入れら

れた。これにより、低学年において複数教科あるいは道徳、特別活動の内容を関連させて指導することが可能となる。

　平成元（1989）年小学校学習指導要領では小学校低学年において理科と社会科が廃止され、生活科が創設される。また、小学校中学年以上でも合科的・関連的な指導が実施可能となる。「合科的な指導」と「関連的な指導」に関しては、平成元（1989）年小学校学習指導要領総則編解説（第3章4）の中で述べられている（資料1）。

　教科とは知識や技能を効率的に教え学ばせるために作られたものであるが、実社会・実生活においては教科を超えた事柄が存在している。教科の知識や技能が生きて働くためには、平成29（2017）年改訂でも重視されているように関連させて指導する必要がある。

　「合科的な指導」と「関連的な指導」の違いに関しては、平成元（1989）年の解説（第3章4）の中で次のように述べられている（資料2）。「合科的な指導」は複数の教科等の目標

　各教科等がそれぞれ独立して目標をもち内容を構成しているのは、各教科等ごとにそれぞれ独立して授業を行うことを前提としているからである。しかし、児童に自ら学び自ら考える力を育成することを重視し、知識と生活との結び付きや知の総合化の視点を重視した教育を展開することを考慮したとき、教科の目標や内容の一部についてこれらを合わせて指導を行ったり、関連させて指導を進めた方が効果がある場合も考えられることから、合科的な指導を行うことができることとしたり、関連的な指導を進めることとしたものである。

資料1

　合科的な指導は、教科のねらいをより効果的に実現するための指導方法の一つである。単元又は1コマの時間の中で、複数の教科の目標や内容を組み合わせて、学習活動を展開するものである。また、関連的な指導は、教科別に指導するに当たって、各教科等の指導内容の関連を検討し、指導の時期や指導方法などについて相互の関連を考慮して指導するものである。

資料2

や内容を組み合わせて新たな単元や授業を再構成するのに対して、「関連的な指導」は、各々の教科等を別々に指導した上で相互の関連を図ろうとするものである。いずれも、関連させた方が各々の教科の目標・内容のよりよい効果につながることが重要である。

比べてみよう！考えてみよう！

　「合科的な指導」と「関連的な指導」を比べてみよう。どんな共通点と相違点があるだろうか。

「総合的な学習の時間」の創設

(1) 「総合的な学習の時間」のねらい

学習指導要領の教育課程内で、「合科的な指導」や「関連的な指導」を中心に各校において創意・工夫により行われてきた総合的な学習が、平成10 (1998) 年改訂により小・中・高・養護学校（当時）において共通に教育課程上に「総合的な学習の時間」として創設される。

①自ら課題を見付け、自ら学び、自ら考え、主体的に判断し、よりよく問題を解決する資質や能力を育てること
②学び方やものの考え方を身に付け、問題の解決や探求活動に主体的、創造的に取り組む態度を育て、自己の生き方を考えることができるようにすること

資料3

その際に、二つのねらいが示された（資料3）。②に関しては、高等学校の場合、「自己の生き方」が「自己の在り方生き方」となっている。

「探究」ではなく、「探求」という言葉を使用しているものの平成29 (2017) 年改訂の目標と大きな違いはない。創設当初から「資質や能力」の育成をねらいとしている。

(2) 創設時の趣旨

村川雅弘 (1999) は創設当時の趣旨として次の六つを指摘している[1]。

①総合的な学習の時間が［生きる力］の育成を目指す教育課程の工夫・改善、特色ある学校づくりの要となる。

②変化の激しい時代を主体的に生きていける子ども、他者の立場や考えを思いやり他人と協調していける子ども、自信やよさを見出す子どもの育成を目指している。

③②で述べた普遍的な資質・能力は具体的な活動を通して実際に活用されることで培われる。

④「子どもに知識や技能を伝え教える」から「子どもの力を信じ、子どもが主体的に学べる環境を整えることが大切」といった指導観・教師観への変換が期待される。

⑤いわゆる「〇〇教育」はいずれの教科にも関わることゆえに、横断的・総合的に指導していくことが求められる。

⑥今日的課題を取り上げることが多く、学習の対象やフィールドを身近な地域に求めることとなる。また、共通の学力観で教育改革を進める必要があり、家庭や地域とのヨコ連携だけでなく、小中高のタテの連携・協力が求められる。

(3) 平成15 (2003) 年一部改正によるねらいの追加

平成15 (2003) 年に、平成10 (1998) 年学習指導要領の一部改正が実施される。その

際に、「総合的な学習の時間」のねらいとして「③各教科、道徳及び特別活動で身に付けた知識や技能等を相互に関連付け、学習や生活において生かし、それらが総合的に働くようにすること」が付け加えられた。

　平成 10（1998）年改訂の基盤となった教育課程審議会答申（平成 10（1998）年 7 月）では「総合的な学習の時間のねらい」の部分に三つ目として「各教科等それぞれで身に付けられた知識や技能などが相互に関連付けられ、深められ児童生徒の中で総合的に働くようになる」と明記されていた。つまりこの時点では、教科と総合との補完的な関係が示されていた。しかし、平成 10（1998）年学習指導要領の中では触れられていない。総則編解説作成会議においてこの点が指摘され、詳細に記述されることとなった。この議論が反映されたものと考えることができる。

比べてみよう！考えてみよう！

(1)　平成 10（1998）年の創設時の「ねらい」と平成 29（2017）年の改訂時の「目標」を比べてみよう。どんな共通点や相違点があるだろうか。

(2)　平成 10（1998）年の創設時の趣旨を現時点で考えた場合、時代の変化とともに変わっているか、変わっていないかを比べてみよう。不易な部分はあるだろうか。

4　学力観の変遷と「総合的な学習の時間」の再評価

(1) 平成 15（2003）年一部改正による「総合的な学習の時間」の後退

　平成 15（2003）年一部改正は「総合的な学習の時間」の充実を図ったものではあったが、平成 10（1998）年改訂の本格実施直前の平成 14（2002）年 1 月に「学びのすすめ」が文部科学省から出されたことも受け、「現行（平成 10（1998）年の）学習指導要領の見直し」が「基礎・基本の重視」から「総合的な学習の時間の失敗」といった論調となっていった。一部改正はそれまでなかったことによりその与える影響は大きかった。

　改正内容をじっくりと読み解けば、「総合的な学習の時間」の充実も謳っているが、「従来型の学力重視への方向転換」的な意味合いで「学びのすすめ」全体が受け取られ、学校現場では一気に総合的な学習に対する熱が冷めていった。当時のマスメディアはこぞって「総合的な学習の時間」についてマイナスの論調の記事を掲載することとなる。

(2) PISA 調査と「総合的な学習の時間」

　平成 20（2008）年改訂に関わる学力論争に火をつけたのが、OECD 学習到達度調査（PISA2003）の結果である。最も芳しくなかった「読解力」の結果を受けて、国語や算数・数学、理科などの教科の充実が指摘され、その時数確保の関係で、「総合的な学習の時間」の時数がおおよそ 3 分の 1 程度削減される。

PISA の概念枠組みの基本であるキー・コンピテンシーの三つのカテゴリーの「相互作用的に道具を用いる力」及び「異質な集団で交流する力」は「総合的な学習の時間」が重視し、育んできた力であり、「自律的に活動する力」は「総合的な学習の時間」の様々な課題解決過程で、多様な人との関わりを通してその人の考え方や生き方に触れ、自分は何をなすべきかを考えたり、学んでいる教科等の意味を捉えなおしたりしている点でこの力の育成にも強く関わっていることを確認しておくことは重要である。その後、PISA 調査において日本はほぼトップの位置を占めるようになり、その要因を「総合的な学習の時間の存在」と外国の研究者から指摘されるようになる。

(3) 「総合的な学習の時間」の独立と充実

時数削減だけから判断すれば、平成 10 (1998) 年改訂は「総合的な学習の時間の後退」という理解につながることは否めないが、実際は「総合的な学習の時間の充実」が進められた。平成 10 (1998) 年改訂では総則の中で扱われていたが平成 20 (2008) 年改訂では章として独立する。その結果、解説だけでなく指導資料『今、求められている力を高める総合的な学習の時間の展開　総合的な学習の時間を核とした課題発見・解決能力、論理的思考力、コミュニケーション能力等向上に関する指導資料』）も作成され、全体計画や年間指導計画等の作成方法について詳細かつ具体的な情報を学校に提供することとなった。

中央教育審議会答申（平成 20 (2008) 年 1 月）では「総合的な学習の時間」について「変化の激しい社会に対応して、自ら課題を見付け、自ら学び、自ら考え、主体的に判断し、よりよく問題を解決する資質や能力を育てることなどをねらいとすることから、思考力・判断力・表現力等が求められる『知識基盤社会』の時代においてますます重要な役割を果たす」（p.130）と改めて重要性を指摘している。

また、平成 20 (2008) 年改訂においては、「探究」の重要性が改めて強調された。この時間が朝読書や教科の補充、修学旅行や運動会等の準備等に転用された例が少なくない。改訂の目標の中に「探究的な学習を通して」という文言が入ったことにより、総合的な学習が全体を通して「横断的・総合的」かつ「探究的」であるかが問われたのである。

(4) 「探究的な学習過程」の提示

平成 20 (2008) 年学習指導要領の「総合的な学習の時間」の「第 3　指導計画の作成と内容の取扱い」の 2 の (2) において「問題の解決や探究活動の過程においては、他者と協同して問題を解決しようとする学習活動や、言語により分析し、まとめたり表現したりするなどの学習活動が行われるようにすること」と「探究的」な活動を進めることを示しているが、それをより明確にしたものが資料 4 のイメージ図である。

「総合的な学習の時間」が学習指導要領において章として独立することに伴って作成された解説書の中で「総合的な学習の時間における探究的な学習とは、問題解決的な活動が

発展的に繰り返されていく資料4（＝筆者）の図のような一連の学習活動のことである。総合的な学習の時間において、児童は、①日常生活や社会に目を向けたときに湧き上がってくる疑問や関心に基づいて、自ら課題を見付

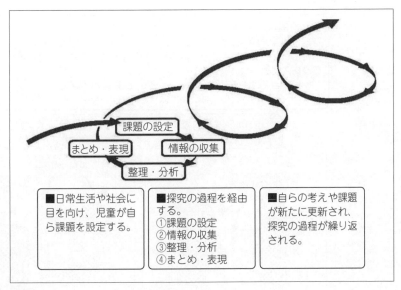

資料4

け、②そこにある具体的な問題について情報を収集し、③その情報を整理・分析したり、知識や技能に結び付けたり、考えを出し合ったりしながら問題の解決に取り組み、④明らかになった考えや意見などをまとめ・表現し、そこからまた新たな課題を見付け、さらなる問題の解決を始めるといった学習活動を発展的に繰り返していく。」（pp.15-16）と「探究」のイメージを具体的に示した。このことにより、その後の実践はこれを拠り所として開発・実施されることとなり、「総合的な学習の時間」の定着に少なからぬ影響を与えた。この探究の四つの過程は平成29（2017）年学習指導要領でも踏襲されることとなる。

　平成29（2017）年学習指導要領の作成過程において、中央教育審議会の生活科・総合的な学習の時間の部会（筆者も委員の一人）においては五つ目の過程として「振り返り」が何度も提案されたが、四つの過程のさらなる定着が優先との判断からか見送られる形となっている。実際、学校現場においては「振り返り」の活動を一定時間設定している取組は多い。

（5）総合的な学習の時間の見直し

　平成19（2007）年度から全国学力・学習状況調査が開始される。平成25（2013）年度からは「総合的な学習の時間」の取組状況を測る質問項目が組み込まれる（資料5）。「「総合的な学習の時間」では、自分で課題を立てて、情報を集めて整理し、調べたことを発表するなどの学習活動に取り組んでいますか」である。小学校6年及び中学校3年共に「総合的な学習の時間で探究のプロセスを意識した学習活動に取り組んでいる児童生徒ほど各教科の正答率が高い傾向にある」（文部科学省『小学校学習指導要領（平成29年告示）解説　総合的な学習の時間編』p.5）が示される。このことにより、「総合的な学習＝学力低下」の誤解が払拭されていく。この調査項目の関しては平成26（2014）年度以降も同様

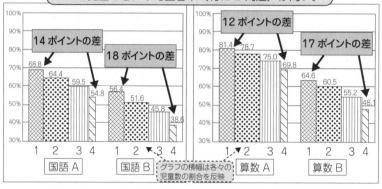

H25 全国学力・学習状況調査（小学校6年生）
「「総合的な学習の時間」では、自分で課題を立てて、情報を集めて整理して、調べたことを発表するなどの学習活動に取り組んでいますか」の回答と平均正答率のクロス集計
  ＊「1　当てはまる」「2　どちらかといえば、当てはまる」
　　「3　どちらかといえば、当てはまらない」「4　当てはまらない」

資料5

の結果である。

　また、日本生活科・総合的学習教育学会は、総合的な学習の時間で育まれる総合的な学力調査を全国的な規模で行った[2, 3]。総合的な学習の時間に熱心に取り組んでいる学校の児童生徒ほど「問題解決力」や「情報活用力」「コミュニケーション力」などの、いわゆる「生きる力」が育っていることが明らかにされる。

　これらの調査結果を受け、マスメディアの論調は大きく変わっていく。総合的な学習の時間の意義や成果を述べる記事が各社より発信されていくこととなる。

比べてみよう！考えてみよう！

　(1)　「総合的な学習の時間」が育んでいる資質・能力とキー・コンピテンシーを比べてみよう。どんな共通点や相違点があるだろうか。
　(2)　「総合的な学習の時間」と教科学力との関連を考えよう。果たして教科学力の低下につながるものだろうか。

5　平成29（2017）年改訂における趣旨と要点

　総合的な学習の時間の趣旨は、創設時から大きく変わらない。基本的には、目標にある次の3点がさらに強調されている。

(1) 探究的な見方・考え方を働かせる

　この視点は平成 29（2017）年改訂で新規に示されたものである。解説では、探究的な見方・考え方として、「各教科等における見方・考え方を総合的に活用して、広範な事象を多様な角度から俯瞰して捉え、実社会・実生活の課題を探究し、自己の生き方を問い続けるという総合的な学習の時間の特質に応じた見方・考え方」（p.10）としている。教科等の学習と教科横断的な学習を往還することの重要性がここにある。

　すべての教科等において目標を考える上で考慮しなければならないのは「育成を目指す資質・能力」の三つの柱である。総合的な学習の時間では創設以来、ねらいとして「自ら課題を見付け、自ら学び、自ら考え、主体的に判断し、よりよく問題を解決する<u>資質や能力</u>を育てること」「学び方やものの考え方を身に付け、問題の解決や探究活動に主体的、創造的に取り組む態度を育て、自己の生き方を考えることができるようにすること」（下線は筆者）を掲げてきたため、大きな方向転換は必要ではない。二つ目の柱「未知の状況にも対応できる『思考力・判断力・表現力等』の育成」と三つ目の柱「学びを人生や社会に生かそうとする『学びに向かう力・人間性等』の涵養」も「総合的な学習の時間」の目標との関連は強い。

(2) 横断的・総合的な学習を行う

　「総合的な学習の時間」の学習の対象や領域が、特定の教科等にとどまらず、横断的・総合的であることを表している。教科等の枠を超えて探究する価値のある課題について、各教科等で身に付けた資質・能力を活用・発揮しながら解決に向け取り組んでいくことを求めている。創設時からの視点である。

(3) よりよく課題を解決し、自己の生き方を考えていく

　自己の生き方を考えることも創設時からのねらいである。昨今は、先行き不透明な時代を生き抜くことが強く求められてきている。よりよく課題を解決するとは、「解決の道筋がすぐには明らかにならない課題」や「唯一の正解が存在しない課題」

> ①　人や社会、自然との関わりにおいて、自らの生活や行動について考える。
> ②　自分にとっての学ぶことの意味や価値を考える。
> ③　学んだことを現在及び将来の自己の生き方につなげて考える。

資料 6

を取り上げ、「自らの知識や技能等を総合的に働かせ、目前の具体的な課題を粘り強く対処し解決しようとすること」と述べている。

　また、自己の生き方を三つの視点（資料 6）で考えることを提案している。

（4）探究に値する実社会・実生活に関わる現代的な諸課題の設定

　平成 29（2017）年改訂では「探究課題」という表現が用いられる。平成 28（2016）年中央教育審議会答申に示されているように「<u>一つの教科等の枠に収まらない課題</u>に取り組む学習活動を通して、各教科等で身に付けた知識や技能等を相互に関連付け、学習や生活に生かし、それらが児童生徒の中で総合的に働くようにすること」や「多様な他者と協働し、異なる意見や他者の考えを受け入れる中で、<u>実社会や実生活との関わりで見いだされる課題</u>を多面的・多角的に俯瞰して捉え、考えること」（下線部は筆者）と、探究課題の解決過程を通して「先行き不透明な社会を生き抜くと共に新たな価値を創造していく力」の育成を求めている。

▶〈学びの確認〉

　⑴　「総合的な学習の時間」に対する評価は創設以来今日まで大きく変動している。学力観の変遷と関連付けて説明しよう。

　⑵　「総合的な学習の時間」は平成 10（1998）年の創設以来、2 回の改訂を経てきたが、一貫して変わらないものと平成 29（2017）年改訂で重視されていることを整理してみよう。

▶〈発展課題：7 講及び 8 講の学習事項と「総合的な学習の時間」との関連を考えよう！〉

　第 6 講では「社会の変化への対応」を学んだ。第 7 講では「学力観の変遷」を学んだ。本講で学習した「総合的な学習の時間」との関連をまとめてみよう。

[注]

1　村川雅弘「創設の趣旨」、『改訂小学校の学習指導要領の展開　総合的学習編』明治図書、1999 年、pp.8-17

2　村川雅弘・久野弘幸・田村学ほか「総合的な学習で育まれる学力とカリキュラム I（小学校編）」、『せいかつか＆そうごう』日本生活科・総合的学習教育学会、第 22 号、2015 年、pp.12-21

3　久野弘幸・村川雅弘・田村学ほか「総合的な学習で育まれる学力とカリキュラム II（中学・高校編）」、『せいかつか＆そうごう』日本生活科・総合的学習教育学会、第 22 号、2015 年、pp.22-31

┌───┐

第9講

平成 29・30 年改訂の学習指導要領
―「社会に開かれた教育課程」の実現―

学習指導要領改訂の背景と改訂事項は何か？

石田有記

└───┘

【本講のポイント】

　平成 29・30（2017・2018）年改訂の学習指導要領は、変化の激しい社会を見据えて、児童生徒一人一人に対して「生きる力」を確実に育成する（「生きる力」の理念の具体化）ことを目指している。そのため「カリキュラム・マネジメント」の充実や「主体的・対話的で深い学び」（アクティブ・ラーニング）の視点からの授業改善を通して、教育活動の質の向上を図ることを目指している。「よりよい学校教育がよりよい社会を創る」という理念を共有しながら、学校と社会が連携・協働して、児童生徒を育成する「社会に開かれた教育課程」の実現が目指されている。

1　学習指導要領改訂の背景と「社会に開かれた教育課程」

　平成 28（2016）年 12 月の中央教育審議会答申「幼稚園、小学校、中学校、高等学校及び特別支援学校の学習指導要領等の改善及び必要な方策等について」（以下「答申」という）を受け、文部科学省は平成 29・30（2017・2018）年に小・中・高等学校並びに特別支援学校の学習指導要領（以下「新学習指導要領」という）の改訂を順次行った。本講では、上記の答申や新学習指導要領、新学習指導要領の解説　総則編（以下「総則解説」という）など文部科学省ホームページに掲載されている情報をもとに、改訂の背景や基本方針、具体的な改善事項について解説する（参考：学習指導要領の特設ページ　http://www.mext.go.jp/a_menu/shotou/new-cs/index.htm　令和元（2019）年 9 月 5 日閲覧）。

　今回の改訂の背景には、高齢化、情報化、グローバル化の進展等の社会変化がある。これらの変化を見据えた検討は、これまでの学習指導要領の改訂においても重視されてきたが、今回の改訂の特長は、例えば人工知能（AI）の飛躍的な進化など、これらの社会変化が急速に進展するとの問題意識の下で行われた点にある。このことは総則解説における

【コラム　学習指導要領ができるまで】

文部科学省	中央教育審議会
【事前の調査等】	【審議の体制】
○教育課程の実施状況の調査	○教育課程部会常設
○国内外の調査等の収集・整理	○教育課程の基準の改善についての審議
【学習指導要領改訂の検討】	・中央教育審議会　・初等中等教育分科会
○中央教育審議会での審議・答申	・教育課程部会
○協力者会議（研究者、指導的立場の教員等）	・教育課程企画特別部会
で学習指導要領の改善のための具体的作業	・学校種別ごとの部会（5）
○省内調整、法令審査	・教科等ごとの部会・ワーキンググループ等
○意見聴取（パブリックコメント）	（17）
○大臣決裁・告示	※教育課程部会全体で、400人を超える委員、
【学習指導要領の周知等】	200回を超える会議
○実施に向けての趣旨徹底	【答申に向けたまとめ】
○移行措置の実施	○論点整理　　○審議のまとめ
○教科書の検定	○意見聴取（パブリックコメント）　○答申
○全面実施（幼・小・中）・学年進行実施（高）	

　学習指導要領の改訂は、法令上の手続きが決まってはいないが、およそ10年ごとに中央教育審議会等での議論・答申を受けて、文部科学省で改訂作業が行われることが通例である。

　中央教育審議会に常設された教育課程部会が学習指導要領改訂について中心的に審議する。平成28（2016）年12月の答申に至る検討では、教育課程部会の下に教育課程企画特別部会をはじめ23の部会やワーキンググループなどが置かれた。中央教育審議会での審議には、学識経験者、学校や教育委員会の関係者、PTA関係者をはじめ各界から選ばれた多くの委員が関わる。平成28（2016）年の答申に関係しては、教育課程部会全体で、のべ400人を超える委員により219回の会議が開催され、約443時間が審議に費やされた。教育課程の改善の審議には、国内外における諸調査などをもとにしたそれまでの学習指導要領の実施状況、研究開発学校等における新しい教育課程の研究の状況、諸外国における教育課程改善の動向などが資料として提供される。

　答申を受けた文部科学省では、学習指導要領作成のための協力者会議（研究者、指導的立場の教員等で組織）を設けて学習指導要領の改善のための具体的作業が行われる。文部科学省内で学習指導要領の案ができると、外部からの意見聴取（パブリックコメント）を経て、大臣による最終的な決裁を受け、告示という形式で公示される。

　その後、学習指導要領の実施に向けての趣旨徹底や移行措置が行われる。また、教科書会社において教科書の編集が進められ、文部科学大臣（文部科学省）が検定を行い、教育委員会等によって採択が行われる。このため、学習指導要領は告示から実施までに3年程度かかる。

「子供たちが、成人して社会で活躍する頃には、我が国は厳しい挑戦の時代を迎えていると予想される。生産年齢人口の減少、グローバル化の進展や絶え間ない技術革新等により、社会構造や雇用環境は大きく、また急速に変化しており、予測が困難な時代となっている」「こうした変化の一つとして、人工知能（AI）の飛躍的な進化を挙げることができる」との記述にも表れている。

　学校教育には、このような複雑で予想困難な時代の中にあっても、児童生徒一人一人が、社会の変化に受け身で対応するのではなく、主体的に向き合って関わり合い、自らの可能性を発揮し多様な他者と協働しながら、よりよい社会と幸福な人生を切り拓き、未来の創り手となることができるよう、教育を通してそのために必要な力を育んでいくことが社会から期待されている。他方、このような力は、平成 10（1998）年改訂の学習指導要領以来「生きる力」として学校教育として育成を目指してきた力でもある。

　その意味では、社会からの学校教育への期待と学校教育が長年目指してきたものが一致し、これからの時代を生きていくために必要な力とは何かを学校と社会が共有し、相互に連携・協働しながら、児童生徒に「生きる力」を育んでいく（答申では「『生きる力』の理念の具体化」としている）ことができる好機にある。

　このような認識の下、学習指導要領では、「よりよい学校教育がよりよい社会を創る」という理念を学校と社会が共有し、連携・協働しながら、新しい時代に求められる資質・能力を子どもたちに育む「社会に開かれた教育課程」の実現を図ることが重視された。これを踏まえ、今般新設された学習指導要領の「前文」に次のように規定された。

> 教育課程を通して、これからの時代に求められる教育を実現していくためには、よりよい学校教育を通してよりよい社会を創るという理念を学校と社会とが共有し、それぞれの学校において、必要な学習内容をどのように学び、どのような資質・能力を身に付けられるようにするのかを教育課程において明確にしながら、社会との連携及び協働によりその実現を図っていくという、社会に開かれた教育課程の実現が重要となる。

2　学習指導要領改訂の基本方針

　解説に示されている事柄を整理すると次のとおりである。

(1) 改訂の基本的な考え方

　① 教育基本法、学校教育法などを踏まえ、これまでの我が国の学校教育の蓄積を生かし、子どもたちが未来社会を切り拓くための資質・能力を一層確実に育成することを重視している（このように「我が国の学校教育の蓄積」の活用を強調する背景には、

日本の教師の世代交代—ベテラン層の大幅な減少と若手教師の増加—を受けて、若手
教師に優れた指導技術を伝承することへの求めがある）。

② 知識及び技能の習得と思考力、判断力、表現力等の育成のバランスを重視する平成
20・21（2008・2009）年改訂の学習指導要領の枠組みや教育内容を維持した上で、知
識の理解の質をさらに高め、確かな学力を育成することを重視している（これは教育
内容を精選した平成10（1998）年の学習指導要領改訂に対して寄せられた、思考力、
判断力、表現力等の育成と、知識及び技能の習得のいずれを重視するのか—「ゆとり
か」「つめこみか」—という二項対立を乗り越え、双方のバランスある育成を目指し
た平成20・21（2008・2009）年改訂の学習指導要領の考え方を継承するものである）。

③ 先行する特別教科化など道徳教育の充実や体験活動の重視、体育・健康に関する指
導の充実などにより、豊かな心や健やかな体を育成することを重視することで、引き
続き知徳体にわたる「生きる力」の育成を目指している。次項以下の（2）（3）（4）に
示す改善方針は、この「生きる力」の育成に迫るための手立てと捉えることができる。

（2）育成を目指す資質・能力の明確化

新学習指導要領では、激しい変化が予
想されるこれからの社会を踏まえ、児童
生徒に「生きる力」を確実に育成する観
点から、各教科等の目標、内容を「知識
及び技能」「思考力、判断力、表現力等」
「学びに向かう力・人間性等」の資質・
能力の三つの柱で整理して示している。

これにより「何のために学ぶのか」と
いう学習の意義を共有しながら、各教科
等における授業の創意工夫や教科書等の
教材の改善を引き出していくことを目指
している。

（3）主体的・対話的で深い学びの視点
からの授業改善

新学習指導要領では、（2）で明らかに
した各教科等で育成を目指す資質・能力

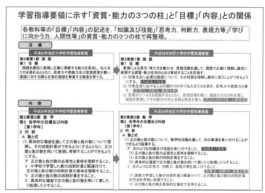

を育むため、「主体的・対話的で深い学び」（アクティブ・ラーニング）の視点からの授業
改善を図ることを求めている。総則解説では、これらの視点は「各教科等における優れた
授業改善等の取組に共通し、かつ普遍的な要素」であり、「児童（生徒）に求められる資

質・能力を育成することを目指した授業改善の取組は、これまでも多くの実践が重ねられており、主体的・対話的で深い学びの実現に向けた授業改善を行うことが、そうした着実に取り組まれてきた実践を否定し、全く異なる指導方法を導入しなければならないことであると捉える必要はない。また、授業の方法や技術の改善のみを意図するものではなく、児童（生徒）に求められる資質・能力を育むために、児童（生徒）や学校の実態、指導の内容に応じ、『主体的な学び』、『対話的な学び』、『深い学び』の視点から授業改善を図ることが重要」とされている。（詳しくは第 11 講を参照）

(4) カリキュラム・マネジメントの充実

　新学習指導要領では、「カリキュラム・マネジメントの充実」が強調され、学習指導要領の総則に、関連する規定が盛り込まれた。具体的には、「各学校においては、児童や学校、地域の実態を適切に把握し、①教育の目的や目標の実現に必要な教育の内容等を教科等横断的な視点で組み立てていくこと、②教育課程の実施状況を評価してその改善を図っていくこと、③教育課程の実施に必要な人的又は物的な体制を確保するとともにその改善を図っていくことなどを通して、教育課程に基づき組織的かつ計画的に各学校の教育活動の質の向上を図っていくこと（以下「カリキュラム・マネジメント」という。）に努めるものとする」との規定が盛り込まれた（小学校の例、他の校種も同旨。番号と下線は筆者）。

　総則解説では、この規定は「各学校が教育課程に基づき組織的かつ計画的に各学校の教育活動の質の向上を図っていくことができるよう、カリキュラム・マネジメントとは何かを定義するとともにその充実について示している」ものであり、下線を付した①②③は「カリキュラム・マネジメントの三つの側面」とされている。

　したがって、上記の規定の二重下線にあるとおり、「カリキュラム・マネジメント」の本質的なねらいは、各学校において編成した「教育課程に基づく組織的かつ計画的な教育活動の質の向上」にある。そして「①②③などを通して」とあるようにカリキュラム・マネジメントの三つの側面は、その本質的なねらいに迫るための手立てと理解することができる。

説明してみよう！

　平成 29・30（2017・2018）年改訂の学習指導要領の改訂の背景と改訂の基本方針をまとめて説明してみよう。

　教育内容の主な改善事項について、小・中学校、高等学校の学習指導要領の改正に伴う通知[注]に示されている内容を整理すると次のとおりになる。

(1) 言語能力の確実な育成

- ・発達の段階に応じた、語彙の確実な習得、意見と根拠、具体と抽象を押さえて考えるなど情報を正確に理解し適切に表現する力の育成を図ることとした。
- ・学習の基盤としての各教科等における言語活動（実験レポートの作成、立場や根拠を明確にして議論することなど）を充実。

(2) 情報活用能力の育成

- ・コンピュータや情報通信ネットワークなどの情報手段を活用するために必要な環境を整え、これらを適切に活用した学習活動の充実を図ることとした。
- ・小学校においては、各教科等の特質に応じて、コンピュータでの文字入力等の習得、プログラミング的思考の育成のための学習活動を実施することとした。
- ・高等学校では、すべての生徒が履修する「情報Ⅰ」を新設することにより、プログラミング、ネットワーク（情報セキュリティを含む）やデータベース（データ活用）の基礎等の内容を必修とした。

(3) 理数教育の充実

- ・日常生活等から問題を見出す活動や見通しをもった観察・実験などを充実したこと。
- ・必要なデータを収集・分析し、その傾向を踏まえて課題を解決するための統計教育や自然災害に関する内容を充実。
- ・将来、学術研究を通じた知の創出をもたらすことができる創造性豊かな人材の育成を目指し、高等学校における新たな探究的科目として、「理数探究基礎」及び「理数探究」を新設。

(4) 伝統や文化に関する教育の充実

- ・古典など我が国の言語文化や、県内の主な文化財や年中行事の理解、我が国や郷土の音楽、和楽器、武道、和食や和服などの指導を充実。

(5) 体験活動の充実

・生命の有限性や自然の大切さ、挑戦や他者との協働の重要性を実感するため、体験活動を充実させ、自然の中での集団宿泊体験活動や職場体験を重視。

(6) 外国語教育の充実

・小学校の中学年で「外国語活動」を、高学年で「外国語科」を導入したこと。

・小・中・高等学校での一貫した学びを重視し、外国語能力の向上を図る目標を設定するとともに、国語教育との連携を図り日本語の特徴や言語の豊かさに気付く指導を充実。

(7) 小中学校の道徳の特別教科化を受けた高等学校における道徳教育の充実

・各学校において、校長のリーダーシップの下、道徳教育推進教師を中心に、すべての教師が協力して道徳教育を展開することを新たに規定。

・道徳教育の展開に当たっては、公民の「公共」「倫理」、特別活動が、人間としての在り方生き方に関する中核的な指導の場面であることに配慮することを明記。

まとめてみよう！

　平成 29・30（2017・2018）年の学習指導要領の改訂の「具体的な改善事項」を整理してまとめてみよう。

▶〈学びの確認：①〜⑤に入る言葉を考えよう！〉

　平成 29・30（2017・2018）年改訂の学習指導要領は、「　　①　　」という理念を共有しながら、学校と社会が連携・協働して、児童生徒を育成する「　　②　　」の実現が目指されている。改訂の基本方針には、育成を目指す（　　③　　）の明確化、（　　④　　）の視点からの授業改善、（　　⑤　　）の充実などが盛り込まれている。

▶〈発展課題：主張を比べてみよう！〉

　報道、民間の教育事業者など、平成 29・30（2017・2018）年改訂学習指導要領の解説記事をインターネットで検索し、テキストと比べて気付いたことを整理してみよう。

（ヒント）・どの改訂事項を強調しているか。　・強調する背景にはどんな意図があるか。

[注]

　学校教育法施行規則の一部を改正する省令の制定並びに幼稚園教育要領の全部を改正する告示、小学校学習指導要領の全部を改正する告示及び中学校学習指導要領の全部を改正する告示等の公示について（平成 29 年 3 月 31 日　文部科学事務次官通知）、高等学校学習指導要領の全部を改正する告示等の公示について（平成 30 年 3 月 30 日　文部科学事務次官通知）

第 10 講

教育課程編成の基本

各学校が教育課程を編成するに当たり大切にすべきことは何か？

石塚　等

【本講のポイント】

　新学習指導要領で示された「社会に開かれた教育課程」の理念の下、各学校においては、学習指導要領をはじめとする関係法令に従い、児童生徒の発達の段階や特性、学校や地域の実態を踏まえて創意工夫を生かした教育活動を展開することが重要である。その際、全教職員の共有の下、教育目標の実現に向けて教育課程を編成していくことが大切である。各学校が教育課程を編成するに当たって大切にすべき事項について理解を深める。

1　「社会に開かれた教育課程」の実現

　第 9 講で解説されているとおり、平成 29・30（2017・2018）年改訂の学習指導要領においては、新しく設けられた前文において「社会に開かれた教育課程」の実現が重視されている。学校においては、新学習指導要領で示された「社会に開かれた教育課程」の理解を進め、その理念の実現に向けて教育課程の編成に当たることが求められる。

2　教育課程編成の原則

　平成 29・30（2017・2018）年改訂の学習指導要領総則においては、教育課程編成の原則について次のとおり規定している。

　各学校においては、教育基本法及び学校教育法その他の法令並びにこの章以下に示すところに従い、児童の人間として調和のとれた育成を目指し、児童の心身の発達の段階や特性及び学校や地域の実態を十分考慮して、適切な教育課程を編成するものとし、これらに掲げる目標を達成するよう教育を行うものとする。

> （上記は小学校学習指導要領総則の記述。中学校及び高等学校学習指導要領も同様。）

　この規定においては、各学校が教育課程を編成する場合の二つの原則を示している。

（1）教育基本法及び学校教育法その他の法令並びに学習指導要領の示すところに従うこと

　各学校が教育課程を編成・実施するに当たって、関係法令や学習指導要領に従わなければならない（第3講参照）。

（2）児童生徒の人間としての調和のとれた育成を目指し、児童生徒の心身の発達の段階や特性及び学校や地域の実態を十分考慮すること

　学校の創意工夫を生かした特色ある教育課程を編成できるよう、学習指導要領は大綱的な示し方となっている。学校においては、児童生徒の心身の発達の段階や特性、学校及び学校を取り巻く地域の実態を十分に考慮した教育課程編成が求められる。

①人間としての調和のとれた育成を目指す

　人間としての調和のとれた育成とは、教育基本法に示す教育の目的・目標や学校教育法に示す学校教育の目的・目標に示されているとおりである。確かな学力・豊かな心・健やかな体、いわゆる知・徳・体のバランスのとれた「生きる力」の育成を目指すことを求めている。

②児童生徒の心身の発達の段階や特性を考慮する

　小学校の児童は6歳から12歳までの6年間という長期にわたることから心身の成長や発達の著しい時期である。また、中・高等学校の生徒は小学校時代と比べ心身の発達上の変化とともに、能力・適性、興味・関心等の多様化が一層進む時期である。学校においては、こうした児童生徒一人一人の能力・適性、興味・関心等の状況や心身の発達、抽象的・論理的な思考や社会性の発達など様々な観点から児童生徒の実態を的確に捉えていくことが重要である。また、高等学校では、生徒の進路や学習経験なども含めて実態を捉えることが求められる。

③学校の実態を考慮する

　児童生徒の実態や教職員の配置・構成などの人的な側面、施設設備や教材教具の整備状況などの物的な側面、学校規模、地域との連携及び協働の体制などは学校によって様々である。こうした学校の実態を十分に把握・分析して教育課程の編成に生かしていくことが必要である。

④地域の実態を考慮する

　学校は地域社会を離れては存在し得ないものであり、児童生徒は地域社会の中で様々な経験を重ねて成長している。地域には、都市、農村、山村、漁村など様々な生活環境の違いがあり、産業、経済、文化、歴史、自然、環境などそれぞれ特色を有している。こうし

た地域の特色に目を向け、歴史的な経緯や現在の課題、将来への展望などを分析するとともに、地域の教育資源や学習環境の実態を把握して教育課程を編成していくことが必要である。

　学校における教育活動を効果的に展開するためには、学校が家庭や地域社会との連携を密にすることが重要である。保護者や地域住民が学校運営に参画する学校運営協議会制度（コミュニティ・スクール）や、幅広い地域住民等の参画により地域全体で児童生徒の成長を支え地域を創生する地域学校協働活動等の推進が求められる。

3　学校の教育目標の設定

　学校における教育活動は、目標の実現を目指して展開される。学校における様々な教育活動において目標やねらいを明確に設定することは、その目標に向けた実践の成果や課題を評価し教育活動の質の向上を目指していく視点から不可欠である。

　平成29・30（2017・2018）年改訂の学習指導要領総則においては、「各学校の教育目標の設定と教育課程の編成」について以下の記述が新たに盛り込まれ、教育課程の編成に当たっての学校の教育目標の設定の重要性が強調されている。

> 　教育課程の編成に当たっては、学校教育全体や各教科等における指導を通して育成を目指す資質・能力を踏まえつつ、各学校の教育目標を明確にするとともに、教育課程の編成についての基本的な方針が家庭や地域とも共有されるよう努めるものとする。その際、第5章総合的な学習の時間の第2の1に基づき定められる目標との関連を図るものとする。
>
> （上記は小学校学習指導要領総則の記述。中学校及び高等学校学習指導要領も同様。）

　学校においては、まずは教育基本法や学校教育法、学習指導要領など関係法令に従い、児童生徒、学校や地域の実態を考慮し、教育課程編成の基本となるべき学校の教育目標を設定することが必要である。そして、この教育目標をもとに教科等ごと、学年ごと、単元や題材ごとなどに順次目標を具体化していくことが大切である。学校におけるすべての教育活動は教育目標の実現を目指して展開されることから、校内の教職員において共有化されているべきことは言うまでもない。

　後段では、「教育課程の編成についての基本的な方針が家庭や地域とも共有されるよう努めるもの」と規定されている。新学習指導要領の「社会に開かれた教育課程」の理念を踏まえ、各学校では、自校の教育目標や目指すべき教育の在り方、教育課程編成の基本的な方針などを家庭や地域と共有し、その連携及び協働のもとに教育活動を充実させていくことが大切である。また総合的な学習の時間の目標との関連について言及している。総合的な学習の時間と学校の教育目標との関連を図り、児童生徒や学校、地域の実態に応じてふさわしい探究課題を設定することができるという総合的な学習の時間の特質が、各学校

の教育目標の実現に生かされるようにすることが求められる（高等学校では「総合的な探究の時間」）。

「学習指導要領解説総則編」には、各学校において教育目標を設定する際の踏まえるべき点として次の事項が示されている[1]。

①法律及び学習指導要領に定められた目的や目標を前提とするものであること。

②教育委員会の規則、方針等に従っていること。

③学校として育成を目指す資質・能力が明確であること。

④学校や地域の実態等に即したものであること。

⑤教育的価値が高く、継続的な実践が可能なものであること。

⑥評価が可能な具体性を有すること。

学校教育目標の具体例については第 19 講を参照。

調べてみよう！

学校においては、教育目標にどのようなことが具体的に設定されているのだろうか。

4　教科等横断的な視点に立った資質・能力の育成

平成 29・30（2017・2018）年改訂の学習指導要領総則においては、教科等横断的な視点に立った資質・能力の育成の重要性が強調され、「教科等横断的な視点に立った資質・能力の育成」に関わる以下の記述が新たに盛り込まれた。

---

(1)　各学校においては、児童の発達の段階を考慮し、言語能力、情報活用能力（情報モラルを含む。）、問題発見・解決能力等の学習の基盤となる資質・能力を育成していくことができるよう、各教科等の特質を生かし、教科等横断的な視点から教育課程の編成を図るものとする。

(2)　各学校においては、児童や学校、地域の実態及び児童の発達の段階を考慮し、豊かな人生の実現や災害等を乗り越えて次代の社会を形成することに向けた現代的な諸課題に対応して求められる資質・能力を、教科等横断的な視点で育成していくことができるよう、各学校の特色を生かした教育課程の編成を図るものとする。

（上記は小学校学習指導要領総則の記述。中学校及び高等学校学習指導要領も同様。）

学校教育全体及び各教科等の指導を通してどのような資質・能力の育成を目指すのかについては、資質・能力の三つの柱（①知識及び技能、②思考力、判断力、表現力、③学びに向かう力、人間性等）を踏まえ明確にすることが求められる。

教科等において育成を目指す資質・能力は、学習指導要領に示す各教科等の目標や内容において整理されている。教科等ごとの枠の中だけではなく、教育課程全体を通じて目指

す学校の教育目標の実現に向け、教科等横断的な視点をもって目標やねらいを具体化したり、教科等間における指導の関連付けを図りながら、学習や生活の場面で活用できる力を育むことを目指したりしていくことが重要である。

　（1）では、学習の基盤となる資質・能力として、言語能力、情報活用能力、問題発見・解決能力等を例示として挙げているが、各学校においては、学校や児童生徒の実態等を踏まえ、学習の基盤となる資質・能力とは何かを検討していくことが求められる。

　（2）では、東日本大震災をはじめとする災害等を乗り越え次代の社会を形成するという大きな役割を担う児童生徒に対して、現代的な諸課題に対応して求められる資質・能力を教科等横断的に育成していくことができるようにすることを示している。

話し合ってみよう！

　「教科等横断的な視点に立つ」とは、どのような意図でどのような教育課程編成を目指すものだろうか。

5　内容の取扱いの原則

　教育課程編成の基本的な要素である教育内容を組織することは、学校の教育目標の実現に向けて不可欠なものである。教育内容の組織に関しては、学校教育法施行規則において教科等の構成が定められるとともに、各教科等の内容や内容の取扱いについては学習指導要領において定められている。

　学習指導要領総則においては、学習指導要領に示す内容の取扱いについて、次のような基本的な原則が示されている。

①　各学校において教育課程を編成・実施する際には、学習指導要領の各教科等の内容に関する事項は、特に示している場合を除き、必ず取り扱わなければならない。

②　学校において特に必要であると認められる場合には、学習指導要領に示していない内容でも、これを加えて教育課程を編成・実施することができる。学習指導要領に示している内容は、すべての児童生徒に対して確実に指導しなければならないものであるとともに、児童生徒の学習状況などを踏まえ、学習指導要領に示していない内容を加えて指導することが可能である（このことを学習指導要領の「基準性」という）。

③　学習指導要領の各教科等の内容の順序は、特に示す場合を除き、指導の順序を示すものではないので、各学校においては、各指導事項の関連を十分検討し、児童生徒の発達の段階や特性及び学校や地域の実態、教科書との関連も考慮して、指導の順序やまとめ方に工夫を加えることが大切である。

6　授業時数等の取扱い

　教育課程編成の基本的な要素である授業時数を配当することは、学校の教育目標の実現に向けて不可欠なものである。教育計画に授業時数を配当することは、目標を実現するために指導の重点の置き方を検討し具体的に計画の中に明示していくことである。

　授業時数については、学校教育法施行規則（小学校：第51条に規定する別表第1、中学校：第73条に規定する別表第2）で各教科等の年間標準授業時数が示されている（巻末資料参照）。また学習指導要領においては、年間の授業週数、特別活動の授業時数、授業の1単位時間などの定めがある。

(1) 各教科等の年間授業時数

　各学年の各教科等の年間標準授業時数は学校教育法施行規則により定められている。後述の「各教科等の授業は年間35週以上にわたって行うよう計画」との学習指導要領の規定との関連から、学校教育法施行規則に定める各教科等の年間標準授業時数は一部の教科・学年を除き35の倍数により示されている。つまり、各教科等の年間標準授業時数を35で除した時数が週当たりに換算した授業時数となるという考え方により定められている。なお、学校教育法施行規則では授業時数は標準と規定されているが、学習指導要領解説総則編では「各学校において年度当初の計画段階から別表第1（中学校は別表第2）に定めている授業時数を下回って教育課程を編成することは、（中略）適当とは考えられない」としている[2]。

(2) 年間授業週数

　小学校学習指導要領では、「各教科等の授業は、年間35週（第1学年については34週）以上にわたって行うよう計画し、週当たりの授業時数が児童の負担過重にならないようにするものとする」とされている（中学校も同様の記述）。

　各教科等の授業時数を年間35週以上にわたって行うように計画することとしているのは、各教科等の授業時数を年間35週以上にわたって配当すれば、学校教育法施行規則において定めている年間の授業時数について児童生徒の負担過重にならない程度に、週当たり、1日当たりの授業時数を平均化することができることについて考慮されている。

　なお、夏季、冬季、学年末等の休業日の期間に授業日を設定する場合を含め、各教科等の授業を特定の期間に行うことができることが示されている。これは、教科等や学習活動によって特定の期間に集中して行った方が効果的な場合もあることが考慮されている。

(3) 特別活動の授業時数

　学校教育法施行規則に定める特別活動の授業時数は、学習指導要領で定める学級活動に充てる時数を定めたものである。

　特別活動は、学級活動、児童会活動（中学校：生徒会活動）、クラブ活動（小学校のみ）及び学校行事から構成されるが、学級活動を除いた各活動や学校行事の授業時数は、学校教育法施行規則では定められていない。学級活動を除いた各活動や学校行事については、それらの内容に応じ、年間、学期ごと、月ごとなどに適切な授業時数を充てることが学習指導要領において定められている。これは、これらの活動の性質上、学校ごとの特色ある実施が望まれるものであり、その授業時数を全国一律に標準として定めることは必ずしも適切でないことによるものである。

(4) 授業の1単位時間

　授業の1単位時間については、児童生徒の学習の集中力や持続力、指導内容のまとまり、学習活動の内容等を考慮して、教育効果の視点から決めることが大切である。このため学習指導要領においては、各教科等の授業の1単位時間は、各学年及び各教科等の年間授業時数を確保しつつ、児童生徒の発達の段階及び各教科等や学習活動の特質を考慮して、各学校において定めるとの規定になっている。例えば、実験や観察の際の理科の授業は60分で行うことや計算、漢字の反復学習を15分間程度の短い時間を活用して行うなど、各教科等や学習活動により授業時間の区切り方を変えた方がより教育効果があがる場合を考慮した規定となっている。なお、学校教育法施行規則で定めている授業時数の1単位時間は、別表第1（小学校）に定める1単位時間が45分、別表第2（中学校）に定める1単位時間が50分とされている。年間授業時数を計上する際には、授業時数の1単位時間は45分（中学校は50分）として計算した学校教育法施行規則の授業時数であることに留意しなければならない。

(5) 短い時間を活用して行う指導

　10分から15分程度の短い時間を活用して特定の教科等の指導を行う場合においては、教科や学習活動の特質に照らして妥当か否か教育的な観点からの判断が必要となる。教師が指導内容の決定や指導の成果の把握と活用について責任をもって行う体制が整備されているときは、その時間を当該教科等の年間授業時数に含めることができると学習指導要領において定められている。例えば、毎週3回1時間目を「チャレンジタイム」とし、45分間の授業を15分間ずつ三つのモジュールに分割して学習内容を取り扱い、授業とするなど、週時程を工夫し短い時間を活用した取組が広がっている。

(6) 総合的な学習の時間の実施による特別活動の代替

　学習指導要領においては、総合的な学習の時間の実施による特別活動の学校行事に掲げる各行事の実施と同様の成果が期待できる場合は、総合的な学習の時間における学習活動をもって相当する特別活動の学校行事に掲げる各行事の実施に替えることができると規定されている。学習指導要領解説総則編においては「総合的な学習の時間において、例えば、自然体験活動やボランティア活動を行う場合において、これらの活動は集団活動の形態をとる場合が多く、よりよい人間関係の形成や公共の精神の育成など、特別活動の趣旨も踏まえた活動とすることが考えられる。（中略）このような場合、総合的な学習の時間とは別に、特別活動として改めてこれらの体験活動を行わないとすることも考えられる」とされている[3]。なお、この規定は、総合的な学習の時間において、総合的な学習の時間と特別活動の両方の趣旨を踏まえた体験活動を実施した場合に特別活動の代替を認めるものであり、特別活動において体験活動を実施したことをもって総合的な学習の時間の代替を認めるものではないことに留意する必要がある。

説明してみよう！

　教育課程の編成に当たり、目標、内容、授業時数について求められるポイントを整理して説明してみよう。

▶〈学びの確認〉
 (1)　教育課程編成の原則、学校の教育目標の設定、教科等横断的な視点に立った資質・能力の育成について、その重要性を説明してみよう。
 (2)　内容の取扱いの原則及び授業時数の取扱いの決まりについて説明してみよう。

▶〈発展課題：学校の教育目標の設定と教科等横断的な視点に立った資質・能力の育成〉
　教科等横断的な視点に立った資質・能力の育成を目指す教育課程を編成するにはどのように取り組むべきか。

[注]
1　文部科学省『小学校学習指導要領（平成 29 年告示）解説総則編』東洋館出版社、2018 年、p.47
2　文部科学省『小学校学習指導要領（平成 29 年告示）解説総則編』東洋館出版社、2018 年、p.59
3　文部科学省『小学校学習指導要領（平成 29 年告示）解説総則編』東洋館出版社、2018 年、p.67

第11講

教育課程の実施のための計画と指導の工夫
―主体的・対話的で深い学びを実現する授業―

教育目標を達成するために
指導計画や授業をどのように工夫すればよいか？

吉冨芳正

【本講のポイント】

　学校の教育目標を達成するためには、教育活動全体の基本計画である教育課程を教科等ごとに具体化して単元の指導計画や本時の指導案などを適切に作成し、それをもとに児童生徒の学習が成り立つよう授業を効果的に展開していく必要がある。特に、平成29・30（2017・2018）年改訂の学習指導要領では、児童生徒の主体的・対話的で深い学びが実現するよう授業を改善することが求められており、教師はそうした工夫ができる力量を身に付ける必要がある。本講では、適切な指導計画を作成することの重要性や授業改善に向けた配慮事項について理解した上で、それらを生かしてどのような工夫ができるかを考える。

1 教育目標の達成を目指す指導計画の作成

（1）教育目標の達成を目指して教育活動を展開することの重要性

　学校は公教育を担う機関として法律で目的や目標を定めて設置されるものであり、学校教育は意図的、計画的、組織的に行われることが求められるという特質を有している。

　教育基本法では、学校教育の在り方として資料1のように規定されている。こうした趣旨を踏まえ、学校の教育活動全体の基幹となる計画である教育課程とそれを具体化した指導計画が明確な体系性を有し、それらの計画をもとに、組織的に教育活動を展開することによって、教育の目標が達成されるようにし

……学校においては、教育の目標が達成されるよう、教育を受ける者の心身の発達に応じて、体系的な教育が組織的に行われなければならない。

資料1　教育基本法　第6条第2項

なければならない。

　学校教育に関する目標としては、教育基本法で教育の目標（第2条）が、学校教育法で義務教育の目標（第21条）、各学校段階における教育の目標（第30条第1項、第46条、第51条）がそれぞれ定められている。それらの規定ではいずれも、教育は「目標を達成するよう行われるものとする」とされている（第3講、巻末資料参照）。

　さらに、学校の教育課程の基準である学習指導要領では、資料2のように、各学校において「適切な教育課程を編成」することに加えて、教育基本法や学校教育法、そして学習指導要領に掲げる「目標を達成するよう教育を行う」必要があることが強調されている。

　各学校で適切な教育課程を編成した上で、教育の目標を達成するよう教育を行うということは、「教育課程の編成」とともに、種々の指導計画の作成から授業の展開へと続く一連の過程、つまり「教育課程の実施」の概念の重要性が強調されているということである。

> 1　各学校においては、教育基本法及び学校教育法その他の法令並びにこの章以下に示すところに従い、児童（生徒）の人間として調和のとれた育成を目指し、児童（生徒）の心身の発達の段階や特性及び学校や地域の実態を十分考慮して、適切な教育課程を編成するものとし、これらに掲げる目標を達成するよう教育を行うものとする。

資料2　学習指導要領　総則　第1の1

(2) 適切な指導計画の作成

　各学校では、学校教育目標を達成するよう、教育活動全体の基本方針や大枠などを定めた教育課程をもとに、具体的な各種の指導計画を作成して授業を展開していく。つまり、指導計画とは、各学校の教育課程を具体化し授業を展開するための計画であると捉えることができる。

　指導計画には様々なものがある。例えば、年間や複数学年間、学期、月、週、単元や題材、主題、単位時間など、教育活動を行う期間や時間、内容や活動のまとまりごとに作成される。代表的な例として、各教科等についての年間指導計画、単元の指導計画、月案や週案、本時案などがある。例えば、その月の指導計画をまとめたものは「月案」、その週の指導計画をまとめたものは「週案」と呼ばれる。「本時案」は、授業の1単位時間の計画のことである。指導案、学習指導案、授業案とも呼ばれる。本時案には、簡潔（紙1枚程度）にまとめた「略案」と、授業研究用に詳細に書いた「細案」と呼ばれるものがある。

　指導計画に記載する内容は、それぞれの種類に応じて、例えば、目標、評価の観点や評価規準、取り扱う内容やその順序、授業時数の配当、学習活動の展開、主な発問や指示、指導の方法、個に応じた支援のための配慮事項、板書計画、教材・教具、評価の場面や方法などが示される。授業研究のために詳しく作成される指導計画（細案）には、参観者が

授業の意図を把握し研究協議に役立てるために、単元観、教材観、児童生徒観など、指導計画の作成や授業展開の前提となる要素についても記述される。

　また、学校における重要な教育計画の一つとして、全体計画と呼ばれるものがある。全体計画は、学校の教育活動全体に関する基本的な方針や重点などをはじめとする大きな枠組みと各教科等の年間指導計画との間にあって、特定の目標を達成するための教育活動についてその方針や方策などを総合的に示すものである。全体計画は、総合的な学習の時間、道徳教育、特別活動、あるいはキャリア教育、環境教育、国際理解教育など、一つの教科等には収まらない性質を有しており教科等横断的に取り組む必要がある教育活動について作成される。

　例えば、道徳教育については、学校の教育活動全体を通じて行うものである。したがって、その要となる特別の教科　道徳の年間指導計画や本時案などのほかに、道徳教育の全体計画が必要になる。そこでは、学校における道徳教育の基本的な方針、教育活動全体を通しての道徳教育の目標を達成するための方策が示される（資料３参照）。

○計画の前提（法令、行政施策、児童生徒や学校、地域の実態、教職員や保護者の願い）

○学校の教育目標、学校全体や各学年の道徳教育の重点目標

○道徳科の指導の方針

○各教科等での道徳教育の指導方針、内容や時期

○特色ある教育活動や体験活動との関連

○学級や学校の人間関係、環境の整備や生活全般における指導の方針

○家庭や地域社会、関係機関や他の学校との連携の方針

○道徳教育の推進体制、など

（『学習指導要領解説総則編』をもとに作成）

資料３　道徳教育の全体計画に示される事項例

（なお、教育課程の「編成」と「実施」の概念、学校の教育課程と全体計画や各種の指導計画の全体構造については、第２講で整理しているので、参照していただきたい。）

(3) 指導計画の作成上の配慮事項

　各学校では、学校教育目標の実現を目指して、各学年、各教科等の授業の全体を視野において構造的で体系的な指導計画の作成に努めなければならない。各種の指導計画の作成作業は、教師が学校としての教育の方針や重点などを共通理解し、意見や情報を交換しながら協働して進める必要がある。

　指導計画の作成に当たっては、育成したい資質・能力を目標として明確に掲げ、その達成に向けて効果的な指導の在り方を検討することが求められる。その際、１単位時間の授

業の工夫にとどまらず、単元などの一定の教育活動のまとまりを見通し、さらに各教科等、各学年をつないで、全体として児童生徒の主体的・対話的で深い学び（次項で説明する）が豊かに成り立つよう創意工夫を凝らしていくことが大切である。

　指導計画の作成に当たっては、学習指導要領で教科等ごとに示されている配慮事項とともに、総則に示されている各教科等全体を通じた配慮事項を踏まえる必要がある。学習指導要領総則で示されている指導計画の作成に当たっての配慮事項は、資料4のとおりである。

ア　各教科等の指導内容については、……単元や題材など内容や時間のまとまりを見通しながら、そのまとめ方や重点の置き方に適切な工夫を加え、……主体的・対話的で深い学びの実現に向けた授業改善を通して資質・能力を育む効果的な指導ができるようにすること。

イ　各教科等及び各学年相互間の関連を図り、系統的、発展的な指導ができるようにすること。

資料4

　これらに加えて、小学校については、その特質から資料5の配慮事項も示されている。

ウ　学年の内容を2学年まとめて示した教科及び外国語活動については、当該学年間を見通して、児童や学校、地域の実態に応じ、児童の発達の段階を考慮しつつ、効果的、段階的に指導するようにすること。

エ　児童の実態等を考慮し、指導の効果を高めるため、児童の発達の段階や指導内容の関連性等を踏まえつつ、合科的・関連的な指導を進めること。

資料5

考えてみよう！

　学校で作成される全体計画、教科等の年間指導計画、単元の指導計画、本時案には、それぞれの性質に応じて様々な事項が盛り込まれている。実際の計画を調べて、そこに示されている事項は、よりよい授業を展開する上でどのような意味をもつのか考えてみよう。

2　主体的・対話的で深い学びを実現する授業改善に向けた配慮事項

(1) 主体的・対話的で深い学びの意義

　これからの学校教育では、平成29・30（2017・2018）年改訂の学習指導要領で強調されているように、よりよい人生や社会を自ら創造できる資質・能力を育成するため、児童生徒が主体的・対話的で深い学びを実現できる授業の工夫が求められている。これは、学習指

導要領改訂の基本的な理念に関わる重要な概念である。児童生徒の主体的・対話的で深い学びが実現できるようにすることは、各学校において教育課程を編成し、それを指導計画として具体化して授業を展開していく上での中心的な配慮事項であるということができる。

　人の学びにおいて「主体的」であること、「対話的」であること、「深さ」を志向していくことはいずれも本質的なことであり、学校教育でもこのことは変わらない。児童生徒は、問いを立て、自分が学びの主体であるという意識に根差しながら能動的に学習活動を進めていく。学習の対象との対話、教師や級友などとの対話、そして自己との対話によって学びを成立させる。そうした経験を重ねながら、より真なるものや妥当なもの、納得できるもの、善なるものや美しいもの、巧みさや熟達などを求め続けていく。

　学習指導要領が「主体的・対話的で深い学び」の実現を掲げたのは、こうした人の学びの本質を踏まえてのことである。学習指導要領の改訂の方向性を示した中央教育審議会の答申（平成28（2016）年）では、「人間の生涯にわたって続く『学び』という営みの本質を捉えながら、教員が教えることにしっかりと関わり、子供たちに求められる資質・能力を育むために必要な学びの在り方を絶え間なく考え、授業の工夫・改善を重ねていく」ことが求められている。

　さらに、同答申では、こうした主体的・対話的で深い学びが実現できるよう授業を改善していく視点について、資料6のように説明されている。

---

① 　学ぶことに興味や関心を持ち、自己のキャリア形成の方向性と関連付けながら、見通しを持って粘り強く取り組み、自己の学習活動を振り返って次につなげる「主体的な学び」が実現できているか。

② 　子供同士の協働、教職員や地域の人との対話、先哲の考え方を手掛かりに考えること等を通じ、自己の考えを広げ深める「対話的な学び」が実現できているか。

③ 　習得・活用・探究という学びの過程の中で、各教科等の特質に応じた「見方・考え方」を働かせながら、知識を相互に関連付けてより深く理解したり、情報を精査して考えを形成したり、問題を見いだして解決策を考えたり、思いや考えを基に創造したりすることに向かう「深い学び」が実現できているか。

資料6　主体的・対話的で深い学びのための授業改善の視点

　　　　（中央教育審議会答申（平成28（2016）年））

　これらは、授業改善を進める視点とするためにあえて三つに分けて整理されているが、実際、学習においては統合的に成立していくものである。また、これらの視点は、特定の方法を指すものではないし、唯一の正解があるものでもない。同答申では、「形式的に対話型を取り入れた授業や特定の指導の型を目指した技術の改善」にとどまらず、「子供たちそれぞれの興味や関心を基に、一人一人の個性に応じた多様で質の高い学びを引き出すことを意図」して「どのような資質・能力を育むかという観点から、学習の在り方そのものの問い直しを目指すもの」であると念を押している。

　また、主体的・対話的で深い学びの実現に関わって、児童生徒が各教科等の特質に応じた物事を捉える視点や考え方（「見方・考え方」）を鍛え、働かせていくことが強調されている。例えば、小学校理科でいえば、「見方」は問題解決の過程で自然の事物・現象を捉える視点であり、「考え方」は問題解決の過程で思考していく考え方であると説明されている。一定の視点をもつことで物事を的確に捉えることができるようになるし、思考の具体的な働かせ方を意識しそれらを駆使することで学びはより深いものになっていく。

(2) 各教科等の授業改善に向けた配慮事項

　児童生徒の主体的・対話的で深い学びを実現するための授業改善を進めるに当たって、どのようなことに着目すればよいのであろうか。学習指導要領総則では、そのための配慮事項が示されている。例えば、資料7にまとめた事項はいずれも、各教科等の指導計画を設計し授業を展開していく上での重要なポイントであり、教師による創意工夫のための着眼点として積極的に生かしていくことが大切である。

　また、学習評価の充実について、「児童生徒のよい点や進歩の状況などを積極的に評価し、学習したことの意義や価値を実感できるようにすること」や、「各教科等の目標の実現に向けた学習状況を把握する観点から、単元や題材など内容や時間のまとまりを見通しながら評価の場面や方法を工夫して、学習の過程や成果を評価し、指導の改善や学習意欲の向上を図り、資質・能力の育成に生かすようにすること」が求められている。

　さらに、児童生徒の発達を支える指導という文脈で、児童生徒が「学習内容を確実に身に付けることができるよう、児童生徒や学校の実態に応じ、個別学習やグループ別学習、繰り返し学習、学習内容の習熟の程度に応じた学習、児童生徒の興味・関心等に応じた課題学習、補充的な学習や発展的な学習などの学習活動を取り入れることや、教師間の協力による指導体制を確保することなど、指導方法や指導体制の工夫改善により、個に応じた指導の充実を図ること」が求められている（第12講参照）。

　これらの配慮事項には、それぞれ意味がある。指導の工夫を効果的に行うためには、その意味を考えることが大切である。実際、学校では、こうした配慮事項を手がかりにしてその意味を考えながら様々な工夫が進められている。

　資料7の配慮事項のうち、①の見方・考え方を働かせて知識を関連付けたり、情報を精査して考えを形成したりする学習過程を指導計画にできるだけ織り込むことが大切である。それらをより効果的に行う観点から「思考スキル」への具体化と「シンキングツール」の工夫がみられる。一口に「考える」といっても、私たちは様々な頭の働かせ方をしている。そこで、「比較する」「分類する」「つなげる」といったように思考の操作を具体化し、教師と児童生徒で例えば「比較する」とは「複数の事象の相違点や共通点を見つけ出す」ことだと共通理解する（「思考スキル」）。さらに、思考の操作を目に見えるように

① 三つの柱で示された資質・能力が偏りなく育成されるよう、単元や題材など内容や時間のまとまりを見通しながら、児童生徒の主体的・対話的で深い学びの実現に向けた授業改善を行うこと

　特に、児童生徒が各教科等の特質に応じた見方・考え方を働かせながら、次のようなことに向かう過程を重視した学習の充実を図ること
　　・知識を相互に関連付けてより深く理解する
　　・情報を精査して考えを形成する
　　・問題を見出して解決策を考える
　　・思いや考えをもとに創造する
② 言語能力の育成を図るため、言語環境を整えるとともに、国語科を要としつつ各教科等の特質に応じて、児童生徒の言語活動を充実すること
③－1 情報活用能力の育成を図るため、コンピュータや情報通信ネットワークなどの情報手段を活用できる環境を整え、それらを活用した学習活動を充実すること
③－2 各種の統計資料や新聞、視聴覚教材や教育機器などの教材・教具の活用を図ること
④ 児童生徒が見通しを立てたり、学習したことを振り返ったりする活動を計画的に取り入れること
⑤ 各教科等の特質に応じた体験活動を重視すること
⑥ 児童生徒が学習課題や学習活動を選択する機会を設けるなど、興味・関心を生かした自主的、自発的な学習を促すこと
⑦ 学校図書館を計画的に利用しその機能の活用を図り、児童生徒の主体的・対話的で深い学びの実現に向けた授業改善に生かすとともに、地域の諸施設を積極的に活用すること

（学習指導要領総則をもとに作成）

資料7　各教科等の授業改善のための配慮事項

するため、ベン図を用いる（「シンキングツール」）（関西大学初等部の実践より）。こうした工夫を取り入れることによって、児童生徒が自ら学びを成立させる力を培っていくことが考えられる。

　では、②の言語活動の充実はなぜ必要なのだろうか。言語は、「知的活動やコミュニケーション、感性・情緒の基盤」であるといわれている。私たちは、頭に浮かべるイメージを言語で表現しようとする。あるイメージを最も的確に表す言葉を見つけたとき、私たちは思考を研ぎ澄まして操作したり、他者に伝えたりすることができる。こうした点に着目されて、学習指導要領の平成20・21（2008・2009）年の改訂で各教科等を通じて言語活動の充実が図られ、平成29・30（2017・2018）年の改訂でも継承された。

　言語活動の充実が図られた趣旨を踏まえると、まず、各教科等の指導において、児童生徒が学習に用いる言葉への理解を深め、使いこなせる語彙を拡大していくことが重要であると考えられる。

さらに、児童生徒が言葉を吟味して用いることの意義を理解し、状況や文脈、自分の表現スタイルに応じて思考や感情などを的確に表現できるように指導を工夫していくことが求められる。例えば、「思考過程を表現する言葉」としていわゆる「話型」を多様に用意

> ①これらの例から、きまりをみつけると……（帰納的な考え方）
>
> ②前に勉強したことをもとにすると……（類推的な考え方）
>
> ③前は〜だったので、これも……（演繹的な考え方）
>
> ④前は〜だったのに、これは……（　〃　）
>
> ⑤例えば……（　〃　）
>
> ⑥同じところをみつけると……（統合的な考え方）
>
> ⑦違うところをみつけると……（　〃　）
>
> ⑧もし〜とすると……（発展的な考え方）　（以下略）
>
> （尾道市立長江小学校『平成 15 年度研修のまとめ』より）

資料 8　「思考過程を表現する言葉」〔高学年〕

し、児童が様々な場面で使い慣れていく実践もみられる（資料 8 参照）。

　このような言語活動の工夫を通じて児童生徒の言語能力を高めることによって、主体的な学び、対話的な学び、深い学びのいずれの視点からみても学習を成立させる基盤となる資質・能力を手厚く形成することができる。

　また、④の見通しを立てたり学習したことを振り返ったりする活動は、児童生徒が学習の目当てをもち、活動の展開や方法について手応えを感じ、活動の過程や結果を自己評価することで、主体的な学びの充実につながると考えられる。

　⑤の体験活動については、学習対象への興味・関心を喚起したり問題を発見したりするという意味では主体的な学びの土台や出発点となる。自分と学習対象との間で双方向で関わりが生じやすくなるという意味では対話的な学びの過程となる。学び考えたことを活用し実践していくという意味では深い学びにつながっていく（資料 9 参照）。

> ①　現実の世界や生活などへの興味・関心、意欲の向上
>
> ②　問題発見や問題解決能力の育成
>
> ③　思考や理解の基盤づくり
>
> ④　教科等の「知」の統合化と実践化
>
> ⑤　自己との出会いと成就感や自尊感情の獲得
>
> ⑥　社会性や共に生きる力の育成
>
> ⑦　豊かな人間性や価値観の形成
>
> ⑧　基礎的な体力や心身の健康の保持増進
>
> 　（文部科学省『体験活動事例集—豊かな体験活動の推進のために—』（平成 15（2003）年）より）

資料 9　体験活動の意義

このように、主体的・対話的で深い学びの実現という視点から学習指導要領に示されている配慮事項の意味を検討し、それらを指導計画に積極的に織り込み、授業で具体化していくことが求められる。

確かめてみよう！

　学習指導要領の総則に示されている配慮事項は、教師がすべての教科等で生かしていくことが求められるものである。実際に学習指導要領や学校段階ごとの『学習指導要領解説総則編』を開いて、規定の内容やそれぞれの趣旨について確かめよう。それぞれの配慮事項がなぜ大切なのかを考え、自分の言葉で説明してみよう。

▶〈学びの確認〉
（1）　全体計画、教科等の年間指導計画、単元の指導計画、本時案を適切に作成することの重要性について考え、まとめてみよう。
（2）　児童生徒が主体的・対話的で深い学びができるよう、学習指導要領総則に示された配慮事項を手がかりにして自分の授業をどのように工夫すればよいだろうか。学年や教科等を想定して具体的に考え、説明してみよう。

第 12 講

教育課程と児童生徒への支援

子供一人一人の発達を支えるとはどういうことか？

石田有記

【本講のポイント】

　児童生徒の興味・関心、心身の発達の状況や特性、得手不得手は一人一人異なる。教育課程の編成・実施に際しても、こうした児童生徒の実態を踏まえることが大切である。ここでは、学級経営を基盤としつつ、生徒指導、キャリア教育、個に応じた指導、障害のある子どもたちへの指導、日本語の能力に応じた指導を行うためのポイントを学ぶ。

1　児童生徒の発達を支える指導の重要性

　学習指導要領総則第1の1では、「各学校においては、教育基本法及び学校教育法その他の法令並びにこの章以下に示すところに従い、児童の人間として調和のとれた育成を目指し、児童の心身の発達の段階や特性及び学校や地域の実態を十分考慮して、適切な教育課程を編成するものとし、これらに掲げる目標を達成するよう教育を行うものとする」（下線は筆者）とされているように、教育課程の編成・実施に際しては、すべての児童生徒が学校や学級（高等学校では「ホームルーム」という。以下同じ）の生活によりよく適応し、豊かな人間関係の中で有意義な生活を築くことができるよう、児童生徒一人一人の興味や関心、発達や学習の課題などを踏まえ、児童生徒の発達を支え、その資質・能力を高めていく視点をもつことが重要である。学習指導要領では、児童生徒の発達の支援について次のように規定している。

■小学校学習指導要領　第1章　総則　第4の1
(1)　学習や生活の基盤として、教師と児童との信頼関係及び児童相互のよりよい人間関係を育てるため、日頃から学級経営の充実を図ること。また、主に集団の場面で必要な指導や援助を行うガイダンスと、個々の児童の多様な実態を踏まえ、一人一人が抱える課題に個

> 別に対応した指導を行うカウンセリングの双方により、児童の発達を支援すること。

　学級は、児童生徒の学習や学校生活の基盤である。学級経営を行う上では、学級の児童生徒一人一人の実態を把握することが最も重要であり、確かな児童生徒理解に根差した学級経営が求められる。学級経営に当たっては、教師と児童生徒の信頼関係や、児童生徒相互のよりよい人間関係の育成を目指し、児童生徒に自己存在感や自己決定の場を与えながら、互いに協力し合い、自分の力を学級全体のために役立てようとするような支持的な学級風土をつくりあげることが大切であり、学級担任には以下のことが求められる。

・学校・学年経営を踏まえて、調和のとれた学級経営の目標を設定し、指導の方向及び内容を学級経営案として整えるなど、学級経営の全体的な構想を立てるようにすること。
・児童生徒の規範意識を育成するために必要な場面では、学級担任の教師が毅然とした対応を行いつつ、相手の身になって考え、相手のよさを見付けようと努める学級、互いに協力し合い、自分の力を学級全体のために役立てようとする学級など児童生徒相互の好ましい人間関係の育成に資する環境づくりに配慮した学級経営を行うこと。
・家庭や地域社会との連携を密にすること。特に保護者との間で、学級通信や保護者会、家庭訪問などによる相互の交流を通して、児童生徒の実態や特性、児童生徒に対する教師の指導方針等について共通理解をしておくこと。

　また、児童生徒の発達を支援する観点からは、①あらかじめ適切な時期や機会を設定し、主に集団の場面で必要な指導及び助言を行うガイダンスと、②個々の児童生徒が抱える課題を受け止めながら、その解決に向けて、主に個別の会話・面談や言葉がけを通して指導や援助を行うカウンセリングの双方が重要となる。次項以下では、学習指導要領に示すところを参考に、すべての児童生徒の発達を支える指導と、特別な配慮が必要な児童生徒に対する指導とに分けてそれぞれの指導上のポイントを整理して示す。

2　すべての児童生徒の発達を支える指導

(1) 生徒指導の充実

　生徒指導は、学校の教育目標を達成するために重要な機能の一つであり、児童生徒一人一人の人格を尊重し、個性の伸長を図りながら、社会的資質や行動力を高めるように指導、援助するものであり、単なる児童生徒の問題行動への対応という消極的な面（このような考え方を一般に「消極的な生徒指導」という）だけにとどまるものではない。

　学校教育において、生徒指導は学習指導と並んで重要な意義をもつものであり、また、両者は相互に深く関わっている。各学校においては、生徒指導が、児童生徒一人一人の健全な成長を促し、児童生徒自らの現在及び将来における自己実現を図っていくための自己

指導能力の育成を目指すという生徒指導の積極的な意義（このような考え方を一般に「積極的な生徒指導」という）を踏まえ、学校の教育活動全体を通じ、学習指導と関連付けながら、その一層の充実を図っていくことが重要である。なお、生徒指導の具体については、文部科学省が「生徒指導提要」を作成し同省のホームページで公表しているので、より深く学びたい場合は、そちらを参照されたい。

（生徒指導提要　https://www.mext.go.jp/a_menu/shotou/seitoshidou/1404008.htm）

(2) キャリア教育の充実

　学校で学ぶことは、将来、社会に出たときの生活とも関わりが深い。キャリア教育は、学校で学ぶことと社会との接続を意識させる中で、児童生徒一人一人の社会的・職業的自立に向けて必要となる資質・能力を育み、それぞれのキャリア発達を促すことを目指しており、学校の教育活動全体を通じたキャリア教育の充実は重要である。

　学校教育においては、キャリア教育の理念が浸透してきている一方で、多くの生徒が進路選択を控える中学校、高等学校段階では、ともすれば進路対策を主眼とした狭義の「進路指導」との混同により学校の教育活動全体の取組に十分に拡がっていないことや、小学校段階では将来の夢を描くことに力点が置かれ、「働くこと」の現実や必要な資質・能力の育成につなげていく指導が必ずしも十分ではないとの指摘がある。

　こうした指摘等を踏まえて、キャリア教育を推進していくためには、特別活動の学級活動を要としながら、総合的な学習（高等学校は「探究」）の時間や学校行事、各教科等における学習や、個別指導としての教育相談等の機会を生かしつつ、学校の教育活動全体を通じて必要な資質・能力の育成を図っていく取組が重要となる。文部科学省が「キャリア教育の手引き」を作成しホームページで公表しているので、より深く学びたい場合は、そちらを参照されたい。

（キャリア教育の手引き　https://www.mext.go.jp/a_menu/shotou/career/detail/1312372.htm）

(3) 個に応じた指導の充実

　児童生徒はそれぞれ能力・適性、興味・関心、性格等が異なっており、また、知識、思考、価値観、心情、技能、行動等も異なっている。児童生徒が学習内容を自分のものとして働かせることができるように身に付けるためには、教師はこのような個々の児童生徒の特性等を十分理解し、それに応じた指導を行うことが必要であり、指導方法の工夫改善を図ることが求められる。このような児童生徒に応じた指導を学習指導要領では「個に応じた指導」と位置付け、次のように様々な学習形態や指導体制を例示（下線は筆者）している。

> ■小学校学習指導要領　第1章　総則　第4の1
>
> (4)　児童が、基礎的・基本的な知識及び技能の習得も含め、学習内容を確実に身に付けることができるよう、児童や学校の実態に応じ、<u>個別学習やグループ別学習</u>、<u>繰り返し学習</u>、<u>学習内容の習熟の程度に応じた学習</u>、児童の興味・関心等に応じた課題学習、<u>補充的な学習や発展的な学習</u>などの学習活動を取り入れることや、<u>教師間の協力による指導体制を確保すること</u>など、指導方法や指導体制の工夫改善により、個に応じた指導の充実を図ること。その際、第3の1の（3）に示す情報手段や教材・教具の活用を図ること。

　個に応じた指導のための指導方法や指導体制については、前述の児童生徒の実態に加えて、学校の実態などに応じ、学校が一体となって工夫改善を進めていくことが重要である。各学校は、その環境や教職員の経験年数や得意分野、ICT環境や学校図書館などの施設・設備、備品の状況がそれぞれ異なっており、それらに応じて最も効果的な方法を工夫し、組織体としての総合的な力を発揮していくことが大切である。また、指導体制の充実は、学習指導や生徒指導などに幅広くわたるものであり、学校全体としての共通理解の下に協力して児童生徒の指導に当たることが必要である。

説明してみよう！

　個に応じた指導について、自分ならどのような工夫をするか、上記の学習指導要領の例示（個別学習やグループ別学習、繰り返し学習、学習内容の習熟の程度に応じた学習、児童の興味・関心に応じた課題学習、補充的な学習や発展的な学習）の中から一つを取り上げ、教科指導に即して具体的に考え説明してみよう（その際、小学校、中学校、高等学校それぞれの学習指導要領の解説総則編の関連の記述を読んでみよう。）。

　参考URL　https://www.mext.go.jp/a_menu/shotou/new-cs/1384661.htm

3　特別な配慮を必要とする児童生徒への指導

(1)　障害のある児童生徒などへの指導

　障害のある児童生徒などへの指導については、学習指導要領に四つの事項が位置付けられた。

> ①児童の障害の状態等に応じた指導の工夫
>
> ②特別支援学級における特別の教育課程の取扱い（小・中学校のみ）
>
> ③通級による指導における特別の教育課程の取扱い
>
> ④個別の教育支援計画や個別の指導計画の作成と活用

　①では、通常の学級の在籍者を含めた障害のある児童生徒などに対して、障害の状態等に応じた指導内容や指導方法の工夫を組織・計画的に行うよう求めている。障害のある児

童生徒などには、視覚障害、聴覚障害、知的障害、肢体不自由、病弱・身体虚弱、言語障害、情緒障害、自閉症、LD（学習障害）、ADHD（注意欠陥多動性障害）などのほか、学習面又は行動面において困難のある児童生徒で発達障害の可能性のある児童生徒も含まれている。各学校には、このような障害の種類や程度を的確に把握した上で、障害のある児童生徒などの「困難さ」に対する「指導上の工夫の意図」を理解し、個に応じた様々な「手立て」を検討し、指導に当たっていくことが求められる。その具体に関して、文部科学省が「教育支援資料」を作成しホームページで公表しているので、より深く学びたい場合は、そちらを参照されたい。

（教育支援資料　https://www.mext.go.jp/a_menu/shotou/tokubetu/material/1340250.htm）

　②③では、特別支援学級並びに通級による指導の際に編成する教育課程について、特別支援学校の学習指導要領を参考とすることなどが定められている。特別支援学校学習指導要領と、それに基づく解説は文部科学省のホームページに公表されているので、より深く学びたい場合には、参照されたい。

（特別支援学校学習指導要領　https://www.mext.go.jp/a_menu/shotou/tokubetu/main/1386427.htm）

　④では、個別の教育支援計画と個別の指導計画についての規定がなされている。「個別の教育支援計画」とは、教育、医療、福祉、労働等の関係機関が連携・協力を図り、障害のある児童生徒の生涯にわたる継続的な支援体制を整え、それぞれの年代における児童生徒の望ましい成長を促すために教育機関が中心となって作成するものであり、また「個別の指導計画」とは、個々の児童生徒の実態に応じて適切な指導を行うために学校で作成されるものであり、障害のある児童生徒一人一人に対するきめ細やかな指導や支援を組織的・継続的かつ計画的に行うために重要な役割を担っている。

　このような重要性に鑑みて、新学習指導要領では、この「個別の教育支援計画」と「個別の指導計画」について、特別支援学級に在籍する児童生徒と通級による指導の対象となる児童生徒とを対象とするものについては、作成を義務付けている。

（教育支援資料　https://www.mext.go.jp/a_menu/shotou/tokubetu/material/1340250.htm）

(2) 海外から帰国した児童生徒や外国人の児童生徒への指導

　国際化の進展に伴い、学校では帰国児童生徒や外国人児童生徒に加え、両親のいずれかが外国籍であるなどのいわゆる外国につながる児童生徒の受入れが多くなっている。これらの児童生徒の多くは、異文化における生活経験等を通して、日本の社会とは異なる言語や生活習慣、行動様式を身に付けているが、一人一人の実態は、それぞれの言語的・文化的背景、年齢、就学形態や教育内容・方法、さらには家庭の教育方針などによって様々である。このため、これらの児童生徒の受入れに当たっては、一人一人の実態を的確に把握し、当該児童生徒が自信や誇りをもって学校生活において自己実現を図ることができるよ

うに配慮することが必要である。

　また、帰国児童生徒や外国人児童生徒、外国につながりのある児童生徒の中には、日本語の能力が不十分であったり、日常的な会話はできても学習に必要な日本語の能力が十分ではなく、学習活動への参加に支障が生じたりする場合がある。このため、当該児童生徒が日本語を用いて学校生活を営むとともに、学習に取り組むことができるよう、一人一人の日本語の能力を的確に把握しつつ各教科等や日本語の指導の目標を明確に示し、きめ細やかな指導を行うことが大切である。

　文部科学省は、海外子女教育、帰国・外国人児童生徒教育等に関する情報をまとめた掲示板として「CLARINET」を同省のホームページ内に開設している。より深く学びたい場合には、こちらを参照されたい。

（CLARINET　https://www.mext.go.jp/a_menu/shotou/clarinet/main7_a2.htm）

(3) 不登校の児童生徒への指導

　文部科学省の定義によれば、「不登校児童生徒」とは、「何らかの心理的、情緒的、身体的あるいは社会的要因・背景により、登校しないあるいはしたくてもできない状況にあるために年間30日以上欠席した者のうち、病気や経済的な理由による者を除いたもの」である。この定義からも分かるように、不登校は取り巻く環境によっては、どの児童生徒にも起こり得ることとして捉えることが重要であり、またその要因・背景は多様であることから、「不登校」という行為を「問題行動」として判断することは適切ではない。

　したがって、不登校児童生徒については、個々の状況に応じた適切な支援を行うことが必要であり、登校という結果のみを目標とするのではなく、児童生徒や保護者の意思を十分に尊重しつつ、児童生徒が自らの進路を主体的に捉えて社会的に自立することを目指すことが重要である。

　不登校児童生徒の支援に際しては、不登校のきっかけや継続理由、学校以外の場における学習活動の状況などについて継続的に把握した上で、個々の状況に応じた学習活動等が行われるようにしていくことが重要である。不登校児童生徒に対する指導等に関しては、文部科学省作成の「生徒指導提要」（前掲）に詳しい記述があるので、より深く学びたい場合は、そちらを参照されたい。

> **まとめてみよう！**
>
> 　障害のある児童生徒、海外から帰国した児童生徒、不登校児童生徒などに教師として、どのような配慮をすればよいのだろう。ポイントをまとめてみよう。

▶〈学びの確認〉
(1)　テキストで取り上げた事項の一つを選んで、小学校学習指導要領解説の記述を整理

　し、そのポイントを箇条書きでまとめてみよう。

⑵　文部科学省の「生徒指導提要」「キャリア教育の手引き」のいずれかの第 1 章を読み、気付いたことを整理してまとめてみよう。

〈発展課題：学校経営方針や学校経営計画と、児童生徒の発達の支援〉

　インターネットで公表されている「学校経営方針」「学校経営計画」を二つ選んで、本テキストで取り上げた事項とどのような関連をもっているか整理し、また、それぞれの学校の特色をまとめてみよう（学校種は問わない）。

第13講

学校段階等間の接続—スタートカリキュラム等の充実—

学校段階間の差をどう理解し接続を図ればいいのか？

八釼明美・村川雅弘

【本講のポイント】

　幼稚園・保育所等と小学校、小学校と中学校等における教育の内容や方法の違いあるいは指導観や指導方法の違いが、子どもたちの不安や戸惑いによる、いわゆる「小1プロブレム」や「中1ギャップ」を生み出している。その差をどう理解し解消していけばよいのか、「幼小連携・幼小接続」を中心に具体的な事例を踏まえて考えていく。

1　学校段階間のつながり

　今次改訂では「育成を目指す資質・能力」が保・幼・小・中・高・特別支援学校と共通に示された。第1講で述べたように教科横断的な視点で各教科等を横に繋げるだけでなく、共通の資質・能力を踏まえることにより、学校段階間を縦に繋ぐことがより可能となった。

　中央教育審議会答申（平成28（2016）年12月）の中でも「資質・能力の三つの柱を踏まえて、教科等間の横のつながりや、幼小、小中、中高の縦のつながりの見通しを持つことができるようになり、各学校の学校教育目標において育成を目指す資質・能力を、教科等における資質・能力や内容と関連付け、教育課程として具体化していくことが容易となる」「各学校が、縦と横のつながりを意識しながら、その特色に応じた教育課程を編成していくことができるようにすることは、今後ますます重要となる」「教科等の学習の意義を再確認しながら、教科等相互あるいは学校段階相互の関係をつなぐことで、教科等における学習の成果を、『何を知っているか』にとどまらず『何ができるようになるか』にまで発展させることを目指すものである」（中央教育審議会答申 pp.45－46）と示されている。

　小中接続の取組として、小学校教員と中学校教員とにおける研修会が挙げられる。

　例えば、愛知県知多市立東部中学校では、中学校区内の新田小学校と年に一回研修会を行っている。指導に関わり、困っていることを小中混合チームで伝え合い、小中学校間の

課題を整理し、課題解決のための方法を話し合う。特に、特別支援教育と生徒指導との差を理解して、個別の支援・指導をしていくことの必要性等、課題解決のための様々な方法を見出し、共通理解をするなど、指導に関わる合意形成の場としている。広島県尾道市立向島中学校区（中学校 1 校小学校 3 校）は合同研修会（授業研究を含む）を年間 10 回程度実施している。例えば、平成 30（2018）年度末には、校長と教務主任、研究主任、生徒指導主任、体育主任が一堂に会し、総合的な学習の時間の目標や年間指導計画の確認、言語活動や生活規律の体系化等のワークショップを行い、新年度の学校のカリキュラム・マネジメントに反映させている。8 月には全教職員が集まり、1 学期の取組の情報交換と見直しを行っている。青森県青森市立三内中学校では、学習における約束ごと（「次の学習の準備をし、3 分前に着席しよう」「学んだことを生かし、積極的に自分の考えを表現し合おう」など五つ）を二つの小学校と共通にする、小学校の外国語や算数の授業を中学校教員が教える、中学 1 年の道徳の授業に小学校教員が TT に入る、などの取組を行っている。

　中高接続の事例としては、高校入学直後に、後述の「サクスタ」の考え方を取り入れた実践がある[1]。それまで実施してきた初期指導の大きな改訂は行わず、入学初日に「仲間づくりのエンカウンター」と「クラス目標づくり」、4 日目に「学習のルールづくり」と生徒主体の活動を組み入れた。その結果、学校適応において極めて高い成果を得ている。この効果は生徒だけに止まらない。高等学校においてもスタートカリキュラムがあることでどの学級（この学校は 1 学年 6 学級）もぶれることなく指導ができる。1 年の学級担任も安心して取り組むことで、生徒も安心し、保護者も安心する。中学校の教師に「スタートカリキュラム一覧表」を提示することで、中学校も安心して進学させることができる。小学校のスタートカリキュラムと同じ効果が得られている。

　大分県佐伯市では幼稚園から高等学校までの 13 年間を見通した資質・能力系統表を作成し、主に生活科や総合的な学習の時間を核に学校段階間を繋げるカリキュラム・マネジメントに取り組んでいる[2]。さらなる少子高齢化が懸念される地方都市が目指す学校教育を核とした地域活性化のモデルとなる先導的な取組である。

思い出してみよう！考えてみよう！

(1) 小学校や中学校に上がるときにどんな不安があったのか思い出してみよう。
(2) 不安を解消する取組としてどんなことがあったのか思い出してみよう。

（村川）

2 スタートカリキュラムに関する小学校学習指導要領の変遷

　学校段階間の課題に積極的に取り組んできたのは幼児教育と小学校教育の段差の解消である。平成 19（2007）年の学校教育法一部改正により、幼児教育の目的が「義務教育及

びその後の教育の基礎を培うもの」[3]と示され、幼児教育が、義務教育やその後の教育との関連の中で初めて語られた。そして、平成20（2008）年の「小学校学習指導要領解説　生活編」において、「幼児教育との接続の観点から、幼児と触れ合うなどの交流活動や他教科等との関連を図る指導は引き続き重要であり、特に、学校生活への適応が図られるよう、合科的な指導を行うことなどの工夫により第1学年入学当初のカリキュラムをスタートカリキュラムとして改善することとした」とスタートカリキュラムについて明記される。入学当初における生活科を中心とした合科的な指導の工夫が施された教育活動の全体が、スタートカリキュラムであることを示した。

平成29（2017）年小学校学習指導要領（p.21）においては、「幼児期の終わりまでに育ってほしい姿を踏まえた指導を工夫することにより、幼稚園教育要領等に基づく幼児期の教育を通して育まれた資質・能力を踏まえて教育活動を実施し、児童が主体的に自己を発揮しながら学びに向かうことが可能となるようにすること」と示された。これまで、スタートカリキュラムの実施は、幼児教育と小学校教育の円滑な移行や、「小1プロブレム」の未然防止を目的に語られてきた[4]が、ここでは「児童が主体的に自己を発揮しながら学びに向かうことが可能となるようにすること」と、より積極的な目的として示された。このことは、生活科を中心としたスタートカリキュラムの実施は、ただ単に合科的・関連的な指導の工夫にとどまらず、子どもたちが主体的に自己を発揮しながら学びに向かうための資質・能力を育むためという目的をもって実施されるべきことを示している。

そして、その際の手掛かりとなるものが、平成29（2017）年小学校学習指導要領において初めて記載された「幼児期の終わりまでに育ってほしい姿」[5]である。「育成を目指す資質・能力」が登場する前から12の姿として示されており、幼稚園教育の5領域とも関連が強いので、幼小接続を進めていく上では有効と考える。

資料1は、愛知県知多市が入学説明会において配布しているものである。「幼児期の終わりまでに育ってほしい姿」10項目（表面に記載）とそれに準じて作られた「1ねんせいへの10このもくひょう」（裏面部分）のリーフレットである。幼稚園・保育所等と小学校が情報共有のためだけに「幼児期の終わりまでに育ってほしい姿」を共有するのではなく、保護者とも共有する

資料1

ことで、3 者が同じ方向性をもって子どもたちを育てていこうとしている。

　また、同じく平成 29（2017）年小学校学習指導要領において、「低学年における教育全体において、例えば生活科において育成する自立し生活を豊かにしていくための資質・能力が、他教科等の学習においても生かされるようにするなど、教科等間の関連を積極的に図り、幼児期の教育及び中学年以降の教育との円滑な接続が図られるよう工夫すること。（中略）生活科を中心に、合科的・関連的な指導や弾力的な時間割の設定など、指導の工夫や指導計画の作成を行うこと」と、生活科を中心とした合科的・関連的な指導の重要性が改めて示された。生活科は、合科的・関連的な指導がしやすい利便性に富んだ教科といえる。しかし、それだけでなく、生活科において育成する自立し生活を豊かにしていくための資質・能力により、幼児期の教育及び中学年以降の教育をつなぐことができる重要な教科といえる。

考えてみよう！

幼小接続を進めていく上で重視すべき事項とは何だろうか、考えてみよう。

3　スタートカリキュラムの充実・定着のための取組と課題

　平成 20（2008）年「小学校学習指導要領解説　生活編」において、スタートカリキュラムという用語が登場すると、全国各地域においてスタートカリキュラムの編成が模索されるようになる。

　平成 27（2015）年、国立教育政策研究所より、スタートカリキュラムの意義や効果等の周知・啓発を目的とした

資料 2

パンフレット「スタートカリキュラム　スタートブック」[6] が刊行されると、地域カリキュラムとしてのスタートカリキュラム編成が各地でさらに促進される。平成 27（2015）年、愛知県知多地方において作成された「知多地方教育計画案」（以下「知多カリ」という）[7] の中のスタートカリキュラムもその一つである。合科的・関連的なスタートカリキュラムの一覧表と展開例が 20 日間分示される。資料 2 は知多カリの中のスタートカリキュラムの一部である。

　平成 28（2016）年、学校独自のスタートカリキュラムが作成できる「サクサクできる

パズル型スタートカリキュラム作成支援ツール『サクスタ』」[8]が開発される。「サクスタ」に示されている学習活動は、全教科書会社の全教科におけるスタート期の学習活動をもとに構成されているため、全国どこの小学校においても使用が可能である。

　これまで、どのように合科的・関連的な編成をするかという「編成」に重きが置かれてきたスタートカリキュラムだが、「幼児期の終わりまでに育ってほしい姿」を踏まえて、どのように「実施」をしていくと、子どもたちの資質・能力を接続し、育成させていくことができるかという運用面に重きが置かれ始めるようになってきた。子どもたちの資質・能力を育むために、スタートカリキュラムの編成・実施を含めたカリキュラム・マネジメントを効果的に行う必要がある。

4　スタートカリキュラムのカリキュラム・マネジメント

　平成29（2017）年の「小学校学習指導要領解説　生活編」（p.6）においては、「幼児期の教育との連携や接続を意識したスタートカリキュラムについて、生活科固有の課題としてではなく、教育課程全体を視野に入れた取組とすること」と示した上で、「スタートカリキュラムの具体的な姿を明らかにするとともに、国語科、音楽科、図画工作科などの他教科等との関連についてもカリキュラム・マネジメントの視点から検討し、学校全体で取り組むスタートカリキュラムとする必要がある」と、スタートカリキュラムのカリキュラム・マネジメントの必要性が記されている。以下、第17講で紹介されているカリキュラムマネジメント・モデルでスタートカリキュラムづくりのポイントを述べる。リーダーシップと組織構造、教育行政の支援は割愛する。

(1)　スタート期における期待する子どもの姿及び各教科等の目標

　スタートカリキュラムは、スタート期にだけ単発的に行われるカリキュラムではなく、これまでの幼児教育とスタート期以降の義務教育を結ぶカリキュラムである。「幼児期の終わりまでに育ってほしい姿」の記述内容や、アプローチ期における教育課程、子どもの姿、課題等をしっかり解釈した上で、作成したい。

　幼児期と児童期の教育の内容や方法には違いがある。この違いによる段差を理解することが、具現化に向けた課題である。幼児期の教育は、5領域から構成される遊びを通した総合的な指導であり、「味わう」「感じる」ことを目的とした経験カリキュラムであるのに対し、小学校教育は、各教科等から構成される時間割に基づく学級単位の集団指導であり、「できる」ことを目標とした教科カリキュラムである。したがって、文末表現は、教科カリキュラムに基づき「できる」とするものの、内容は経験カリキュラムに基づくものとしたい。

(2) 学校全体で取り組むスタートカリキュラム（「学校スタカリ」）のPDCA

　スタートカリキュラムは、学級担任だけで計画・実施するものでなく、校長のリーダーシップの下、学校全体の取組としたい。

　まず、スタートカリキュラム作成委員会で「学校スタートカリキュラム」の実施期間を決定する。一般的には入学した日から5月中旬頃までが多い。

　次に、スタート期に実施したい各教科等のすべての単元を配列し、それを俯瞰することができる単元配列表を作成する。ここでは特に、教科書にある学習活動を中心に配列することが現実的である。単元配列表の学習活動の中から関連する学習活動を教科横断的に組み合わせて、週案を作成することが求められているが、その前段階として、スタートカリキュラムの全容が俯瞰できる「学校スタートカリキュラム」の一覧表を作成すると都合がよい。学校のスタンダードとしての「学校スタートカリキュラム」の一覧表があれば、生活科を核とした合科的・関連的なスタートカリキュラムを毎年1年の担任が一から作成するための手間が省けるとともに、全教職員や時には家庭に配付することで、理解と協力が得られやすくなる。

(3) 学級担任の持ち味を生かしたスタートカリキュラム（「学級スタートカリキュラム」）のPDCA

　「学校スタートカリキュラム」をそのまま実施してしまうと、学級間で活動場所や活動時間が重なり合ってしまうことがある。それを解消するものが1年担任が計画・運用する「学級スタートカリキュラム」である。目の前の子どもの姿や学級の実態を加味して、自分の学級用に微調整や工夫を加える。担任は自己の持ち味や個性をここで十分発揮したい。

　P段階では、1年の担任が、「学校スタートカリキュラム」をもとに、「学級スタートカリキュラム」である週案を作成するとともに、環境構成を計画する。児童が安心感をもち、自分の力で学校生活を送ることができるように、児童の実態を踏まえること、人間関係が豊かに広がること、学習のきっかけが生まれることなどの視点で学習環境を見直すことが示されている[9]。

　D段階では、1年の担任が、計画した環境構成を実際に準備するとともに、「学級スタートカリキュラム（週案）」をもとにした授業を、日々実践する。ここで大切なことは、1年の各担任が、「学級スタートカリキュラム（週案）」をそのままこなすことではなく、資質・能力の育成を意識して、目の前の子どもたちに柔軟に対応することである。

　C段階では、1年の担任が、児童の学びと育ち、教師の指導の在り方について気付いたことをその都度「学級スタートカリキュラム（週案）」に朱書きする。また、朱書きされた内容を手掛かりに1週間の振り返りをする。

　A段階では、1年の担任が、「学級スタートカリキュラム（週案）」の朱書きをもとに、

児童の学びと育ち、教師の指導の在り方、次週の「学級スタートカリキュラム（週案）」についての見通しをもつ。

　このように、「学校スタートカリキュラム」のD段階では、「学級スタートカリキュラム」の小さなPDCAサイクルが実施週数分繰り返されることになる。なお、全校で取り組む「学校スタートカリキュラム」の期間が終わっても、1年の担任は、段差のない教育課程の実施に引き続き取り組む等、スタート期を弾力的に捉え、子どもたちの資質・能力の接続・育成に働きかけることが必要である。

(4) 「学校スタートカリキュラム」のCHECK・ACTION

　計画した「学校スタートカリキュラム」を各学級で「学級スタートカリキュラム」として実施した後は、「学級スタートカリキュラム」である週案の朱書きをもとに「学校スタートカリキュラム」をスタートカリキュラム作成委員会で振り返る。それぞれの学習活動の成果を子どもの姿をもとに振り返るとともに、指導の在り方や手立てを吟味する。当該年度の「学校スタートカリキュラム」を次年度用に改善する。

(5) 学校文化

　スタート期は、全教職員で1年生を育てようとする雰囲気を醸成することが大切である。入学したばかりの児童が安心して学校生活が送れるように、全教職員が学校探検時に笑顔で児童のインタビューに応えるなど、些細なことから「学校文化」は作られる。朝の打合せなどで1年の学年主任が「学校スタートカリキュラム」を示しながら、学校探検の意義や方法について簡単に示し、全教職員に協力を依頼する働きかけが必要である。全校体制で「学校スタートカリキュラム」を実施し、毎年改善し続けていくことで、それが「学校文化」となる。

　また、1年生を受け入れようとする気持ちを他学年の児童にも醸成させたい。例えば、生活科を中心とした「1年生と園児との交流会」において、園児が安心して入学できるように、1年生もその学習活動の目的を理解して活動を展開する。1年生による思いやりのある対応を受けた園児が1年生になったときには、同様の行動をとろうとする。この経年の営みが、児童文化となる。全校による学校行事「1ねんせいをむかえるかい」等においても同様である。

(6) 家庭、地域社会、幼稚園・保育所等との連携

　ホームページや学校だより、授業参観等を有効に活用し、スタートカリキュラムの実施の様子や子どもたちの姿を発信することが大切である。「地域とともにある学校」として、家庭、地域社会等も学校の運営方針を共有し、ともに子どもたちを育てようとする気運が生まれる。

(1)　スタートカリキュラムとして、学校が主体となって行うことと、各学級担任が行うことを整理して考えてみよう。

(2)　新1年生を学校の教職員及び児童全員で迎えることの意義と方法を考えよう。

5　幼保におけるアプローチカリキュラム

　幼小接続のための工夫が施された入学直前の幼稚園・保育所等の学習計画のことを「アプローチカリキュラム」と呼ぶ。年長児（5歳児）の1月から3月にかけた約3か月程度をアプローチ期とすることが多い。ランドセルや学用品の購入等、小学校入学に向けた準備が進むにつれて、入学に向けた気持ちも一気に高まるからである。ここでは、「幼児期の終わりまでに育ってほしい姿」を意識しながら、また、この時期に行われる小学校との行事や、入学以降のスタートカリキュラムと関連させながら計画・実行したい。

　一方、その接続を効果的にするための活動も予定したい。

　資料3は、給食体験の様子である。ここでは、何のためにその活動を行うかを明確にして計画することが肝要である。例えば、給食への期待感を持たせるために行いたいのであれば、給食に関わる紙芝居の読み聞かせをする、給食の配膳を体験させる、食べる量を調整させる、食べる時間を多めにとる、不安がないように園児を隣同士に

資料3

する等の配慮を小学校に依頼したい。また、ここで一番大切なのは、子どもの命に関わることである。食物アレルギーに関する情報の把握は欠かせない。いずれにしても、幼稚園・保育所等と小学校が、子どもへの願いをもって実行することが必要である。

（八釼）

▶〈学びの確認〉

(1)　小学校や中学校に進学する際に、子どもたちはなぜ不安に感じるのか、その解決のためにどのような考え方や方法があるか、説明しよう。

(2)　スタートカリキュラムを進めていく際に、どのような考えや方法があるか、カリキュラム・マネジメントの視点から説明しよう。

（3）　スタートカリキュラムにおいて、学校が主体で進めるものと、それを踏まえて学級
　　担任が主体で進めるものがある。その違いと関連について説明しよう。

［注］
1　村川雅弘「高等学校のスタートカリキュラムとアクティブ・ラーニング」、『新教育課程ライブラリ
　　Ⅱ』Vol.6、ぎょうせい、2017年、pp.58-61
2　村川雅弘「地域を挙げて目指す資質・能力を育む授業づくり」、『学校教育・実践ライブラリⅡ』
　　Vol.4、ぎょうせい、2019年、pp.74-77
3　「学校教育法（改正）」第三章 幼稚園　第二二条、2007年
4　「小学校学習指導要領解説　生活編」第4章第1の1（3）、2008年
5　5領域の内容等を踏まえ、5歳児終了時までに育ってほしい具体的な姿を明らかにした。10項目の
　　観点がある。なお、「幼児期の教育と小学校教育の円滑な接続の在り方に関する調査研究協力者会議」
　　がとりまとめた「幼児期の教育と小学校教育の円滑な接続の在り方について」（平成22（2010）年
　　11月）においては、12項目が示されていた。
6　国立教育政策研究所教育課程研究センター「発達や学びをつなぐ　スタートカリキュラム」はじめ
　　に、2018年
7　前文、一覧表、本文の合計37ページからなる。インターネットで検索も可能である。なお、知多
　　地方とは5市5町からなる共同体のことで、知多市とは区別する。
8　八釼明美「サクサクできる　パズル型　スタートカリキュラム作成支援ツール　サクスタ」日本文
　　教出版、2016年：パズルを完成させるようなイメージで、スタートカリキュラムを作成する。パズ
　　ルのピースに当たる学習活動「サクスタピース」をコピーして、パズルの台紙に当たる日課表の枠「サ
　　クスタシート」にペーストして、完成させる。「サクスタ」（2016）の学習活動には、「幼児期の終わ
　　りまでに育ってほしい姿」12項目が対応していたが、10項目に変更されたことに伴い、10項目を
　　対応させるため『サクスタ2』（2019）に改訂している。
9　文部科学省国立教育政策研究所教育課程研究センター『スタートカリキュラムの編成の仕方・進め
　　方が分かる～学びの芽生えから自覚的な学びへ～』2015年、p.13

第14講

カリキュラムの理論

教育課程の編成・実施やカリキュラム・マネジメントを支える理論にはどのようなものがあるか？

吉冨芳正

【本講のポイント】

　教師は、学校教育の専門家である。そうした自負をもって仕事をしていく上で、教師としての経験を通じて培う実践的な知識や学習指導要領その他の教育行政についての知識とともに、カリキュラムなどの学校教育に関する研究的な知識を備えておくことが不可欠である。教師は、学校組織の一員として教育課程の編成・実施に主体的に参画する上でも、カリキュラム・マネジメントを進める上でも、カリキュラムなどの学校教育に関する理論を知っていることで根拠をもって筋道を立てた仕事をすることができる。

　そこで、本講では、カリキュラムに関する様々な研究の中から、教師として最低限身に付けておいてほしい理論について理解する。そうした理論を理解し、教師としてどのように実践に生かしていくことができるのかを考える。

1　カリキュラム研究の動向と教師

　カリキュラムについての研究は、様々な対象について様々な方法論をとりながら極めて幅広く展開されている。日本カリキュラム学会によってまとめられた『現代カリキュラム研究の動向と展望』（令和元（2019）年）[1] を手がかりにして、カリキュラム研究の動向を概観してみよう。

　カリキュラム研究には、理論に関する研究もあれば、実践に関する研究もある。カリキュラム理論についての研究の課題としては、そもそもカリキュラムとは何かを問うものにはじまって、カリキュラムの歴史、カリキュラムの編成、学力とカリキュラム、教科とカリキュラム、道徳教育をはじめ様々な教育の領域や教育機能とカリキュラム、教育課程経営とカリキュラム・マネジメント、カリキュラムの計画・実施・評価、その他貧困・格

差問題などの今日的課題とカリキュラムなどが挙げられる。

　また、カリキュラムの実践的な研究の課題としては、学習指導要領の変遷、各学校段階のカリキュラム、生涯学習とカリキュラム、授業研究とカリキュラム、学校を基礎としたカリキュラム開発、研究開発学校とカリキュラム、教科書とカリキュラム、教師教育とカリキュラム、教育課程行政とカリキュラム、学習評価とカリキュラム、海外のカリキュラム実践などが挙げられる。

　さらに、カリキュラム研究の方法に着目すると、カリキュラムについての哲学的研究、歴史的研究、教育方法学的研究、社会学的研究、教育工学的研究、心理学的研究、経営学的研究、行政学的研究、国際比較研究、批判的研究など多様なものがある。

　教師は、学校教育の専門家として教育の質を保障する役割を担っている。学校組織の一員として教育活動全体の基幹となる計画である教育課程の編成・実施に参画するし、自らが担任する学級や教科等のカリキュラムの設計や授業を担い、カリキュラム・マネジメントを進めていく。こうした教師の仕事は実践的な性格が強いが、根拠をもってより質の高い実践の在り方を追究していくためには、学校として取り組む課題や自己の課題に即して、研究上の主要な知見に目を配ったり、研究の方法について基礎的な理解を深めたりしてそれらを生かしていくことが大切である。

2　カリキュラムの理論の具体例

　ここでは、幅広いカリキュラム研究から得られた知見の中から、教師の仕事に役立つであろうと考えられるカリキュラムの捉え方やつくり方についての理論を紹介する。

(1)「カリキュラム」の捉え方の三つの次元

　カリキュラムの概念は幅広い（第2講参照）。まず、カリキュラムを捉える視点を、①国や制度の段階、②学校や教師の段階、③児童生徒の段階で整理する考え方を紹介する。国際教育到達度評価学会（IEA）では、初等中等教育段階の算数・数学及び理科の教育到達度を国際的な尺度で測定するとともに、各国の教育制度、カリキュラム、指導法、教師の資質、児童生徒の環境条件等の諸要因との関係を組織的に研究するために、国際数学・理科教育調査（TIMSS：Trends in International Mathematics and Science Study）を行っている。その調査のための概念的モデルとして次のような考え方が示されている。

---

　①　意図したカリキュラム（Intended Curriculum）
　　　国家又は教育制度の段階で決定された算数・数学や理科の内容
　②　実施したカリキュラム（Implemented Curriculum）
　　　教師が解釈して児童生徒に与えられる算数・数学や理科の内容

---

③　達成したカリキュラム（Attained Curriculum）

学校教育の成果、すなわち、児童生徒が学校教育の中で獲得した算数・数学や理科の概念、手法、態度など

（国立教育研究所『国立教育研究所紀要第126集、小・中学生の算数・数学、理科の成績―第3回国際数学・理科教育調査国内中間報告書―』[2]）

これを日本に当てはめて考えると、①については、国により教育課程に関する法令や基準としての学習指導要領が設定され、それを支えるよう教科書その他の条件が整備されている。さらに、それらに影響を及ぼす社会の環境などがある。②については、各学校においてそれぞれの実態を踏まえて教育課程が編成され、教師によって指導計画が作成され授業が展開されている。それを支えるよう学校内外の条件が整備されている。さらに、それらに影響を及ぼす地域社会の環境などがある。③については、児童生徒は、実際、学校教育を通じて資質や能力（この調査では算数・数学や理科の概念、手法、態度など）を身に付けている。これには、児童生徒一人一人の学習や行動、意識はもとより、児童生徒が抱える条件や背景となる環境などが関わっている。

①、②、③は、相互に関係し、影響し合っている。それぞれの次元に着目してよりよい在り方を求めるとともに、それらが相互にうまくかみ合うように構造的に考えることによって、児童生徒が資質や能力をより高められるようにすることが大切である。

話し合ってみよう！

IEAによるカリキュラムの三つの次元は、相互にどのような関係にあるのか、具体的に考え、話し合ってみよう。

（2）カリキュラムの類型（分離教科カリキュラム〜経験中心カリキュラム）

カリキュラムを組織していく上で、どのような考え方に立つのかによって様々なカリキュラムが成立し得る。私たちは、自分の学校教育の経験から様々な教科が並列して存在することを当たり前だと思っているが、カリキュラム研究の理論上は、様々な考え方がある。

例えば、まず、教科による系統主義的な考え方に立つか　児童中心の経験主義的な考え方に立つかという教育についての二つの立場がある。こうした二つの立場に、分化と統合という視点を加えて整理すると、資料1のようなカリキュラムの類型を考えることができる。

①　分離教科カリキュラム（separate subject curriculum）

個々の教科の背景にある学問の論理的知識体系をただちに教科の内容とし、教科相互の間にはなんらの関連も考慮されない多教科並列のカリキュラム。

②　関連（相関）カリキュラム（correlated curriculum）

教科カリキュラムによる教科の区分を踏襲しつつ、学習効果の向上のため、教科の間の相互関連を図ったカリキュラム。

③　融合カリキュラム（fused curriculum）

教科の学習を中心とするが、問題の範囲を覆う教科の間の境界を撤廃したカリキュラム。例：地理、歴史、公民の融合としての社会科。物理学、化学、生物学、地学の融合としての理科など。

④　広（領）域カリキュラム（broad-fields curriculum）

教科の枠組みを取り払って、広（領）域で教育内容が再編成されたカリキュラム。

⑤　コア・カリキュラム（core curriculum）

生活現実の問題解決を学習する「中核過程」と、それに必要な限りで基本的な知識や技術を学習する「周辺過程」からなるカリキュラム。

⑥　経験中心カリキュラム（experience-centered curriculum）

一切の教科の存在は認めず、子どもの興味と目的をもった活動からなる総合的な単元で全体が組織されるカリキュラム。

（天野正輝「カリキュラムの類型」『現代カリキュラム事典』[3]）

資料1　カリキュラムの類型

　今日の学校教育をみると、単純にこれらのうちどれか一つの考え方だけでカリキュラムが成立するわけではない。そういう意味で、こうした分け方はカリキュラムの古典的類型とも呼ばれる。

　日本の小学校から高等学校までのカリキュラムについて考えると、一般的には、学校段階や学年が低いうちはより経験主義的で統合的な性質がみられ、学校段階や学年が上がるほどより系統主義的で分化的な性質がみられる。例えば、高等学校では、小学校や中学校と比べ、教科が科目に細分化されている。一方、高等学校にも教科等横断的で統合的な性質をもつ総合的な探究の時間が設けられている。

　このように、カリキュラムの類型的な捉え方について、教育の目的や目標、学校や学年の段階、児童生徒の発達などに即して、上手に組み合わせてカリキュラムづくりに生かしていくことが考えられる。

（3）履修主義と修得主義

　学校教育において、児童生徒の進級や卒業をどのような考え方に立って認めるのかは重要な問題であり、その考え方を履修原理という。履修原理を明らかにすることは、カリキュラムをつくる上で重要な要素の一つであり、児童生徒が学習内容とどのように関わるのか、学習内容をどの程度身に付けるのかということに密接に関わる。

　履修原理には、履修主義と修得主義という二つの考え方がある。履修主義は、児童生徒が一定の期間を学校に在籍し学習に取り組むことを求めるものであり、年齢主義とも呼ばれる。修得主義は、一定の学力を身に付けていることを求めるものであり、課程主義とも呼ばれる。単位制を採用して修得主義に撤すれば、定められた学力に達しなければその課程の修了や卒業を認めることはできない。

　日本の初等中等教育の学校制度では、小学校や中学校では履修主義・年齢主義、高等学校では修得主義・課程主義を採っている。

(4) カリキュラムづくりの手順や方法

　学校には、教育活動を展開するために必要な様々な計画が存在する。そうした計画をどのような手順や方法でつくっていけばよいのだろうか。

　ここでは、まず①学校の教育課程の編成と②単元の指導計画の作成についての一般的な考え方を紹介するので、その手順を確かめてみよう。次に、研究的な視点から安彦による、③授業の展開までも視野に置いてカリキュラムのプランニングとデザインの手法を組み合わせる考え方を紹介する。それぞれの考え方を比べてもらいたい。研究的な考え方を取り入れることで子どもたちの学習がより効果的に成立するカリキュラムを柔軟につくっていける可能性が高まることがわかる。

①　教育課程

> ①　教育課程の編成に対する学校の基本方針を明確にする。
> ②　教育課程の編成・実施のための具体的な組織と日程を決める。
> ③　教育課程の編成のための事前の研究や調査をする。
> ④　学校の教育目標など教育課程の編成の基本となる事項を決める。
> ⑤　教育課程を編成する。
> 　ア　指導内容を選択する。
> 　イ　指導内容を組織する。
> 　ウ　授業時数を配当する。
> ⑥　教育課程を評価し改善する。
>
> （文部科学省『小学校学習指導要領解説総則編』[4]）

②　単元の指導計画

> ①　指導目標を定め、学習内容を選択、配列する。
> ②　指導に要する総時間や配列された学習内容ごとの指導時間数を決める。
> ③　主な学習活動や学習形態を考える。
> ④　各指導段階での教具や資料を考える。

⑤　評価規準とその観点及び評価方法を考える。

（千葉県教育委員会『平成31年度初任者研修テキスト　さわやか先生』[5]）

③　カリキュラムのプランニングとデザインの手法の組み合わせ

〔プランニングの手法〕

①　学校の教育目標を明確にし、その達成度が分かるように示す。

②　教育目標を達成する上で最も効果的な経験を用意する。

③　用意した教育的経験を効果的に組織する。

④　教育目標の達成度を評価する方法を明確にする。

〔プランニングの手法を補うデザインの手法〕

①　目標を行動用語で示せない部分を明確にし、その価値の軽重を明示する。

②　教育的経験で教師が創造的に用意したものでなくても、子ども自身がつくり出したものや見つけたものでよいものは認める。

（安彦忠彦『カリキュラム開発で進める学校改革』[6]）

考えてみよう！

　カリキュラムづくりの三つの手順や方法を比較してみたとき、共通に押さえている要素はどんなことだろうか。異なるのはどのようなことだろうか。

④　学校に基礎を置くカリキュラム開発と工学的接近・羅生門的接近

　カリキュラム開発を誰がどのような考え方で進めるかについて、昭和49（1974）年に経済協力開発機構の教育研究革新センター（「OECD－CERI」と略称される）と文部省の共催により東京で開かれた「カリキュラム開発に関する国際セミナー」において、「学校に基礎を置くカリキュラム開発」と「工学的接近」・「羅生門的接近」という考え方が示された。

ア　学校に基礎を置くカリキュラム開発

　「学校に基礎を置くカリキュラム開発」（「学校を基盤としたカリキュラム開発」と呼ばれる場合もある。略称SBCD：school-based curriculum development）は、カリキュラムは学校の日常的な活動の中で開発されるという考え方である。同セミナーが開催された当時、日本ではカリキュラムは学習指導要領という形で国が開発するものだという意識が強かった。講演等を行ったスキルベックにより、カリキュラム開発とは、教授目標の再検討に始まり、教材、教授、学習の手続、評価方法などの計画や構成を含むものである。それは一度つくり上げればそれでしばらくはおしまいといったようなものではなく、絶えず検討され、評価され、修正されていく継続的なプロセスである旨が提案された[7]。

　学校が編成する教育課程の基準として学習指導要領が示されているが、そこでは学校教

育の大枠が示されているのであり、各学校は創意工夫をして教育課程を編成・実施することが求められている。例えば、小・中学校には総合的な学習の時間、高等学校には総合的な探究の時間が設けられおり、その目標や内容などのカリキュラムは各学校が開発することとされている。小学校を中心として目標や内容が複数学年まとめて示された教科があり、小学校では全学年で合科的な指導を行うことができる。さらに、各学校ではカリキュラム・マネジメントに努めるものとされ、計画・実施・評価・改善のサイクルを循環させるなどして教育の質を高めることが求められている。各学校が創意工夫を生かして特色ある教育活動を展開することが重視されている今日、「学校に基礎を置くカリキュラム開発」の意義を改めて考えることが大切である。

イ　工学的接近・羅生門的接近

　また、同セミナーでは、アトキンによって、資料2のような工学的接近と羅生門的接近という二つの方法が示された（羅生門的接近という名前は、異なる立場、異なる視点からの評価が、意図された結果だけでなく、多様な教育的な意義を見出すという趣旨を示す。黒澤明監督により映画化された芥川龍之介の小説「羅生門」にちなんだ名称である。）。

　工学的接近によれば、目標を順次具体化し、緻密に計画や教材を準備して授業を行うことにより効率的に教育を行うことができる。一方、計画や展開が硬直的で、意図しなかったことについては教育の効果を見落とす可能性もある。

　羅生門的接近によれば、児童生徒の学びを見つめ創造的な授業を柔軟に展開できるし、意図したことにとどまらず、多様な教育的な価値を生み出す可能性がある。一方、教師の専門的な力量に大きく依存することになる。

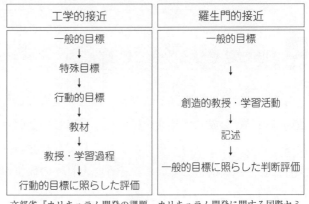

文部省『カリキュラム開発の課題ナー報告書』1975年、p.50

カリキュラム開発に関する国際セミ

資料2　カリキュラム開発の考え方

　こうした提案がなされたことは、カリキュラム開発の方法は一つではなく、複数の視点から考えることの大切さを示唆している。教育の目的や目標、学習指導の展開の段階や場面などに即して、それぞれの方法のよさを生かしていくことが大切さだと考えられる。

(5) 潜在的カリキュラム

　学校は、一般的には意図的・計画的・組織的に教育を行うが、意図していないものを子どもたちが身に付けることがある。このような作用を「潜在的カリキュラム」という。

　潜在的カリキュラムには、「隠れたカリキュラム」と「隠されたカリキュラム」という

二つの捉え方がある。「隠れたカリキュラム」は、カリキュラム上は意図されていないが、結果として、児童生徒が学習過程の中で社会的な作法や態度、人間関係などを身に付けることをいう。一方、「隠されたカリキュラム」は、社会の支配階級などが、自分たちに有利になるようカリキュラムに巧妙に意図を隠して不平等を生み出しているとする立場をいう[8]。

　こうした研究的な考え方を実践に生かすとすれば、教師は児童生徒の状況に十分に目を向け、それぞれの変容に影響しているものを検討することが大切である。それは、自分の授業への取り組み方や児童生徒への向かい合い方を振り返ることにつながる。例えば、児童生徒は教師の発問や説明を通じて論理的な表現に繰り返し触れ、考える筋道を形成したり的確に表現する力を高めたりする。教師の常に真理を追究しようとする真摯な態度は、子どもたちの学習への向き合い方によい影響を及ぼすであろう。また、教師が人間への温かいまなざしをもって児童生徒と向かい合い、異質なものを含めて思いやりをもって受容する雰囲気は、いじめなど生徒指導上の問題の改善によい影響を及ぼすと考えられる。

話し合ってみよう！

　潜在的カリキュラムの具体例として、どんなことが挙げられるだろう。考えたことを話し合ってみよう。

3　教師と学会や研究会での活動

　各学校では、教育実践と研究を一体的に進めることが大切である。教師は、児童生徒が質の高い学びを成立させ豊かに成長してほしいと願い、そのために手応えのある授業を実現するため、様々な情報を手がかりにして、教育の計画や教材、指導方法、評価、環境や条件などを工夫改善している。そうした日々の取組が学校現場において実践と研究を一体的に展開することの基盤となる。

　そして、教師が自分たちの実践と研究の過程や成果を学校教育に関係する様々な学会や研究会で発表することは意義のあることである。そこでは、様々な質問や意見が飛び交い、改めて自分たちの取組を更に工夫改善していくための糸口や情報が得られる。共に実践に磨きをかける仲間を得ることもできる。学会や研究会への参加を通じて、日頃の学校での仕事とは異なる新鮮な刺激が得られ、実践の改善への意欲が高まる。自分たちの実践と研究が他校の教師や研究者に役立つことにもつながる。

▶〈学びの確認〉
　(1)　カリキュラムに関する理論のうち、関心をもったものを調べ、まとめてみよう。
　(2)　自分が指導計画を立て授業を実践するに当たり、カリキュラムに関する理論のうちから参考になりそうなものを選び、どのように生かしていけるか考え、説明してみよう。

[注]

1　日本カリキュラム学会『現代カリキュラム研究の動向と展望』教育出版、2019 年

2　国立教育研究所『国立教育研究所紀要第 126 集、小・中学生の算数・数学、理科の成績―第 3 回国際数学・理科教育調査国内中間報告書―』東洋館出版社、1996 年、pp.8-10

3　天野正輝「カリキュラムの類型」『現代カリキュラム事典』日本カリキュラム学会編、2001 年、pp.16-17

4　文部科学省『小学校学習指導要領解説総則編』東洋館出版社、2007 年、pp.43-45

5　千葉県教育委員会『平成 31 年度初任者研修テキスト　さわやか先生』小学校・中学校・義務教育学校・特別支援学校編、p.64

6　安彦忠彦『カリキュラム開発で進める学校改革』明治図書、2003 年、pp.50-52

7　文部省『カリキュラム開発の課題―カリキュラム開発に関する国際セミナー報告書』1975 年、p.9

8　安彦忠彦『改訂版教育課程編成論 学校は何を学ぶところか』財団法人放送大学教育振興会、2006 年、pp.92-93

第15講

「逆向き設計」論に基づくパフォーマンス課題の開発と活用

教科においてカリキュラムをどう改善するか？

西岡加名恵

【本講のポイント】

　平成 29・30（2017・2018）年の学習指導要領改訂に当たっては、「資質・能力」のバランスのとれた学習評価を行っていくために、多面的・多角的な評価を行うことが推奨された。本講では、パフォーマンス評価を活用することによって、教科におけるカリキュラムの改善をどのように図れるのかについて考える。「逆向き設計」論に基づくパフォーマンス課題やルーブリックの作り方、それらを生かした指導改善の在り方について理解を深める。

1　「資質・能力」の育成とパフォーマンス評価

（1）平成 29・30（2017・2018）年改訂学習指導要領とパフォーマンス評価

　平成 29・30（2017・2018）年改訂学習指導要領では、「知識・技能」「思考力・判断力・表現力等」「学びに向かう力・人間性等」という三つの柱で捉えられる「資質・能力」を育成することが「目標」として位置付けられている。また、学習指導要領改訂の方針を定めた中央教育審議会答申（平成 28（2016）年 12 月）では、「資質・能力のバランスのとれた学習評価を行っていくためには、指導と評価の一体化を図る中で、論述やレポートの作成、発表、グループでの話合い、作品の制作等といった多様な活動に取り組ませるパフォーマンス評価などを取り入れ、ペーパーテストの結果にとどまらない、多面的・多角的な評価を行っていくことが必要である」と述べられている。本講では、教科においてパフォーマンス評価を活用することにより、どのようにカリキュラムの改善につなげることができるのかを検討しよう。

　ここで、学力評価の方法にはどのようなものがあるかについて、確認しておこう。図1には、現在までに登場している様々な学力評価の方法を分類している。ここには、評価方法を単純なものから複雑なものへと並べるとともに、左側に「筆記による評価」と右側に

「実演による評価」を示すという形で整理している。

　「筆記による評価」で最も単純なものが「選択回答式（客観テスト式）の問題」である。「筆記による評価」でやや複雑なものは、自由記述式の問題である。さらに複雑になると、レポートやリーフレットなど、まとまった作品を求める課題となる。これを、パフォーマンス課題という。パフォーマンス課題とは、様々な知識やスキルを総合して使いこなすことを求めるような複雑な課題を指す。パフォーマンス課題には、実演を求めるものもある。例えば、プレゼンテーションや実験の実施を求める課題などが考えられる。先の答申にいうパフォーマンス評価は、実質的にはパフォーマンス課題による評価だと考えられる。

　「実演による評価」のうち、より単純なものは実技テストである。理科を例にとると、一連の実験を計画・実施し、報告するのを求めるのはパフォーマンス課題、一定時間内に早く正確にガスバーナーを操作することを求めるのは実技テストといえよう。さらに単純になると、発問への応答を確認したり、評価活動の中でチェックリストに沿って活動の諸要素を点検したりといった評価方法が考えられる。

　パフォーマンス評価とは、知識やスキルを状況において使いこなすことを求めるような

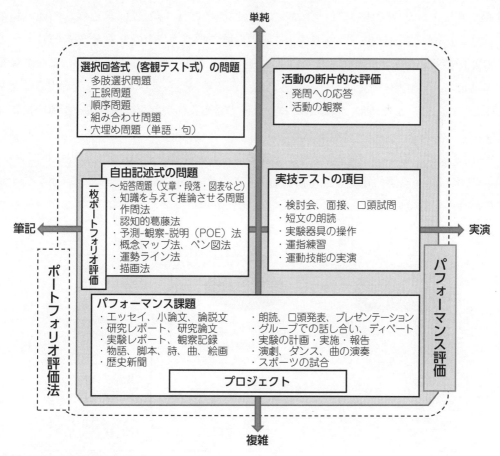

図1　様々な評価方法[1]

評価方法の総称である。客観テストで測れる学力は限定的なものであるという批判を基盤として登場した用語であるため、図1では客観テスト以外の評価方法をすべて含むものとして示している。

　なお、ポートフォリオとは、学習者（児童・生徒・学生）の作品や自己評価の記録、教師の指導と評価の記録などをファイルや箱など系統的に蓄積していくものを意味している。ポートフォリオ評価法とは、ポートフォリオ作りを通して、学習者が自らの学習の在り方について自己評価することを促すとともに、教師も学習者の学習活動と自らの教育活動を評価するアプローチである[2]。ポートフォリオ評価法もパフォーマンス評価の方法の一種だが、ポートフォリオには客観テストの結果を入れる場合もあるため、図1では全体を点線で囲む形でポートフォリオ評価法を示している。

(2)「逆向き設計」論

　さて、パフォーマンス課題を、どのようにカリキュラムに取り入れるかを提案している理論として、ウィギンズ（G. Wiggins）とマクタイ（J. McTighe）が提唱する「逆向き設計」論[3]がある。「逆向き設計」論では、単元設計（「ミクロな設計」）ならびに年間指導計画やカリキュラム全体の設計（「マクロな設計」）を行う際に、「求められている結果（目標）」「承認できる証拠（評価方法）」「学習経験と指導（授業の進め方）」を三位一体のものとして考えることが提唱されている。「逆向き」と呼ばれるのは、教育によって最終的（単元末・学年末・卒業時など）にもたらされる結果から遡って教育を設計することを主張している点、また通常、指導が終わった後で考えられがちな評価方法を指導の前に構想することを提案している点からである。

　「逆向き設計」論では、図2のように「知の構造」と評価方法の対応が整理されている。最も低次には、「事実的知識」と「個別的スキル」が存在している。例えば、小学校4年生の理科の学習でいえば、「サクラが咲く」「セミが鳴く」といった知識、「スケッチをす

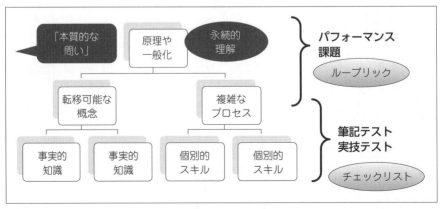

図2　「知の構造」と評価方法・評価基準の対応[4]

る」「記録文を書く」といった単純なスキルが考えられる。これらはもちろん「知っている」「できる」価値があるものだが、それだけでは現実的な状況の中で使いこなせる力とはならない。より重要な知識・スキルとして、「転移可能な概念」や「複雑なプロセス」がある。例えば、「季節」「芽・花・実」「卵・幼虫・成虫」といった概念、「詳しく正確に記録する」「事実を踏まえて考察する」といったプロセスが考えられる。さらに、それらの概念やプロセスを総合して理解しておくべき「原理や一般化」がある。例えば、「季節による生き物の変化を捉えるには、観察する対象に焦点を合わせ、五感を使って観察したことを詳しく正確に記録することが重要である。その際、どんなところが、なぜ変化するのか、予想を立てたり仕組みを考えたりしながら観察するとよい」といった理解が考えられるだろう。パフォーマンス課題については、このような「原理や一般化」についての「永続的理解」という重点目標に対応させて考案することが有効である。

比べてみよう！

　学校で学習者たちに提供されている問題や課題の例を見比べて、どのような学力が評価されているのかを考えてみよう。

2 パフォーマンス課題の作り方

(1)「本質的な問い」を明確にする

　パフォーマンス課題を用いるに当たっては、まず、パフォーマンス課題に適した単元を設定することが求められる。すべての単元で、パフォーマンス課題を用いる必要はないので、様々な知識やスキルを総合してレポートなどの作品を作ったりプレゼンなどの実演に取り組ませたりするのに適した単元を選定することが重要である。

　その上で、単元全体で達成させるべき重点目標は何かを考える。すなわち、図2に示したような「原理や一般化」は何かを見極める。その際には、「本質的な問い」を明確にすることが有効である。

　各教科には、複数の単元において繰り返し問われるような、包括的な「本質的な問い」が存在している（表1）。「本質的な問い」は、学問の中核に位置する問いであると同時に、生活との関連から学習の意義が見えてくるような問いでもある。通常、一問一答では答えられないような問いであり、論争的で探究を触発するような問いである。「本質的な問い」を問うことで、個々の知識やスキルが関連付けられ総合されて「永続的理解」へと至ることができる。「〜とは何か？」と概念理解を尋ねたり、「〜するには、どうすればよいか？」と方法論を尋ねたりする問いが、「本質的な問い」となる場合が多いことだろう。

　「本質的な問い」は、カリキュラムにおいて入れ子状に存在している。パフォーマンス課題を作るに当たっては、その教科で問われる包括的な「本質的な問い」を踏まえつつ、

その単元の題材に即してより焦点化した単元の「本質的な問い」を設定するとよい。例えば、「科学的に探究するには、どうすればよいのか？」という包括的な「本質的な問い」に対し、「季節による生き物の変化を観察するには、どうすればよいのか？」といった単元の「本質的な問い」を設定することができる。

表1　包括的な「本質的な問い」の例[5]

> 国語・英語
> ① どのようにコミュニケーションをすればよいのか？
> ② どのように書けば／読めば／話せば／聞けば／話し合えばよいのか？
> ③ この○○の主題／教訓は何か？
>
> 社会、地歴・公民
> ① よりよい社会（政治・経済）をつくるには、どうすればよいのか？
> ② 人びとは、どのような地理的条件のもとで暮らしているのか？　それはなぜか？
> ③ 社会は、どのような要因で変わっていくのか？
>
> 算数・数学
> ① 現実の問題を数学的に解決するには、どうすればよいのか？
> ② どのように量を測ればよいのか？
> ③ 自然や社会にある数量の関係を捉え、未知の数量を予測するにはどうすればよいか？
>
> 理科
> ① 自然の事物や現象は、どのような仕組みになっているのか？
> ② 科学的に探究するには、どうすればよいのか？

(2) パフォーマンス課題のシナリオを作る

　次に、単元の「本質的な問い」を学習者自身が問わざるを得ないようなシナリオを設定して、パフォーマンス課題を考案する。具体的には、表2に示した六つの要素（GRASPSと略記される）を考えるとよいと提案されている（「なやんだナ、アアそうか」は、筆者が日本語に翻案したものである）。

　六つの要素を考えた上で、それらを織り込みつつ課題文を整えると、例えば次のようなパフォーマンス課題が考案できる。

　「学校の廊下で、『季節による生き物の変化の秘密』展を開くことになりました［状況］。皆さんは、季節によって、植物や動物がどのように変化するのかを報告する展示物を作ることとなりました［役割］。展示するのは、スケッチと記録文からなる観察カードです［作品］。皆さんの作った展示物は、廊下を通る他の学年の子どもたちや参観日にくる保護者の皆さんが見ることになります［相手］。季節によって、学校の中の生き物がどのよう

に変化しているのかを伝えるために［目的］、五感を使って観察したことを、詳しく正確に報告してください［観点①］。その際、どんな変化がどうして起こるのか／起こったのか、予想したり仕組みを想像したりして考えたことも書いてください［観点②］」[6]。

表２　パフォーマンス課題のシナリオに織り込む６要素[7]

な―何がパフォーマンスの**目的（Goal）**か？

やん―（学習者が担う／シミュレーションする）**役割（Role）**は何か？

だナ―誰が**相手（Audience）**か？

アア

そ―想定されている**状況（Situation）**は？

う―生み出すべき**作品（完成作品・実演：Product、Performance）**は何か？

か―（評価の）**観点（成功のスタンダードや規準：Standards and criteria for success）**は？

調べてみよう！

　自分の関心のある教科における「本質的な問い」やパフォーマンス課題にどのような例があるか、調べてみよう[8]。例えば、次のサイトを参照のこと（「E.FORUM スタンダード」https://e-forum.educ.kyoto-u.ac.jp/seika/）。

3　カリキュラムの改善につなげる

(1)「見方・考え方」を育てる

　平成 29・30（2017・2018）年改訂学習指導要領では、「各教科等の特質に応じた見方・考え方を働かせながら、知識を相互に関連付けてより深く理解したり、情報を精査して考えを形成したり、問題を見いだして解決策を考えたり、思いや考えを基に創造したりすることに向かう過程を重視した学習の充実を図ること」が推奨されている。「逆向き設計」論において提唱されている「本質的な問い」や「原理や一般化」に関する「永続的理解」は、まさしく教科の特質に応じた「見方・考え方」を指すものである[9]。

　「逆向き設計」論に基づいてパフォーマンス課題を用いる場合、単元において課題に取り組むのに必要な知識やスキルを身に付けさせたり、練習の機会を与えたりする指導を組み立てていくことになる。これにより、「本質的な問い」に対応するような「原理や一般化」についての理解を育てることができる。例えば、先の観察カードの課題の場合、複数の単元で観察する課題を繰り返すことによって、観察する際に必要な力（対象を絞り込みつつ詳しく正確に記録する力や仕組みを考察しながら観察する力など）が育てられていく。そのような観察力は、次の学年以降にも活用され、さらに発達していくことだろう。

平成29・30（2017・2018）年改訂学習指導要領においては、「主体的・対話的で深い学び」の視点からの授業の改善も推進されている。単元における「本質的な問い」に焦点を合わせつつ「主体的な学び」や「対話的な学び」に取り組むことで、「深い学び」も実現されると期待できる。例えば、観察カードを見比べながら、どのような観察記録がいいのかについて話し合うような作品批評会を行えば、観察する際に重要な点を理解し、的確に自己評価しつつ自己調整できるようになるだろう。

(2) ルーブリック作りから指導の改善へ

　ところで、パフォーマンス課題で生み出された作品（完成作品や実演）については、様々な知識やスキルを総合するものであるため、〇か×かで採点することができない。そこで、採点指針として、ルーブリックが用いられる。ルーブリックとは、成功の度合いを示す数レベル程度の尺度と、それぞれのレベルに対応するパフォーマンスの特徴を記した記述語から成る評価基準表である（表3）。

表3　ルーブリックの例[10]

レベル	記述語
5 素晴らしい	比較し、変化を捉えるという意識が明確に見られ、観察の焦点が定まっている。多面的に観察し、予想を確かめたり、変化の背景にある仕組みを考えたりして、詳しく記録している。
4 よい	変化を捉えるという意識が見られる。予想を確かめたり、変化の背景にある仕組みを考えたりして記録している。
3 合格	観察の目的を意識しつつあり、ある程度、詳しく記録している。
2 あと一歩	観察の目的があまり意識されておらず、記録が大雑把である。
1 かなりの改善が必要	観察はしているが、行き当たりばったりである。

　特定課題ルーブリックについては、例えば5段階のレベル別に該当する作品番号と記述語を書き込めるような表形式のテンプレートを用意する。次に、作品をレベル別に分類する。その上で、それぞれのレベルに分類された作品群に見られる特徴を読み取り、記述語を作成する。

　このような手順でルーブリックを作った場合、各レベルに対応する典型的な作品例（これを「アンカー作品」という）を整理することができる。ルーブリックには、そのような

アンカー作品を添付しておくと、各レベルで求められているパフォーマンスの特徴をより明確に示すことができる。

　ルーブリック作りに教師たちが共同で取り組めば、評価の観点や水準が明確になり、共通理解することができる。学習者の理解の深まりやつまずきなどについても、明瞭に捉えることができる。そのような学習の実態を踏まえつつ、指導の改善を図っていくことが重要であろう。

▶〈学びの確認〉
(1)　自分の得意な教科について単元を一つ選び、その単元において問われるべき「本質的な問い」を明確にするとともに、それに対応するパフォーマンス課題を作ってみよう。
(2)　パフォーマンス評価を取り入れることによって、教科のカリキュラムをどのように改善することができるのかについて説明してみよう。

[注]
1　西岡加名恵『教科と総合学習のカリキュラム設計』図書文化、2016 年、p.83
2　西岡加名恵『教科と総合に活かすポートフォリオ評価法』図書文化、2003 年
3　G. ウィギンズ & J. マクタイ（西岡加名恵訳）『理解をもたらすカリキュラム設計』日本標準、2012 年
4　前掲 1『教科と総合学習のカリキュラム設計』p.82
5　西岡加名恵「『主体的・対話的で深い学び』とパフォーマンス評価」石井英真・西岡加名恵・田中耕治編著『小学校　新指導要録改訂のポイント』日本標準、2019 年、p.33
6　宮本浩子先生の実践を踏まえて筆者が作成。西岡加名恵「思考力・判断力・表現力を育成する授業づくり」堀哲夫・西岡加名恵『授業と評価をデザインする　理科』日本標準、2010 年、pp.24-47 参照
7　前掲 1『教科と総合学習のカリキュラム設計』p.97 より一部引用
8　各教科の「本質的な問い」とパフォーマンス課題の例については、次の文献に多くが紹介されている。西岡加名恵編著『「資質・能力」を育てるパフォーマンス評価』明治図書、2016 年。西岡加名恵・石井英真編著『教科の「深い学び」を実現するパフォーマンス評価』日本標準、2019 年
9　育成すべき資質・能力を踏まえた教育目標・内容と評価の在り方に関する検討会「論点整理」2014 年参照
10　宮本浩子先生の実践を参考にして筆者が作成。前掲 6「思考力・判断力・表現力を育成する授業づくり」p.44 参照

第 16 講

学習評価の充実

学習評価の意義とは何か？　どのように評価すればよいか？

石塚　等

【本講のポイント】

　学習評価は、学校における教育活動に関し、児童生徒の学習状況を評価するものであり、学習評価を行うに当たっては、児童生徒一人一人の学習内容が確実に定着するよう学習指導の改善につなげていくことが重要である。このため、学習評価の意義や新学習指導要領における学習評価の考え方について理解を進め、実際にどのように児童生徒の学習状況を評価すればよいかについて考えていく。

1 学習評価の意義

　学習評価は、学校における教育活動を通して身に付けた、児童生徒の学習状況を評価するものである。児童生徒にどのような資質・能力が身に付いているのかを的確に捉え、学習内容が確実に定着するよう学習指導の改善につなげていくために学習評価は重要である。

　各教科の学習評価には、児童生徒の学習状況を分析的に捉える「観点別学習状況」及び総括的に捉える「評定」があり、いずれもが学習指導要領に示す目標に照らしてその実現状況を評価する「目標に準拠した評価」として行われる。「観点別学習状況」や「評定」では表すことができない児童生徒のよい点や可能性、進歩の状況については個人内評価として「総合所見及び指導上参考となる諸事項」等において評価を行う。一方、学年や学級など集団の中での相対的な位置付けによって児童生徒の学習状況を評価する「集団に準拠した評価」がある。平成 13（2001）年の指導要録の通知において「評定」が集団に準拠した評価から目標に準拠した評価に改められたことにより、集団の中での相対的な位置付けに関する情報は総合所見及び指導上参考となる諸事項」に必要に応じて記入することが考えられる。

　学校の教育活動は、計画、実践、評価、改善という一連の活動が繰り返されながら、児童生徒のよりよい成長を目指した指導が展開されている。指導と評価は別のものとして捉

えるのではなく評価の結果によって後の指導を改善し、さらに新しい指導の成果を再度評価するという指導に生かす評価を充実させること、いわゆる「指導と評価の一体化」が重要である。評価のための評価に終わらせるのではなく、指導の改善に生かすことによって、教育活動の質を高めていくことが重要となる。

　また、学習評価は、学習の成果や結果に対して行うだけでなく、学習の過程における評価の工夫を一層重視することが重要である。学期末や年度末における成績のための評価ではなく、学習の過程における適切な場面での評価（形成的評価）が重要である。

■診断的評価、形成的評価、総括的評価について

　実施する時期により、診断的評価、形成的評価、総括的評価に分けられる。

　「診断的評価」とは、入学当初、学年当初、授業開始時において、学習の前提となる学力や生活経験の実態や有無を把握するために行うもの。

　「形成的評価」とは、授業の過程で実施されるもの。その情報はフィードバックされ、授業がねらい通りに展開していないと判断された場合には、授業計画の修正や回復指導などが行われる。

　「総括的評価」とは、単元終了時、学期末、学年末に実施されるもの。

2　指導要録の意義と法令上の位置付け

　指導要録は、児童生徒の学籍並びに指導の過程及び結果の要約を記録し、その後の指導及び外部に対する証明等に役立たせるための原簿という性格を有し、「学籍に関する記録」及び「指導に関する記録」から構成されている。

　指導要録の法的な性格としては、学校教育法施行規則第24条第1項において「校長は、その学校に在学する児童等の指導要録を作成しなければならない。」と位置付けられ、校長に作成義務が課されるとともに、同条第2項において児童生徒が進学した場合の進学先の校長への送付義務、同条第3項において児童生徒が転学した場合の転学先の校長への送付義務が課されている。また、同施行規則第28条第1項において学校において備えなければならない表簿の一つとして規定されている。さらに、同施行規則第28条第2項において、学籍に関する記録は20年間、指導に関する記録は5年間保存しなければならないと規定されている。

　上記のとおり指導要録の作成義務として学校の責任者である校長に課されている。各学校は、学習指導要領に従い、児童生徒の特性、学校や地域の実態を考慮して適切な教育課程を編成し、学習指導と学習評価を行う役割を担っている。公立学校を設置する教育委員会は、学校の管理運営に関する基本的な事項を定める権限を有していることから、指導要録の様式や記入方法等に係る基本的事項を定めることとなる。文部科学省においては、各

学校や設置者の参考となるよう、学習指導要領の改訂のたびに、学習指導要領の趣旨を反映した学習評価の基本的な考え方や指導要録の参考様式と記載事項等を示している。

　なお学校は学習指導の過程や成果などについて不断に保護者との共通理解を深めながら、児童生徒の学習を適切に評価し学習指導の改善につなげていくことが求められる。このような観点から、一般的に学校と保護者との連絡として通知表が作成され保護者に提供されている。通知表については指導要録のような法令上の位置付けはないものの、新学習指導要領における学習評価の基本的な考え方を踏まえ、その様式、記載内容や方法について工夫改善することが大切となる。

3 新学習指導要領の下での学習評価の基本的な考え方

　平成28（2016）年12月の中央教育審議会答申[1]では、学習評価について「子供の学びの評価にとどまらず、『カリキュラム・マネジメント』の中で、教育課程や学習・指導方法の評価と結び付け、（略）授業改善及び組織運営の改善に向けた学校教育全体のサイクルに位置付けていくこと」「観点別評価については、（略）、小・中・高等学校の各教科を通じて、『知識・技能』『思考・判断・表現』『主体的に学習に取り組む態度』の3観点に整理すること」などが提言された。同答申を踏まえ、さらに専門的な検討を行った中央教育審議会初等中等教育分科会教育課程部会において、平成31（2019）年1月に「児童生徒の学習評価の在り方について（報告）」（以下「報告」という）[2]が取りまとめられた。

　報告においては、学習評価の基本的な考え方として、

(1)　学習指導と学習評価はカリキュラム・マネジメントの中核的な役割を担っていること、

(2)　主体的・対話的で深い学びの視点からの授業改善により資質・能力を確実に育成する上で、学習評価は重要な役割を担っていること

が提言された。

　学習評価の基本的な枠組みと改善の方向性として、

(1)　新学習指導要領で各教科等の目標や内容を「知識及び技能」「思考力、判断力、表現力等」「学びに向かう力、人間性等」の資質・能力の三つの柱で再整理したことを踏まえ、観点別学習状況の評価についてこれまでの「関心・意欲・態度」「思考・判断・表現」「技能」「知識・理解」の4観点を改め、「知識・技能」「思考・判断・表現」「主体的に学習に取り組む態度」の3観点で整理すること

(2)　「学びに向かう力、人間性等」には、①「主体的に学習に取り組む態度」として観点別評価を通じて見取ることができる部分と、②観点別評価や評定にはなじまず、個人内評価を通じて見取る部分があることに留意すること（図1）

(3)　「主体的に学習に取り組む態度」の評価の観点としては、①知識及び技能を獲得したり、思考力、判断力、表現力等を身に付けたりすることに向けた粘り強い取組を行おう

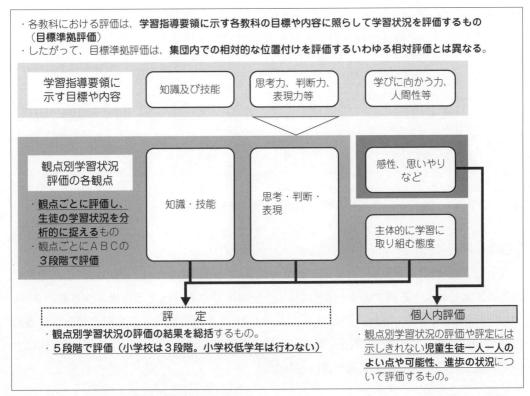

・各教科における評価は、**学習指導要領に示す各教科の目標や内容に照らして学習状況を評価するもの**（**目標準拠評価**）
・したがって、目標準拠評価は、**集団内での相対的な位置付けを評価するいわゆる相対評価とは異なる。**

図1　各教科における評価の基本構造

　とする側面と、②①の粘り強い取組を行う中で、自らの学習を調整しようとする側面の二つの側面を評価すること
などが提言された。

　文部科学省は、同報告を受け、平成31（2019）年3月に、新学習指導要領の下での学習評価が適切に行われるとともに、各設置者による指導要録の様式の決定や各学校における指導要録の作成の参考となるようにするため指導要録の改善について通知を行った（「小学校、中学校、高等学校及び特別支援学校等における児童生徒の学習評価及び指導要録の改善等について（通知）」[3]（以下「指導要録通知」という）。

4　新学習指導要領における指導要録の主な欄と記載事項

　指導要録通知においては、学習評価を行うに当たっての配慮事項、指導要録に記載する事項及び各学校における指導要録作成に当たっての配慮事項等及び参考様式（巻末資料参照）をとりまとめて示している。以下、指導要録通知における主な欄の記載事項等について取り上げる。

(1) 各教科の学習の記録（高校は各教科・科目等の学習の記録）

各教科の学習の記録は、観点別学習状況及び評定から構成されている（小学校国語の例：図2）。

国語	観点＼学年	1	2	3	4	5	6
	知識・技能						
	思考・判断・表現						
	主体的に学習に取り組む態度						
	評定						

図2　小学校児童指導要録各教科の学習の記録（例：小学校国語）

①観点別学習状況

観点別学習状況は、学習指導要領に示す各教科の目標に照らして、その実現状況を観点ごとに評価し記入する欄である。その際、「十分満足できる」状況と判断されるものをA、「おおむね満足できる」状況と判断されるものをB、「努力を要する」状況と判断されるものをCの3段階により評価を記入する。今回の指導要録通知により新たに高等学校においても観点別学習状況の記載欄が設けられた。

②評定

評定は、学習指導要領に示す各教科の目標に照らして、その実現状況を総括的に評価し記入する欄であり、次のとおり小学校で3段階、中学校・高等学校で5段階により評価を記入する。

小学校　　「十分満足できる」状況と判断されるものを3

　　　　　「おおむね満足できる」状況と判断されるものを2

　　　　　「努力を要する」状況と判断されるものを1

中・高校　「十分満足できるもののうち、特に程度が高い」状況と判断されるものを5

　　　　　「十分満足できる」状況と判断されるものを4

　　　　　「おおむね満足できる」状況と判断されるものを3

　　　　　「努力を要する」状況と判断されるものを2

　　　　　「一層努力を要する」状況と判断されるものを1（中学校）

　　　　　「努力を要すると判断されるもののうち、特に程度が低い」状況と判断されるものを1（高等学校）

観点別学習状況及び評定は、ともに学習指導要領に示す各教科の目標に準拠した評価である。両者は分析的な評価の観点別学習状況と、総括的な評価の評定との関係から、観点別学習状況を総括したものが評定となる。観点別学習状況は評定を行う場合において基本的な要素となるものであることに留意する。

(2) 特別の教科 道徳（小・中学校）

　道徳科は、学習指導要領において数値などによる評価は行わないとされており、その評価は、学習活動における児童生徒の学習状況や道徳性に係る成長の様子を個人内評価として文章で端的に記述する。

(3) 総合的な学習の時間の記録（高校は総合的な探究の時間の記録）

　総合的な学習の時間の記録は、この時間に行った学習活動及び各学校が自ら定めた評価の観点を記入した上で、それらの観点のうち、児童生徒の学習状況に顕著な事項がある場合などにその特徴を記入する等、児童生徒にどのような力が身に付いたかを文章で端的に記述する。

(4) 外国語活動の記録（小学校）

　外国語活動の記録は、評価の観点を記入した上で、それらの観点に照らして、児童の学習状況に顕著な事項がある場合にその特徴を記入する等、児童にどのような力が身に付いたかを文章で端的に記述する。

(5) 特別活動の記録

　特別活動の記録は、各学校が自ら定めた特別活動全体に係る評価の観点を記入した上で、各活動・学校行事ごとに、評価の観点に照らして十分満足できる活動の状況にあると判断される場合に、〇印を記入する。

(6) 総合所見及び指導上参考となる諸事項

　総合所見及び指導上参考となる諸事項は、児童生徒の成長の状況を総合的に捉えるため、以下の事項等を文章で箇条書き等により端的に記述する（①〜⑤は小学校の事項）。
①各教科や外国語活動、総合的な学習の時間の学習に関する所見
②特別活動に関する事実及び所見
③行動に関する所見
④児童の特徴・特技、学校内外におけるボランティア活動など社会奉仕体験活動、表彰を
　受けた行為や活動、学力について標準化された検査の結果等指導上参考となる諸事項
⑤児童の成長の状況に関わる総合的な所見
　記入に際しては、児童生徒の優れている点や長所、進歩の状況などを取り上げることに留意する。ただし、児童生徒の努力を要する点などについても、その後の指導において特に配慮を要するものがあれば端的に記入する。

話し合ってみよう！

学習評価について、自分ならどのように指導に生かすか考えてみよう。

まとめてみよう！

学習評価の基本となる指導要録における学習評価について整理してみよう。

5 学校における評価規準の設定と評価方法の工夫改善

教師が児童生徒の学習状況を的確に把握し指導の改善に生かすためには、学習指導要領に示す目標・内容等の理解を深め、単元や題材などの指導計画の中に評価規準を適切に位置付けることが必要となる。指導要録通知においては、各教科、学年や分野ごとに評価の観点及びその趣旨が提示されており、これらを参考として設定することが必要である。

評価規準は、観点別学習状況の評価を効果的かつ適切に行うため、学習指導要領に示す目標の実現状況を判断するためのよりどころである。単元や題材のねらいが児童生徒の学習状況として実現された姿を具体的に想定することが必要であり、その状況を示したものが評価規準と捉える。つまり、評価規準は「何を評価するのか」という質的な判断の根拠となるものと言える。評価規準に表されている実現状況は、学習指導要領に示す目標・内容が確実に身に付いているかを評価し学習指導の改善につなげていく観点から「おおむね満足できる」状況と判断されるもの（B）として捉えることに留意する。

> ■評価規準について
>
> 　平成3（1991）年3月の指導要録の通知において、観点別学習状況の評価が効果的に行われるようにするために、「各観点ごとに学年ごとの評価規準を設定するなどの工夫を行うこと」と示され、学習指導要領に示す目標の実現の状況を判断するためのよりどころを意味するものとして、「評価規準」の概念が取り入れられた。

ルーブリックという評価法においては、質的な判断の根拠となる評価規準（criterion）と、「どの程度達成しているか」という量的・尺度的な判断の根拠となる評価基準（standard）とを設定する。そこでは、どのような実現状況のときに十分満足A、概ね満足B、努力を要するCとなるのかなど、パフォーマンスの実現状況を示す評価基準表が作成される。

評価方法の工夫に当たっては、児童生徒による自己評価や児童生徒同士の相互評価を生かすことも有効である。これらは、児童生徒が自分自身や他者を評価したり、他者からの評価を受け止めたりすることにより、自分自身のよい点や可能性に気付くなど「主体的に学習に取り組む態度に係る資質・能力の育成やその評価において役立つことが考えられる。

6　指導要録の変遷（小・中学校）

(1) 昭和 46（1971）年通知（昭和 43・44（1968・1969）年改訂学習指導要領）

・各教科の学習の記録は、「評定」、「所見」、「備考」により構成。

・「評定」は、学習指導要領に定める目標に照らして、学級又は学年における位置付けを評価（「絶対評価を加味した相対評価」）。

・「所見」は、学習において認められた特徴を、他の児童生徒との比較ではなく、その児童生徒自身について記録。観点について各教科の指導の結果に基づいて評価（観点の欄に比較的優れているものに○印、比較的劣っているものに×印）。

・「備考」は教科の学習について特記すべき事項がある場合に記入。

(2) 昭和 55（1980）年通知（昭和 52（1977）年改訂学習指導要領）

・各教科の学習の記録は、「評定」「観点別学習状況」「所見」により構成。

・「評定」は、学習指導要領に定める目標に照らして、学級又は学年における位置付けを評価（「絶対評価を加味した相対評価」）。

・「観点別学習状況」は、学習指導要領に定める目標の達成状況を観点ごとに評価。各教科に共通する観点として「関心・態度」が追加。

・「所見」は、教科の学習について総合的に見た場合の児童生徒の特徴や指導上留意すべき事項を記入。

(3) 平成 3（1991）年通知（平成元（1989）年改訂学習指導要領）

・各教科の学習の記録は、「観点別学習状況」「評定」「所見」により構成。

・「観点別学習状況」は、学習指導要領に定める目標に照らしてその実現状況を観点ごとに評価。「関心・意欲・態度」「思考・判断」「技能・表現」「知識・理解」の 4 観点に整理。

・「評定」は、学習指導要領に定める目標に照らして、学級又は学年における位置付けを評価（「絶対評価を加味した相対評価」）。

・「所見」は、教科の学習について総合的に見た場合の児童生徒の特徴や指導上留意すべき事項を記入。その際、児童生徒の長所を取り上げることが基本。

(4) 平成 13（2001）年通知（平成 10（1998）年改訂学習指導要領）

・各教科の学習の記録は、「観点別学習状況」「評定」「総合所見及び指導上参考となる諸事項」により構成。

・「観点別学習状況」は、学習指導要領に定める目標に照らしてその実現状況を観点ごと

に評価。「関心・意欲・態度」「思考・判断」「技能・表現」「知識・理解」の４観点を継承。

・「評定」は、学習指導要領に定める目標に照らしてその実現状況を総括的に評価する目標に準拠した評価へ転換。

・「総合所見及び指導上参考となる諸事項」は、児童生徒の状況を総合的に捉える。その際、児童生徒の優れている点や長所、進歩の状況などを取り上げることを基本。

（5）平成 22（2010）年通知（平成 20（2008）年改訂学習指導要領）

・各教科の学習の記録は、「観点別学習状況」「評定」「総合所見及び指導上参考となる諸事項」により構成。

・「観点別学習状況」は、学習指導要領に定める目標に照らしてその実現状況を観点ごとに評価。「関心・意欲・態度」「思考・判断・表現」「技能」「知識・理解」の４観点に整理。

・「評定」は、学習指導要領に定める目標に照らしてその実現状況を総括的に評価。

・「総合所見及び指導上参考となる諸事項」は児童生徒の状況を総合的に捉える。その際、児童生徒の優れている点や長所、進歩の状況などを取り上げることを基本。

■学習評価の形態（相対評価、絶対評価、個人内評価）について

「相対評価」は、学級や学年などある集団の中における位置付けを表すもの（集団に準拠した評価ともいわれる）。正規分布曲線により、５段階評価では上位下位の各 7％が 5 と 1、次の上位下位の各 24％が 4 と 2、残り 38％が 3 という割合で評価。平成 13（2001）年通知により「評定」が絶対評価を加味した相対評価から目標に準拠した評価に転換。）

「絶対評価」は、「相対評価」の対となる概念として、集団に準拠した評価ではないとの意味で用いられる。「個人内評価」や「目標に準拠した評価」も「絶対評価」と呼ばれている。

「個人内評価」は、児童生徒一人一人の長所や成長の様子について評価するもの。目標に準拠した評価で測れないような進歩の状況についても評価が可能。

まとめてみよう！

現在の指導要録に至るまでどのような変遷をたどってきたか整理してみよう。

▶〈学びの確認〉

(1) 学習評価の意義や新学習指導要領の下での学習評価の考え方を説明してみよう。

(2) 学習指導要領の各教科の目標と内容、指導要録の通知で示された評価の観点及びその趣旨について整理してみよう。

▶〈発展課題：評価計画の作成〉

実際の単元や題材を考えて、評価規準を設定した指導計画を作成してみよう。

[注]

1　「幼稚園、小学校、中学校、高等学校及び特別支援学校の学習指導要領等の改善及び必要な方策等について（答申）」（平成 28 年 12 月 21 日中央教育審議会）

2　「児童生徒の学習評価の在り方について（報告）」（平成 31 年 1 月 21 日中央教育審議会初等中等教育分科会教育課程部会）

3　30 文科初第 1845 号「小学校、中学校、高等学校及び特別支援学校等における児童生徒の学習評価及び指導要録の改善等について」（平成 31 年 3 月 29 日付け初等中等教育局長通知）

カリキュラム・マネジメントの概念と意義
カリキュラム・マネジメントとは何をすることか？ その意義は何か？

田村知子

【本講のポイント】

　本講では、カリキュラム・マネジメントの概念を知り、その意義を検討する。教師は 1 単位時間だけにとらわれず、教育課程全体を見渡す視野が必要である。各学校は、学習指導要領の理念を実現し、子どもの資質・能力を育成するために、教育課程を編成し、実施し、評価・改善する営みを、物的・人的な体制整備も含めて、組織的・継続的に行わなければならない。

1 授業の中にみえるカリキュラム・マネジメント

（1）教えることと学ぶこと

　日本の教科書と教師用指導書はよくできている。学習指導要領に則って制作されており、これを使えば、授業を流し、一通りの指導内容をこなすことが可能である。ただし、「授業を流す」「指導内容をこなす」というのは教師側からの見方である。教わる子どもの側から見れば、「流された授業」「こなされた指導内容」から、本当に学ぶべきことを学んでいるのだろうか、という疑問が呈される。教師によって「教えられたこと」と子どもによって「学ばれたこと」は必ずしも一致しない。つまり、教師は教えたつもりでも、子どもは学んでいないかもしれない。したがって、重要なのは「子どもが学ぶこと」に注目することである。教師は授業を行うわけであるが、そこで子どもたちが、何をどのように学び、その結果、どのような資質・能力を身に付けていくのだろうか。このような問いを教師は常に持って授業を設計し実施する必要がある。そして、それらの問いと、カリキュラム・マネジメントは深い関係にある。

（2）主体的・対話的で深い学びとカリキュラム・マネジメント

　中央教育審議会答申「幼稚園、小学校、中学校、高等学校及び特別支援学校の学習指

要領等の改善及び必要な方策等について（平成 28（2016）年 12 月 21 日）」（以下「答申」
という）には、「主体的・対話的で深い学びの実現」の項において、次の一節がある。「学
習指導要領が目指すのは、学習の内容と方法の両方を重視し、子供たちの学びの過程を質
的に高めていくことである。単元や題材のまとまりの中で、子供たちが『何ができるよう
になるか』を明確にしながら、『何を学ぶか』という学習内容と、『どのように学ぶか』と
いう学びの過程を、前項（2）において述べた『カリキュラム・マネジメント』を通じて
組み立てていくことが重要になる」

　ここからは、カリキュラム・マネジメントの働きの一つは、「主体的・対話的で深い学
び」を実現する学びの過程を組み立てていくことであることがわかる。教育実習生や新任
教師はついつい 45 分間あるいは 50 分間の 1 単位時間をどうやってうまく流そうか、とい
うことに傾注しがちである。しかし、「主体的・対話的で深い学び」は 1 単位時間だけを
見つめていても実現は難しい。単元や題材のまとまり全体を把握し、その単元や教材全体
の目標を設定し、1 単位時間ごとの役割を考える。子どもの実態（レディネスなど）を踏
まえた上で、授業を設計する。どの時間に子どもに単元を貫くような問いや課題をもたせ
るか、どの時間に個人で調べさせ考えさせるか、どの時間に全体交流を行い考えを練り上
げさせるのか等々を考えて単元全体のストーリーを構成する。そして、単元を通して、子
どもは何を学びどのような資質・能力を育むことができたのかを評価する（学習評価）と
ともに、自らが設計した単元と授業はこれでよかったのか、改善するべき点はないかとい
う評価（授業評価、カリキュラム評価）も行い、次の単元づくりや来年度の単元づくりに
生かしていく。しかも、学校や学級、あるいは個々の子どもによって実態は異なるので、
子どもの実態に合わせ、形成的評価を行いながら、単元を修正しながら実施する必要もあ
る。このような単元レベルでの授業の組み立てと実践は、カリキュラム・マネジメントの
対象の最小単位であり、授業を担当する教師は誰でも行うべきカリキュラム・マネジメン
トなのである。

(3) 教科等横断的な視点によるカリキュラム・マネジメント

　学校のカリキュラムは、教科等に分かれておりそれぞれ固有の内容があるが、教科等を
関連付けて授業を行うことが有効な場合がある。例えば、言語能力のようにすべての教科
等の基盤となる能力がある。言語能力の育成においては、国語科や外国語科が中心的な役
割を果たすが、その他の教科等の言語活動においても言語能力は発揮され育まれるもので
ある。さらに、複雑で変化の激しい予測困難な社会において、現代的な諸課題に対応して
「主権者として求められる力や、安全・安心な生活や社会づくりに必要な資質・能力」の
育成や、グローバル化の進行の中で「自国や他国の言語や文化を理解し、日本人としての
美徳やよさを生かしグローバルな視野で活躍するために必要な資質・能力」の育成などが
求められている。これらの資質・能力は答申において、次のように例示されている。

「健康・安全・食に関する力」「主権者として求められる力」「新たな価値を生み出す豊かな創造性」「グローバル化の中で多様性を尊重するとともに、現在まで受け継がれてきた我が国固有の領土や歴史について理解し、伝統や文化を尊重しつつ、多様な他者と協働しながら目標に向かって挑戦する力」「地域や社会における産業の役割を理解し地域創生等に生かす力」「自然環境や資源の有限性等の中で持続可能な社会をつくる力」「豊かなスポーツライフを実現する力」である。これらの資質・能力は、特定の教科のみで育まれるものではなく、複数の教科・領域で育まれる、すなわち教科等横断的なテーマである。例えば、「健康・安全・食に関する力」は、保健体育科、理科、美術、家庭科、社会科、道徳、特別活動などで育むことができるし、国語や英語でも健康や安全、食に関わる教材があれば、国語科や英語科の目標を達成しつつ、これらの力を育むことに貢献することができる。教科等横断的に育まれる資質・能力を、どの教科・領域において、何学年で、どれくらいの時間をかけて、どのように育んでいくのかを考えるのは、各学校の役割であり、それがカリキュラム・マネジメントの機能の一つである。

確認してみよう！

小学校（中学校）学習指導要領解説「総則編」の「付録」に、「伝統や文化に関する教育」「主権者に関する教育」など13分野について、それぞれ各教科等においてどのような内容事項が位置付けられているかについての一覧表が示されている。どのような教科が位置付けられているか、確認してみよう。

以上、答申が「管理職のみならず全ての教職員が『カリキュラム・マネジメント』の必要性を理解し、日々の授業等についても、教育課程全体の中での位置付けを意識しながら取り組む必要がある」と述べる理由が理解できるだろう。

2 組織的なカリキュラム・マネジメント

(1) 学習指導要領におけるカリキュラム・マネジメントの定義

小学校学習指導要領においては、カリキュラム・マネジメントは次のように記述されている（中学校・高等学校も同様の内容）。

■「小学校学習指導要領（平成29年告示）」総則 第1の4
　各学校においては、児童や学校、地域の実態を適切に把握し、教育の目的や目標の実現に必要な教育の内容等を教科等横断的な視点で組み立てていくこと、教育課程の実施状況を評価してその改善を図っていくこと、教育課程の実施に必要な人的又は物的な体制を確保するとともにその改善を図っていくことなどを通して、教育課程に基づき組織的かつ計画的に各学校の教育活動の質の向上を図っていくこと（以下「カリキュラム・マネジメント」とい

う。）に努めるものとする。

　本講の ❶ では、教師一人一人がカリキュラム・マネジメントを行う必要性を強調したが、上の記述を見れば、カリキュラム・マネジメントは本来、各学校が組織的に行う営みであることがわかる。子どもは、一人の教師だけに育てられるわけではない。授業に対する一人一人の教師の個性と努力は不可欠ではあるが、同時に、学校の教職員全体で子どもたちを育てるという視点も必要である。例えば、1年生で学んだことは2年生での学びの土台になる。1学年の担任は2年生での学びを見通して、その土台となることを意識しながら1年生の授業を行った方が効果的であるし、2年生の担任は1年生での学びを把握した上でその上に2年生の学びを積み上げていくという意識をもった方が、児童生徒の実態に即した学びを実現しやすくなる。1年生と2年生のカリキュラムはつながっているのである。そして、意識してつなげる必要があるのである。そのとき、1年生と2年生の教師同士がコミュニケーションをとり、どのようにつなげていくかを話し合うと効果的である。教科等横断的なテーマも同様である。教科等横断的なテーマについて、各教科の教師が担当教科における該当箇所を把握して個人的に実践するだけでなく、異教科の教師相互に情報交換を行って、内容や育てる資質・能力の重なりや関連を把握し、自らが担当する教科ではどのようなアプローチをするか考えた方が、効果的であろう。そのような縦（系統性）・横（教科等横断性）の学びのつながりのあるカリキュラムを計画し、教師同士が情報交換や協力をしながら実践していくことが、学校組織としてのカリキュラム・マネジメントの働きである。

(2) 側面1：教科等横断的な視点によるカリキュラムデザイン

　学習指導要領におけるカリキュラム・マネジメントの定義には、三つの側面が示されている。一つ目の側面は「教育の目的や目標の実現に必要な教育の内容等を教科等横断的な視点で組み立てていく」ことである。この点の重要性ついては既に述べたが、若干の説明を加えておく。各教科等には、それぞれ固有の見方・考え方があるが、共通性や関連性もある。急速かつ予測不可能に変化する時代のなかで、これからは、育成すべき資質・能力を重視していくという方向性が示されている。資質・能力は各教科等に閉じられたものではない。例えば「生きて働く知識・技能」は資質・能力の3本柱の一つであるが、知識が「生きて働く」とは、その知識を習った特定の場面・単元・教科だけでなく、他の教科・領域や生活の場においても使える、ということである（専門的には「学習が転移する」という）。であれば、例えば算数で学んだ知識・技能を、理科や図工、総合的な学習の時間等においても、使える機会を設けた方がよい。また、一つの教科等に収まらない教育課題（キャリア教育、環境教育、命の教育など）も多いが、学校の授業時数は限られている。家庭科にキャリア教育の視点を入れる、理科に環境教育の視点を入れる、といった工夫が

147

必要である。このとき、「横断的・総合的な学習」を行う総合的な学習の時間（高校では「総合的な探究の時間」）は、学校のカリキュラム・マネジメントの「鍵」となる。

(3) 側面2：教育課程の不断の見直しと改善

　二つ目の側面は、「教育課程の実施状況を評価してその改善を図っていくこと」である。これは冒頭の「答申」における記述と重なるものであり、答申においては、これまでも重視されてきた側面だと述べられている。教育課程基準としての学習指導要領は国から告示されるが、学校における教育課程は、各学校が子どもや地域の実態を踏まえて、編成し実施するものである。総合的な学習の時間や特別活動のように、各学校が開発するカリキュラムも存在する。編成も開発も、主体は学校なのである。したがって、学校は、児童生徒によりよい学習経験をさせられるよう、自ら教育課程を編成し（Plan）、実施し（Do）、評価し（Check）、効果的な部分は継続・発展させつつ要改善点は変えていく（Action）、という一連のPDCAサイクルを営み続ける必要がある。学校では毎年4月には教育課程を編成し教育委員会に提出する（Plan）ものの、実際授業をする際には年間指導計画等が十分参照されない場合もある。また、授業はする（Do）ものの、忙しい学校現場にあっては、それを振り返る（Check）余裕がない場合もある。また、学期末や学年末に反省会はする（Check）ものの、どのように改善する（Action）のかよいアイデアが出ないことや、せっかく改善策まで考えた（Action）のに、年度が替わり校長や教職員の異動によって、次の年度の計画（Plan）に十分生かされないといったことがあり得る。P-D-C-A-P-……というサイクルを組織的かつ意識的に確立しないと、個々の教員の実践を通して得られた経験や知恵が学校に蓄積されないというもったいない状況になるのである。

(4) 側面3：教育課程の実施に必要な人的・物的な体制の確保と改善

　三つ目の側面は、「教育課程の実施に必要な人的又は物的な体制を確保するとともにその改善を図っていくこと」である。実際に授業を行おうと思うと、様々な資源が必要なことに気付く。教材・教具は言うに及ばず、ICTや教室環境などの施設・設備によって授業のありようは影響を受ける。保護者の経済的負担を最小限に抑えながら、効果的な授業を生み出すための物的な資源を調達・利用できるよう工夫しなければならない。特に特別活動や総合的な学習の時間は、教室の中だけで収めるべき学習ではない。外部からゲストティーチャーを迎えたり、子どもたちが学校外に繰り出してフィールドワークをすることにより、現実社会の問題に出合わせたり、本物から学んだりすることができる。学校として、学校外部の資源を開拓しなければ、リアルで探究的な学びは実現できない。あるいは、学級を解体して興味・関心別の学習グループを再編成したり、学年を縦割りにした集団を編成したりといった学習組織の工夫が効果的な場合がある。各教科においても、複数の教員が協力しながら一つの授業に臨むティーム・ティーチングや少人数指導のためのク

ラス再編成と教員の組み合わせの工夫など教員の組織体制もマネジメントの対象となる。さらには、授業準備やカリキュラム開発のための教員の時間を生み出すことも、多忙化が問題視され働き方改革が議論されている現在において、特に重要な資源問題である。

考えてみよう！話し合ってみよう！

　教師一人が個業として授業を行うのと、組織の一員として、学校の教育目標や学校として大切にしている授業の在り方などを意識しながら授業を行うのとでは、どのような違いがあるか、考えてみよう。

3　カリキュラム・マネジメントの全体構造図

　「カリキュラム・マネジメント」は平成 29（2017）年告示学習指導要領に初めて明記された。しかし、平成 10（1998）年の学習指導要領改訂ごろから、この考え方は提唱され研究されてきた。カリキュラム・マネジメントは広く複雑な概念なので、筆者は図 1 のモデル図ように視覚的に整理している。これは、国内外の先行研究の理論的検討と量的・質的な実証研究を経たモデル図であり、カリキュラム・マネジメントのシステムを図的に表現している（田村 2011、2016 他）。モデル図は、現実世界を抽象化した模型である。現実には、ただ一つとして同じ学校は存在せず、個別の条件を備え、様々な要因が複雑に絡み合い、1 回限りの事象が絶え間なく起こっている。しかし、その主要な要素と関係性のパターンを簡潔に図式化することにより、共通の分析枠組みを提供し、各学校の共通点や個別性を見出しやすくなる。図 1 には、「ア．教育目標の具現化」「イ．カリキュラムのPDCA」「ウ．組織構造」「エ．学校文化」「オ．リーダー」の要素を包含した学校内のシステムが、学校外の「カ．家庭・地域社会等」「キ．教育課程行政」の要素との相互関係にあるオープンシステムとして描かれている。以下に、各構成要素について概説する。

(1)（要素ア）教育目標の具現化

　カリキュラム・マネジメントの目的は子どもの教育的成長であるが、これでは抽象的に過ぎる。そこで、各学校は、校長が中心となり、より具体的な教育目標や育成を目指す資質・能力を設定する。その際、法令や学習指導要領、子どもや学校、地域の実態を踏まえて学校の教育目標を設定するため、図の左上に補助的に「法令・学習指導要領等、実態把握、課題設定」を位置付けた。当該学校の教職員一人一人が自校の学校教育目標を十分に理解し、これを意識しながら日々の授業や学級活動、学校行事などに臨むことが必要である。そのためには、育成を目指す資質・能力を、具体的な子どもの姿として描いておく。

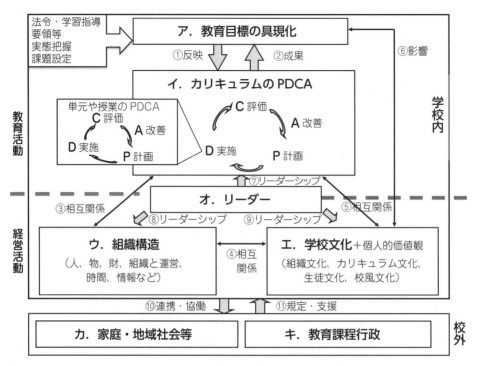

図1　カリキュラムマネジメント・モデル（田村 2011、2016 他）

(2)（要素イ）カリキュラムの PDCA（Plan-Do-Check-Action）

　「イ.カリキュラムの PDCA」は、教育目標を具現化するための具体的な手段（教育の内容・方法）である。教育目標はカリキュラムに反映される（図中、矢印「①反映」）。また、カリキュラム実施の成果は教育目標の達成度である（図中、矢印「②成果」）。「何のために（ア.目標）」と「何をするのか（イ.カリキュラム）」を対応させて考える。目標とカリキュラムが連動しない場合、「教科書をこなす授業」や「例年通りの行事」、「効果を検証できない実践」になる可能性がある。学習指導要領の「カリキュラム・マネジメント」の記述にも、「教育の目的や目標の実現に必要な教育の内容等を教科等横断的な視点で組み立てていくこと」（下線は筆者）という記述がある。

　年間の PDCA サイクルにおいては、一般的には、全体計画や年間指導計画作成までが計画（Plan）段階である。実施（Do）段階とは、単元や授業レベルである。通常は、年度当初に計画し、年度末に評価（Check）・改善（Action）をする場合が多いが、年度途中であっても実践を進行させながら評価・改善を行った方が効果的である。さらに、単元レベルや授業レベルにおいても、短期スパンの PDCA サイクルを繰り返すことを表すため、年間レベルの「D」段階に「単元や授業の PDCA」が補助的に位置付けられている。「総則」の「教育課程の実施状況を評価してその改善を図っていくこと」に対応する。

(3)（要素ウ）組織構造

　カリキュラム・マネジメント理論の特徴の一つは、教育の目標・内容・方法系列（カリキュラム面）の要素（図中「ア」「イ」）と条件整備系列（マネジメント面）の要素（図中「ウ」「エ」「オ」「カ」「キ」）を対応させ一体的に捉える点にある。「総則」には「教育課程の実施に必要な人的又は物的な体制を確保するとともにその改善を図っていくこと」と記されている。カリキュラムを実際につくり動かしていくためには、人的資源（教職員の配置、力量形成など）、物的資源（施設・設備、教材・教具など）、財（予算）、適切な組織体制とその運営、時間や情報などが必要である。これらを「ウ．組織構造」とする。

(4)（要素エ）学校文化（教員の組織文化と児童生徒文化、校風文化等の集合）

　「ウ．組織構造」が経営的要素のハード面だとすれば、「エ．学校文化」はソフト面である。ここでいう学校文化とは、単位学校の教職員が共有している「組織文化」、児童生徒が共有している「生徒文化」、学校に定着した「校風文化」の集合である（堀尾・久冨他1996）。「組織文化」は、子ども観、教育観、カリキュラム観などから成る「カリキュラム文化」と、組織内の関係性に関わる狭義の「組織文化」に分類される。カリキュラム文化では創造性や実験性などが、狭義の組織文化では協働性が、ポジティブに機能する（中留他2005）。学校文化は、目に見えにくいが、カリキュラムに関わる決定や実施、評価に当たって重要な規定要因である。「文化」は継続的に共有された考え方や行動様式を差すが、組織内には当然、共有化には至っていないが少なからず組織に影響を及ぼす個人的な価値観も存在する。「学校文化」や教師の価値観（子ども観、教育観、カリキュラム観など）や姿勢は、時として「隠れたカリキュラム hidden curriculum」（第14講を参照）として機能する。

(5)（要素オ）リーダー

　マネジメントには「他者を通じてパフォーマンスする（マグレッタ、2003、p.301）」という面がある。校長や副校長、教頭、教務主任、研究主任などのリーダー層は、直接、自分がすべての授業をするわけにはいかない。しかも、ひとたび教室に入れば教師一人一人の裁量が大きいのが学校の組織特性である。だからこそ学校では、一人一人の教師が、学校としての目標やカリキュラムを十分に理解し納得した上で、主体的自律的に実践に取り組めるようマネジメントすることが求められる。リーダーシップには、授業を観察して指導・助言するといった直接的に教育活動に働きかける教育的リーダーシップ（矢印⑦）もあれば、人的・物的環境を整備することで間接的に教育活動を支援する管理的リーダーシップ（矢印⑧）や、学校内の人間関係や校風をポジティブなものに変えることで教育活動を活性化する文化的リーダーシップ（矢印⑨）もある。

(6)（要素カ）家庭・地域社会等

「社会に開かれた教育課程」の実現のためには、保護者や地域社会、企業といった外部関係者との協働は、カリキュラム・マネジメントに不可欠の要素である。積極的にコミュニケーションをはかりながら、教育活動への協力・支援を得て、教育活動の質の向上を目指す。逆に、子どもが地域貢献する総合的な学習の時間の実践や、学校が地域の社会教育の場を提供することなどにより、双方に利益のある、「win & win」のパートナーシップを構築することも必要だ。これらの双方向の関係性を、矢印「⑩連携・協働」「⑪規定・支援」で示した。

(7)（要素キ）教育課程行政

「キ.教育課程行政」は文部科学省や教育委員会の営みを指す。例えば学習指導要領や様々な法令はカリキュラム・マネジメントを規定する。行政からの規制もあるが、予算措置や教職員加配、指導主事の学校訪問、集合研修の実施といった支援もある。学校として、どのような資源や支援が必要なのか明らかにして、積極的に行政サイドに働きかけることもあり得る。そのような双方向の関係性を矢印「⑩連携・協働」「⑪規定・支援」で示した。

　冒頭で示した、学習指導要領における記述にモデル図内の要素を照らし合わせてみると次のようになる。

　各学校においては、児童や学校、地域の実態を適切に把握し（**図中の左上**）、教育の目的や目標の実現（**図中のア**）に必要な教育の内容等を教科等横断的な視点で組み立てていくこと（**図中のイ－PD**）、教育課程の実施状況を評価してその改善を図っていくこと（**図中のイ－PDCA**）、教育課程の実施に必要な人的又は物的な体制を確保するとともにその改善を図っていくこと（**図中のウ、エ、カ、キ**）などを通して、教育課程に基づき組織的かつ計画的に各学校の教育活動の質の向上を図っていくこと（以下「カリキュラム・マネジメント」という。）に努めるものとする。

　このモデルの枠組みを用いて、実際の学校の様子を整理・分析してみると面白い。

図中のア：この学校は、教育目標は明確で共有されているだろうか？

図中のイ－P：教科等横断的な教育課程編成が行われているだろうか？

図中のイ－CA：教育課程の実施状況の評価・改善はうまくいっているだろうか？

図中のウ：教職員の力量形成のためどのような校内研修をしているか？教員が研究するための時間をどのように捻出しているだろうか？

図中のエ：教職員は学校としての取組を共通理解して前向きに取り組んでいるだろうか？

図中のカ：学校の教職員と地域の人々はどのように協力しながら教育活動を行っているだ
　　　　　ろうか？

図中のキ：教育委員会の支援はどのようなものがあるのだろうか？

図中のオ：誰がどのようなリーダーシップを発揮しているだろうか？

　そのような目で、教育実習先の学校や勤務校を観察してみよう。

▶〈学びの確認〉

⑴　カリキュラム・マネジメントはなぜ必要なのか。よりよい授業をつくる、という観
　点から考えてみよう。

⑵　各学校が行うカリキュラム・マネジメントとは何をすることなのか。自分の言葉で
　説明してみよう。

▶〈発展課題〉

　カリキュラムマネジメント・モデル（図1）を使って、実習校や勤務校のカリキュラ
ム・マネジメントの様子を観察してみよう。

［引用文献］

田村知子編著『実践・カリキュラムマネジメント』ぎょうせい、2011 年

田村知子・村川雅弘・吉冨芳正・西岡加名恵編著『カリキュラムマネジメント・ハンドブック』ぎょう
　せい、2016 年

中留武昭編『カリキュラムマネジメントの定着過程』教育開発研究所、2005 年

堀尾輝久・久冨善之他『講座学校 6　学校文化という磁場』柏書房、1996 年

マグレッタ, ジョアン（山内あゆ子訳）『なぜマネジメントなのか』ソフトバンクパブリッシング、2003
　年（Joan Magretta with the collaboration of Nan Stone, *What Management Is*" 2001）

第18講

カリキュラム・マネジメントの方法

カリキュラム・マネジメントはどのように進めればよいか？

田村知子

【本講のポイント】

　カリキュラム・マネジメントは組織的な営為である。教員は組織の一員として、学校の教育目標や教育課程の編成方針を理解して授業に反映させる必要がある。資質・能力を教育課程全体で育成するため、教科横断的なカリキュラム設計が求められている。教育の質を改善していくためにはカリキュラムの計画や評価が欠かせない。教育活動に必要な人的・物的資源の活用や開発も求められている。本講では、それらの方法を考える。

1 全教職員が参加して行う特色づくり

　学習指導要領改訂の考え方を示した中央教育審議会答申「幼稚園、小学校、中学校、高等学校及び特別支援学校の学習指導要領等の改善及び必要な方策等について（平成28 (2016) 年12月21日）」（以下「答申」という）には、カリキュラム・マネジメントについて「各学校には、学習指導要領等を受け止めつつ、子供たちの姿や地域の実情等を踏まえて、各学校が設定する学校教育目標を実現するために、学習指導要領等に基づき教育課程を編成し、それを実施・評価し改善していくこと」と定義した。そして、次のように三つの側面を挙げた。

①各教科等の教育内容を相互の関係で捉え、学校教育目標を踏まえた教科等横断的な視点で、その目標の達成に必要な教育の内容を組織的に配列していくこと。（以下「側面①」という）

②教育内容の質の向上に向けて、子供たちの姿や地域の現状等に関する調査や各種データ等に基づき、教育課程を編成し、実施し、評価して改善を図る一連のPDCAサイクルを確立すること。（以下「側面②」という）

③教育内容と、教育活動に必要な人的・物的資源等を、地域等の外部の資源も含めて

活用しながら効果的に組み合わせること。（以下「側面③」という）

本講では、これら三つの側面に即して、カリキュラム・マネジメントの方法を論じる。

(1) 一つひとつ実態の異なる学校

学校は一つとして同じではない。児童生徒の心身の発達や能力等、学校規模や教職員の状況、地域の生活条件環境や教育資源など、条件は多様である。それぞれ課題も異なる。そして、状況は刻々と変化する。カリキュラム・マネジメントは、そのような学校の状況を踏まえた上で、学校の課題をよりよく解決していく営みであるため、その方法は固定的・静態的なものではない。各学校や教員が課題や状況に応じて方法も開発するのである。その過程で、特色ある学校がつくられていく。

(2) 教職員一人一人が当事者

カリキュラム・マネジメントは、授業を担当する者全員がその主体者、当事者である。日々の授業実践は、授業者に委ね任される部分が大きいが、それらは学校の教育課程全体の中に整合性を持って位置付けられている必要がある。そこで、すべての教職員が組織としてのカリキュラム・マネジメントに参加することになる。まず、教員一人一人が、学校や学年、教科部会や校務分掌といった組織の一員であることを自覚することである。そして、学校組織が掲げる学校教育目標や力を入れる教育活動、学校が行う研究の内容、学校にある多様なデータなどに関心を寄せることである。そして、目標や方針、データ分析結果をどのように授業に取り入れ生かしていけるかを考えながら、日々の実践に臨むことである。学級担任は、学級経営案を作成する際、学校教育目標や学校としての教育方針をそれに反映させる。

学校管理職や教務主任・研究主任といったリーダー層の立場から見れば、教職員一人一人が学校の目標や方針を十分理解・納得できるようにする手立てを打つことが必要である。データを分析してわかりやすく視覚的に示したり、目標を誰でも唱えやすいキャッチフレーズで表したり、目標や方策をビジョンとしてわかりやすく表現した1枚のグランドデザインに描き出したりする。その際、全教職員を巻き込んで学校のよいところや課題を洗い出し、どのような学校づくりをしたいかを語り合うような校内研修の場を設けたりする。

2　側面②：計画・実施・評価・改善のマネジメント・サイクル

(1) 評価と計画の接続と各種データの重要性

授業実践のためには、授業を支える教育課程を編成（Plan）し、実施（Do）し、評価（Check）し、改善（Action）するという、いわゆるPDCAサイクルを不断に、しかも上昇志向で営み続ける必要がある。その際、「子供たちの姿や地域の現状等に関する調査や

各種データ等に基づ」いて行う必要がある（答申）。教育課程の編成も評価も感覚的に行うものではなく、根拠となる事実やデータを収集・分析し、そこから編成方針や改善方策を考えるのである。

　学校には、学力調査や体力テスト、Q-U調査、学校評価に関わるアンケート調査など多種多様なデータが存在する。これらを教職員が協働して分析し、生徒や学校及びカリキュラムの強みや成果、弱みや課題を明らかにする。その上で、何に力を入れるべきか、現行の実践の強化すべき点や要改善点を探る。調査や分析は、教育課程編成に先立って行うことが必要である。つまり、前年度の間に行われた調査や分析の結果を反映して前年度の教育課程が評価され、その改善策として今年度の教育課程が編成されるのである。そのように考えると、PDCAサイクルは、「P」から始まる、と固定的に捉えるのではなく、「C」から始まるCAPDサイクルと捉えたり、RV-PDCA（R=Research、V=Vision）サイクルと捉えたりした方が、ある意味自然な流れであり、年度間のスムーズな接続に資するといえる。

(2) 授業担当者・担任としてPDCAサイクルにどう関わるか

　評価のための事実やデータは、調査からだけ得るものではない。日々の授業の中での児童生徒の姿や記述物、教師としての気付きといったものは生の質的なデータである。普段から、児童生徒の反応や気になった発言をメモしたり、児童生徒による振り返り用紙や小テスト、作文などの記述などを積極的に収集したりして、それらから、効果や要改善点を考える、それらの気付きや改善事項を単元指導計画などに朱書きで書き記しておくといったことを心がけたい。学校現場では授業や生徒指導などに忙しく、授業の振り返りの時間をとるのは難しいが、単元や題材のまとまりの最後などには行いたい。板書の写真を撮影するのは比較的手軽な記録方法である。また、学校によっては、教科部会や学年部ごとに、教員が作成した教材や反省事項を書き込んだ指導計画などを共有したり次の学年に引き継いだりする仕組みを構築している（田村他2011、田村2014、田村他2016）。

(3) 授業研究でカリキュラムづくりの力を磨く

　我が国の多くの学校では伝統的に授業研究が行われている（特に小中学校では大半の学校で実施されている）。授業研究で公開される授業は1単位時間だが、通常は単元指導計画が作成され、そこに公開授業（本時）が位置付けられるため、単元全体の検討に結び付けることができる。さらに視野を広くして、1年間の指導計画の中での位置付けや、他教科等との関連なども検討することができる。つまり授業研究を、カリキュラム評価・改善の機会とすることが可能である。テーマを設けた学校研究に授業研究を位置付けている学校も多く、そのような学校では、研究テーマに沿った明確な観点で授業づくりや公開授業の事後検討が行われる。複数の教師が同じ授業、同じ子どもたちの様子を観察した上で行

われる事後検討会は、教師の暗黙知が表出され形式知になったり、一人では思い描けなかった新たな展望が見えてきたりするような機会である。このように、授業研究は教師の指導力向上の機会でもある（側面③）。

(4) カリキュラム評価はコミュニケーションの過程

　カリキュラム評価の第一人者である根津朋実は、複数の教師が話し合いながら、「このカリキュラムの目標は何か」「このカリキュラムの代わりになるものはあるか」「どこを直すともっとよくなると思うか」などの問いに対して自由記述式で回答する、簡便なチェックリスト式のカリキュラム評価手法を提案した。その前提には、教師の専門性への信頼があるが、一人だけで問いに応答していく場合、個人の主観が入り込むことは避けられない。そこで、専門家である教師が、複数の目で見て、お互いの見方・考え方を擦り合わせていくプロセスにおいて合意点を探っていく協働的な過程において、質的な評価の信頼性を高めるのである。このように、評価過程における教師間のコミュニケーションは重要である（根津 2006）。

(5) 学校評価の過程とカリキュラム・マネジメントの過程を関連付ける

　現在、すべての学校が、学校教育法第 42 条に基づき、少なくとも年に 1 回は学校評価を行っている。学校評価は、「教育活動その他の学校運営の状況について、自ら評価を行い、その結果を公表する」「自己評価」を基本とし、保護者や地域住民等による「学校関係者評価」や外部の専門家等による「第三者評価」が行われる場合もある。学校評価の評価項目は「学校評価ガイドライン」を参照し各学校で設定される。「学校評価ガイドライン」では、「評価項目・指標等の設定について検討する際の視点となる例」が 12 分野にわたり紹介されているが、その筆頭は「教育課程・学習指導」である。学習指導要領第 1 章総則第 5 学校運営の留意事項には、「各学校が行う学校評価については、教育課程の編成、実施、改善が教育活動や学校運営の中核となることを踏まえ、カリキュラム・マネジメントと関連付けながら実施するよう留意するものとする」とある。「学校評価は学校評価」「カリキュラム・マネジメントはカリキュラム・マネジメント」と別個に考えて実施すると無駄が生じる。すでに法制化され各学校が実施している学校評価のサイクルをうまく利用して、カリキュラム・マネジメントを行うよう提唱されている。

調べてみよう！考えてみよう！

　多くの学校が、学校評価の結果を Web 上で公開している。それらを見て、カリキュラム・マネジメントの三つの側面に関係する項目や指標が位置付けられているか調べてみよう。

（1）カリキュラム関連文書による「見える化」

　グランドデザイン、全体計画、年間指導計画、単元指導計画、月案、週案など、学校には多様なカリキュラム関連文書が存在する。これらのカリキュラム関連文書は、マネジメントのツールとみなして使うことができる。例えば、グランドデザインには、学校教育目標や育成を目指す資質・能力、それらを育成するためのカリキュラム編成方針などが記述されている。そのように、文書に書き表すことによって、多くの人とその内容を共有することができ、議論の俎上に載せることもできる。そこで、それぞれのカリキュラム文書について、どのような形式にし、何をどのように記述していくか、ということが重要となってくる。例えば、学校の教育目標は一般的に抽象的なため達成度がわからないという批判がある。そこで、学校教育目標の下位に「目指す子ども像」として具体的に描く工夫などが考えられる。

（2）単元配列表などの活用

　これからのカリキュラム・マネジメントでは、側面①「教科等横断的な視点で教育内容を配列すること」が重視される。そこで、教科・領域の単元の関連を見出しやすい、「単元配列表」を作成する学校が増えている。

　図1は、そのような単元配列表の典型例である。1学年分の各教科・領域の単元が一覧できる。このような表を作成し、育てたい資質・能力別や、教科等横断的な課題別に色分けするなどして、単元のねらいや目標をより明確にして実践に臨む。指導内容の重なりや連続性がある単元の間を教科等の枠を超えて矢印で結び付け、関連を意識した指導につなげる。場合によっては、指導の時期を変更することも行われている。

　留意したいのは、このような表は、あり得るツールの一つであり、表を作成することで満足しないことである。大切なことは、このような表を「使う」ことで、教師が単元のねらいや意義、系統性や他教科等との関連性などを意識して授業づくりを行うことであり、結果として、子どもたちに教科固有の学びや教科等横断的な学びを保障し、資質・能力が育成されることである。もう一点、このようなカリキュラム文書は、「計画文書」であると同時に、「記録簿」にもなり得る。つまり、折を見て実践を振り返り改善策を練る際に、この表に気付きを書き記し、それを組織で共有したり、次年度に引き継いだりすることができる。カリキュラムの評価・改善のツールとして活用することもできるのである。その際、**2**（4）で先述した通り、教師間のコミュニケーションが欠かせない。

　「単元配列表」以外にも、教科等横断的な学びを意識化させる手立てとして、学習指導案に「関連する他教科等の単元」を記入する欄を設けて意識付けをする、子どもが授業中

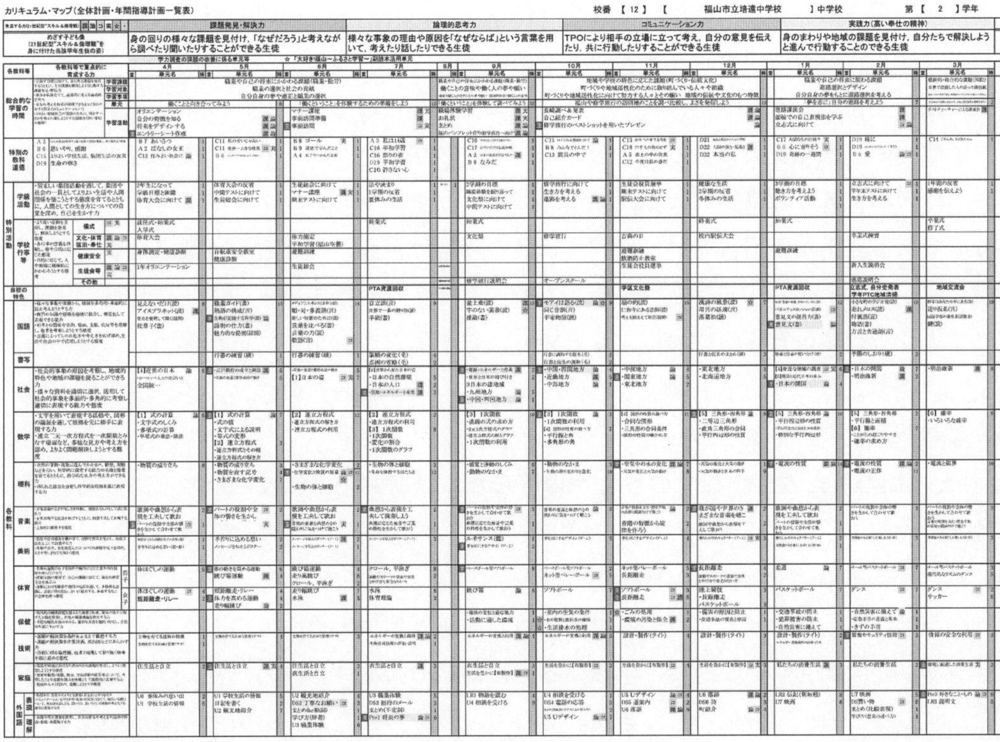

図1　単元配列表の例（福山市立培遠中学校のカリキュラム・マップ）

に他の教科等の学びを使った発言をしていたらすかさず承認して褒める、といったことも考えられる。

4　側面③：教育活動に必要な人的・物的資源の活用

（1）校内の協働体制の構築

　カリキュラム・マネジメントは、校長や教務主任だけが行うものではなく、「全ての教職員が参加することによって、学校の特色を創り上げていく営み」である（答申）。したがって、全教職員の参加と協働が欠かせない。我が国のカリキュラム・マネジメント理論の代表的な提唱者である中留武昭は、協働体制（学校の組織、structure）と協働文化（学校文化、culture）とに分類し、これらを相補関係において捉えた。

　まず、協働体制である。複数の教職員が協働的に授業を創り上げ、ともに同じ授業を観察して討議する授業研究は、学校としての授業の在り方やカリキュラム開発を行う機会であると同時に、個々の教職員の力量を形成する機会でもある。授業研究以外にも、ティーム・ティーチングや、学年組織で取り組む総合的な学習の時間の実践、進路指導部がけん引役となって学校全体を巻き込むキャリア教育の実践など、教員が協働する組織体制が考えられる。教員が協働しやいように、例えば研究推進部の組織に各学年の代表が入るよう

にして研究推進部と学年の意思疎通経路を確保する、時間割の中に会議時間を組み込むことにより話し合いの時間を確保するなどである。

次に協働文化である。中留は、ウチとソトに開かれた協働文化が、マネジメントサイクルを動態化する媒介要因であると主張した（中留2003他）。つまり、教員相互の、そして学校内外の関係者との協働的な雰囲気づくりがカリキュラム・マネジメントの鍵を握るというのである。誰かが困っていれば声を掛け合い助け合う、子どもや授業についての話題で職員室が盛り上がる、若手もベテランも率先して新しい授業に挑戦する、地域の人が学校に出入りし教職員と笑顔で挨拶するといった雰囲気がポジティブに機能するのである。

(2) 学校外とのパートナーシップ

「社会に開かれた教育課程」の理念が掲げられる以前から、学校は地域にあった。学校は地域の資源を活用してきた。特に、総合的な学習の時間においては、その学習対象や課題、教材、人材などを学校外の地域や行政、企業等に求めてきた。よりリアルでダイナミックな学習体験を子どもにさせるためには、学校と地域・その他の人々との間のパートナーシップが欠かせない。逆に、学校の存在は地域の凝集性を高めたり、学校施設を提供したりするなどの役割も果たしてきた。そこで、多くの校長は、日頃から地域の集会や近隣の学校の式典などに顔を出して人脈をつなぎ、学校に対する声に耳を傾ける。反対に、学校からの要望を伝えたり協力を依頼したりすることもある。教職員は、地域の行事などへの参加を呼びかけられることもある。働き方改革との関連で難しい面もあるが、教員の方から積極的に地域に出かけていって、顔見知り、協力者をたくさんつくることが、ひいては学校の応援団を得ることになる。近年では、コミュニティスクールを導入する自治体・学校や、地域学校協働本部の設置などが広がって、学校と地域との連携体制が整えられつつある。

(3) 物的資源と時間的資源

授業とカリキュラムの実践のためには、様々な教材・教具、施設・設備が必要である。それらが授業を規定する場合もある。例えば理科の実験用具が一人に1セットある場合と、5、6人に1セットしかない場合ではどうだろうか。コンピュータやタブレット端末の台数は自治体によって大きく異なる。物的資源を増やすには予算が必要であるため、一朝一夕にはいかないが、諦めるのではなく「このような教育活動のためにはこれが必要だ」ということを授業者である教師が根拠を持って予算化要求することも必要である。学び続け資質・能力を高め続ける教員であるためには、時には県外に出かけて先進的な学校を直に参観することは効果的であり、そのための予算なども必要である。学校が国や自治体の研究指定を受けることで加配教員や予算を獲得できることもある。

なお、学校の人的・物的資源を左右するのは一義的には学校の設置・管理者である教育

委員会である。教育委員会としても、限られた予算の中で教育施策に必要な財源等の獲得に努力している。あるいは教員の学びのために様々な研修機会を設けたり、指導主事による学校訪問指導を実施したりしている。これらの施策を理解し、学校側としても必要な支援を明らかにして教育委員会に働きかけることも必要である。

　最後に、時間的資源は、誰にとっても最も貴重な、そして確保が難しい資源である。会議の精選や出退勤の把握の厳格化、部活動支援員等の活用などいくつかの手が打たれているが決定打がないのが現状である。教師個人としても、教材等の整理や共有、仕事の優先順位の明確化といったことでタイムマネジメントの習慣をつけたい。充実した授業とカリキュラム開発のためには、教師が学び研究する時間は不可欠なのである。

▶〈学びの確認〉
　(1)　カリキュラム・マネジメントの方法の要点をまとめてみよう。
　(2)　カリキュラム・マネジメントの三つの側面ごとに、方法として有効だと思われるアイデアをたくさん考えてみよう。

[引用文献]
田村知子編著『実践・カリキュラムマネジメント』ぎょうせい、2011年
田村知子『カリキュラムマネジメント―学力向上へのアクションプラン』日本標準、2014年
田村知子・村川雅弘・吉冨芳正・西岡加名恵編著『カリキュラムマネジメント・ハンドブック』ぎょうせい、2016年
中留武昭「カリキュラムマネジメントのデザインを創る」「学校経営における協働文化の形成と専門職性の再吟味」中留武昭・論文編集委員会編『21世紀の学校改善』第一法規、2003年
根津朋実『カリキュラム評価の方法―ゴール・フリー評価論の応用』多賀出版、2006年

第19講

カリキュラム・マネジメントの中核─教育課程編成の実際─

学校で教育課程はどのような手順で編成されているか？

高橋正尚

【本講のポイント】

　本講では学校の教育活動の Plan（計画）である教育課程の編成について解説するとともに事例を紹介する。各学校では教育課程編成の手順をどのように進めるか、第10講で学んだ「教育課程編成の基本」と関連付けて理解を深めていく。

1　各学校における教育課程の編成

　各学校が編成する教育課程は、その学校の教育活動全体の基幹となる計画のことである。学校の教育課程の編成は、P（計画）・D（実施）・C（評価）・A（改善）サイクルでいえば P（計画）に当たる（資料1）。学校の教育課程をどのように編成するかは、それぞれ

資料1　Plan と PDCA サイクル

の学校で異なる。一般的には、その学校が目指す教育の理念を学校教育目標として示し、重点を置いて取り組みたい事項を明確にする。その達成に向け、教育内容を組織・配列し授業時数を配当して、各教科等の年間指導計画等の作成を進めていく（資料2）。

2　学校教育目標の設定

(1) 学校教育目標の重要性

　学校における教育活動は各学校の教育目標の実現を目指して行われている。学校教育目標は、国の教育関係法規や学習指導要領、都道府県や市町村が策定する教育の方針、教育計画、教育プラン等を根拠とし、さらに地域の願いや児童生徒の実態、保護者の実態、教職員の意思等を踏まえて作成する。マネジメントでいえば学校教育目標は学校としての事業目標にあたる。学校教育目標の達成には長期的な展望が必要であり、学習指導要領の改

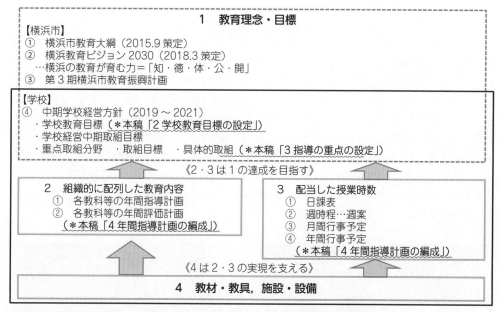

資料2　横浜市の教育・理念・目標と学校における教育課程の編成

訂や都道府県や市町村が作成する教育の方針、教育計画の改訂のタイミングで見直しをすることが多くみられる。

　中央教育審議会「幼稚園、小学校、中学校、高等学校及び特別支援学校の学習指導要領等の改善及び必要な方策等について」（答申）（平成28（2016）年）で「学校教育目標等は、前述した『カリキュラム・マネジメント』の中心となるものである。学習指導要領等が、教育の根幹と時代の変化という『不易と流行』を踏まえて改善が図られるように、学校教育目標等についても、同様の視点から、学校や地域が作り上げてきた文化を受け継ぎつつ、子供たちや地域の変化を受け止めた不断の見直しや具体化が求められる」と示され、学校教育目標の重要性と見直しや具体化の必要性が指摘されている[1]。

(2) 学校教育目標設定上の視点

　教育課程の編成について、中学校学習指導要領（平成29（2017）年告示）解説総則編では、各学校において教育目標を設定する際には、資料3のような視点を踏まえることが

①　法律及び学習指導要領に定められた目的や目標を前提とするものであること。
②　教育委員会の規則、方針等に従っていること。
③　学校として育成を目指す資質・能力が明確であること。
④　学校や地域の実態等に即したものであること。
⑤　教育的価値が高く、継続的な実践が可能なものであること。
⑥　評価が可能な具体性を有すること。

資料3　教育目標を設定する際に踏まえる視点

【コラム】神奈川県横浜市立B中学校の道徳「学校教育目標を理解しよう」[4]

　神奈川県横浜市立B中学校では、学校教育目標を題材とした学習を通して、生徒が学校教育目標の内容を深く理解し、学校の一員としての自覚を高めること、また、読解力を高めることを目的に、3年間の「学校教育目標に関する授業」の指導計画を作成した。1年生では、「理解」をキーワードに、各自で学校教育目標を覚えた後、グループになり、学校教育目標を保護者に知ってもらうための企画を考え、学級内で発表する。2年生では、「解釈」をキーワードに、グループで学校教育目標の意味を理解し、ポスターにする。学級内で各グループがポスターを発表し、最もよいポスターを選出する。3年生では、「表現」をキーワードに、グループで学校教育目標を英語に抄訳する。直訳ではなく、意味が伝わるように工夫し、国際交流の際に、外国の方に紹介する。この授業を指導する教員も必然的に学校教育目標の意義を深く考え、理解するために教員と生徒がともに学校教育目標を共有できる学習プログラムとなった。

学校教育目標を知ってもらうための
企画を考え発表する

学校教育目標をポスターにして発表する

「自主自立」の英訳活動と各学級の代表作品

「自主自立」と書かれたお土産の手ぬぐい

重要となる[2]。

　教育の目的や目標は、教育基本法第1〜2条に定められている。さらに義務教育の目的や目標、各学校種別の教育の目的や目標はそれぞれ、教育基本法と学校教育法に規定されている。

　横浜市の教育のビジョンである、「横浜教育ビジョン2030」[3]の中に、「横浜の教育が育む力」として、「知・徳・体・公・開」の5項目が掲げられている（資料4）。

資料4　横浜の教育が育む力

整理してみよう！考えてみよう！

　自分の通っていた小学校や中学校の今の学校教育目標を調べてみよう。また、「教育目標を設定する際、①〜⑥の視点で、その学校の教育目標をもとに気付いたこと、考えたことをまとめてみよう。

(3) 神奈川県横浜市立A小学校の事例

　神奈川県横浜市立A小学校は、国の教育目的・目標、新学習指導要領で育成を目指す資質・能力横浜教育ビジョンの5項目を踏まえて、学校教育目標を作成している。さらに、地域・保護者や児童の実態を加味し学校教育目標を策定した。

　学校教育目標は、本校のすべての教育活動が目指すべき目標である。関係者がいつもそれを意識することで実現に向けた工夫や努力がより適切に行われる。従来の学校教育目標は内容的には問題なかったのだが、覚えにくいのが難点であった。そこで、教職員をはじめ、児童・保護者・地域にとっても理解しやすく、覚えやすい表現に改めた（資料5）。

調べてみよう！

　「教育振興基本計画」について規定している教育基本法の条文を調べてみよう。また、あなたが住んでいる都道府県や市町村の「教育振興基本計画」には、どんな内容が記載されているか調べてみよう。

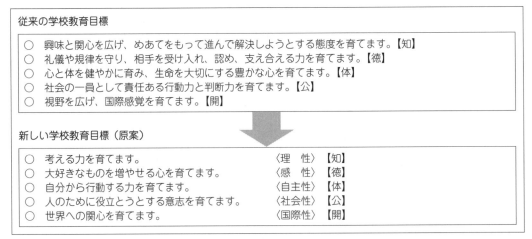

従来の学校教育目標

○ 興味と関心を広げ、めあてをもって進んで解決しようとする態度を育てます。【知】
○ 礼儀や規律を守り、相手を受け入れ、認め、支え合える力を育てます。【徳】
○ 心と体を健やかに育み、生命を大切にする豊かな心を育てます。【体】
○ 社会の一員として責任ある行動力と判断力を育てます。【公】
○ 視野を広げ、国際感覚を育てます。【開】

新しい学校教育目標（原案）

○ 考える力を育てます。　　　　　　　　　　　〈理　性〉【知】
○ 大好きなものを増やせる心を育てます。　　　〈感　性〉【徳】
○ 自分から行動する力を育てます。　　　　　　〈自主性〉【体】
○ 人のために役立とうとする意志を育てます。　〈社会性〉【公】
○ 世界への関心を育てます。　　　　　　　　　〈国際性〉【開】

資料5　従来の学校教育目標と新しい学校教育目標

3　指導の重点の設定

(1) 指導の重点の重要性

　目的地に向かって歩き始めるとき、地図は必需品である。これから、学校教育目標という目的地に向かって進んでいくときの地図が指導の重点である。文部科学省「学校評価ガイドライン」〔平成28年改訂〕は重点化された目標設定が自己評価の始まりであると示している。指導の重点とは、学校教育目標の実現を目指し、学校評価の結果などから総合的に判断して、中期的に重点をおいて取り組もうとする事項である。具体的にいうと、①学校が特に重点をおいて取り組もうとする課題を解決するための方策、②学校が育てたい児童生徒の姿に迫るための方策、などである。

　指導の重点を何年計画で設定するかは学校による。例えば中学校では3年計画で設定することが考えられる。また、数年間を見通して指導の重点を設定した上で、毎年度に到達状況を評価して改善を加えていくことが必要である。また、都道府県や市町村の教育振興基本計画の見直しの時期に合わせて改訂することが求められる。学校によっては重点研究と称し全校をあげて研究活動に取り組むことがある。

(2) 神奈川県横浜市立A小学校の事例

①知・徳・体の具体的な取組

　いま、学校教育では児童生徒に生きる力を育むことが求められている。生きる力は、学校の教育課程全体で育むものである。生きる力の主な要素となる、確かな学力、豊かな人間性、健やかな体の育成をするために、どのように取り組むか組織で検討し、特に重点的に取り組む内容を設定した。その際、知・徳・体どれか一つでなく、バランスよく教育課

程を編成することが極めて重要である。

②学校の特色や課題を反映

　地域や児童の現状から学校の課題や特色が明らかになっているので、それらに関する重点的な取組を設定した（資料6）。

重点取組分野と主担当		取　組　目　標	具　体　的　取　組
確かな学力		考える機会を増やしたり、論理的思考のスキルを鍛えたりして、「考える力」を育てる。	①授業改善を図り、児童の考える力を育成する。 ②学習習慣の定着に取り組む。 ③カリキュラム・マネジメントに取り組む。 ④校内指導体制の工夫に取り組む。
担当	学習指導部		
豊かな心		自己・他者・事象に対して関心をもち、自分にとって「大好きなもの」を探し、気づき、増やせるような感性を育てる。	①道徳の授業や体験活動を通して、道徳教育の充実に取り組む。 ②人権教育の授業や活動を通して確かな人権感覚を育成する。 ③音楽や芸術に触れる活動を通して、豊かな感性や情操を育成する。 ④読書活動の充実に取り組む。
担当	道徳教育係		
健やかな体		生活の自立、体力向上、健康増進、安全な生活を実現するために、「自分から行動する力」を育てる。	①体力の状況を把握し、体力を向上させる。 ②体育的行事やオリンピック・パラリンピック教育を通して、運動意欲を向上させる。 ③生活習慣の改善に取り組む。 ④健康的な生活への意識を向上させる。
担当	体育科部会		
キャリア教育		自信、目標、将来の夢や希望をもち、社会や集団の中での自分の役割を意識する体験を通して「人のために役立とうとする意志」を育てる。	①目標の設定や自己評価を取り入れた学習を通して、自己肯定感を向上させる。 ②社会的スキルの学習や活動を通して、コミュニケーション力を向上させる。 ③様々な集団活動を通して、集団の課題を主体的に解決する力を育成する。 ④将来の目標を意識する活動や地域貢献・社会参画に関する体験に取り組む。
担当	特別活動係		

資料6　指導の重点〔重点取組分野・取組目標・具体的取組〕

4　年間指導計画の編成

(1) 年間指導計画の重要性

　各学校では、学校目標の実現を目指し、指導の重点を踏まえて、年間計画が作成される。年間指導計画とは、特に決まった形式はないが、一般的には小学校の場合は1年から6年、中学校・高等学校の場合は1年から3年まで各教科別に単元名、学習目標、具体的な内容、学習計画、予定される時数などをまとめたものである。

①　各教科会で学年ごとの指導の重点を考慮しながら年間指導計画の原案を作成する。

②　各学年で「各学年における年間指導計画」を作成する。この計画のことを学校現場では「学年別単元配列表」や「学年ごよみ」と呼ぶこともある（資料7）。学校行事や生

徒指導、保健指導等の計画や教科等横断的な視点に立って編成された計画との調整を図りながら単元の配列等を修正する。

③　②で変更されたものに基づいて、各教科会で年間指導計画を完成させる。

年間指導計画はいつごろ、どのような内容を何時間実施すればよいかが分かり、授業の進度を管理することができる。また、教科等横断的な学習を計画する際は、各教科、道徳、特別活動、総合的な学習の時間、学校行事等の関連を一目で確認できる「各学年における年間指導計画」を作成することが多い。

教科等	4月	5月	2月	3月
国語	・カレーライス（5） ・春のいぶき（2）	・発表の仕方（2）	・ ・	・
社会	・わたしたちの暮らしを支える政治（8）	・地域の課題を考える	・	・
道徳	・折り紙でたくさんの笑顔を	・ ・	・社会的スキル	・
特活	・前期の目標	・縦割りグループの開始	・縦割りグループの終了	・なりたい自分
総合	・	・日光での活動計画立案【課題】	・	・
教科横断的な内容〔人権教育〕	・人間関係形成・社会形成能力【関係】 ・自己理解・自己管理能力【自己】 ・課題対応能力【課題】			

資料7　「各学年における年間指導計画」【6学年】の例

(2) 神奈川県横浜市立A小学校の事例

神奈川県横浜市立A小学校の年間指導計画編成の手順は、①～⑥のとおりである。

①教育課程編成の方針　　→　②授業時数、校時表、年間行事予定等の決定　→
③年間指導計画の原案作成　→　④学年別担元配例表の作成　→
⑤年間指導計画の完成　　→　⑥年間評価計画の作成

それぞれの具体的な内容については、次に紹介する。

① 教育課程編成の方針

学校として、教育課程編成の方針を教職員に提示する〈学校〉

ア　学校教育目標の実現のために、大切にしたい点を明示する。

イ　平成31年度からの中期学校経営方針を早めに提示し、学校経営中期取組目標、重点取組

　　分野、取組目標、具体的取組を明確にする。

ウ　教科等横断的な内容をどれにするのかを決定する。

エ　教育課程の編成の手順や工程表を明示する。

オ　教育課程委員会の仕事内容、メンバー、役割等を決定する。

カ　年間行事計画の基本的な方針を提示する。

② 授業時数、校時表、年間行事予定等の決定

授業時数、校時表、年間行事予定等の決定〈教育課程委員会〉		
ア　各学年の総授業時数	イ　各教科等の総授業時数	ウ　年間行事予定
エ　月間行事予定	オ　週時程	カ　日課表

③ 年間指導計画の原案作成

　ア　教科等横断的な内容

教科等横断的な内容〈教育課程委員会〉
○教育課程委員会が、「年間指導計画」原案を作成する。（A小学校では、例えば、思考スキルを高める言語活動を授業の中に取り入れる。） ○教育課程委員会で各内容の実施学年、実施教科、実施時間等を提案する。

　イ　各教科

教科〈教科会〉、道徳〈道徳担当〉
○学校としての「年間指導計画・年間評価計画」の統一フォーマットを決めておく。 ○各教科会が、教科書をもとに「年間指導計画・年間評価計画」の原案を作成する。 ○各教科会が、上記ア教科等横断的な内容の計画を各教科の「年間指導計画・年間評価計画」原案に反映する。

　ウ　総合的な学習の時間・特別活動

総合的な学習の時間〈総合担当〉、特別活動〈特活担当〉
○特活部会、総合的な学習部会が、特別活動、総合的な学習の時間の「年間指導計画・年間評価計画」を原案とする。 ○特活部会や総合的な学習部会が、上記ア教科等横断的な内容の計画に反映する。特別活動、総合的な学習の時間の「年間指導計画・年間評価計画」原案に反映する。

④ 学年ごとに年間指導計画の検討〈学年〉

⑤ 学年別担元配例表の作成〈学年〉

　ア　教科等（道徳、総合、特活を含む）の単元を月毎に表に入れる。

例　国語科　年間指導計画・年間評価計画（K 小学校）

2 学年　　年間総時数：315 時間（読書指導の 35 時時間を含む）　　使用教科書：「国語」光村図書				
月	時間	単元教材	目標	評価規準
4	1	じゅんばんにならぼう	興味をもって、大事なことを落とさないようにきくことができる。	【知識・技能】 ・事物の内容を表す働きがあることに気づいている。 【思考力・判断力・表現力等】 ・何の順に並ぶのかを、集中して聞いている。（聞くこと） 【学びに向かう力・人間性等】 ・進んで友達と声をかけ合ったり、聞こうとしたりしている。
	2	ふきのとう	人物の行動を中心に想像を広げて読み、語のまとまりや響きに気をつけて音読する。	【知識・技能】 ・物語を読み、音読のしかたを工夫しようとしている。 ※…音読は今回の改訂で、「知識・技能」として整理された。 ・主語・述語のまとまりで読んでいる。 【思考力・判断力・表現力等】 ・絵を見て、つながりのある文を書いている。 ・時、場所、登場人物に注意して、おおまかな話の流れに気付いている。 【学びに向かう力・人間性等】 ・内容的なまとまり、繰り返しのリズムなどを楽しんで読んでいる。

※各教科の年間指導計画にどのような事項をどの程度盛り込むかについては学校によって異なる。この例で示した「月」「時間」「単元教材」「目標」「評価規準」に加えて、主な学習活動などが盛り込まれる場合もある。

イ　学校行事等を表に入れる。

ウ　児童生徒指導、保健安全指導、食育等の指導内容を表に入れる。

エ　各指導が効果的になるように配列を修正する。

⑥　年間指導計画の完成〈教科会、各担当〉

　「⑤　学年別担元配例表の作成〈学年〉」のエの修正を反映し、「③年間指導計画の原案作成」のア～ウの各年間指導計画を修正する。

⑦　年間評価計画の完成〈教科会、各担当〉

5　教育委員会への教育課程の届け出等

（1）教育課程に関し学校が作成するもの

　公立学校の教育課程を管理し執行するのは公立学校を設置している地方公共団体の教育委員会である（地方教育行政の組織及び運営に関する法律第 21 条）。また、教育委員会は法令又は条例に違反しない限度において、その所管する公立学校の施設、組織編成、教育課程、教材、その他の学校運営の基本事項について、教育委員会規則を定めるものとされている（地方教育行政の組織及び運営に関する法律第 33 条）。また、学校管理規則で学校が教育課程の編成を行い、教育委員会に届け出あるいは許可を受けることが規定されている。

教育課程	学校教育の目的や目標を達成するために，教育の内容を子供の心身の発達に応じ，授業時数との関連において総合的に組織した学校の教育計画【小学校学習指導要領解説総則編】（学校として作成する）	○教育課程は、各学校が作成する。○公立学校は、設置する教育委員会が定める学校管理規則により、毎年度、教育課程の届出を行う。○様式や内容は各教育委員会により異なるが、例えば、小中学校の場合には、①教育目標②指導の重点、方針③各教科、総合的な学習の時間、学級活動等の時数④学校行事および児童会・生徒会活動等の時数などを、各教育委員会が定める様式等により、前年度の定められた時期までに届けることとされていることが一般的。
全体計画	教科横断・学校全体で取り組むための計画学習指導要領上、道徳教育、総合的な学習の時間、特別活動について全体計画を作成することとなっている。（学校として作成する）	
教科等ごと、学年ごとの指導計画	各教科、道徳、外国語活動、総合的な学習の時間及び特別活動のそれぞれについて、学年ごとあるいは学級ごとなどに、指導目標、指導内容、指導の順序、指導方法、使用教材、指導の時間配当等を定めたより具体的な計画（学級担任、教科担任等が作成）	○年間指導計画や2年間にわたる長期の指導計画から、学期ごと、月ごと、週ごと、単位時間ごと、あるいは単元、題材、主題ごとの指導案に至るまで各種のものがある。
その他学校が作成する計画など	学習指導要領に規定はないが、他の法令や計画等により作成が求められているものなど	○学校安全教育（学校保健安全法）、食に関する指導（食育基本法）などのように、他の法令や、法令に基づく計画等により作成することとされているものもあれば、各学校が独自に作成しているものもある。

資料8　教育課程に関連し学校が作成するもの等[5]

(2) 横浜市立 A 小学校の事例

　横浜市では「横浜市立学校の管理運営に関する規則」で教育長に届け出る教育課程の内容として学校教育目標、指導の重点、年間指導計画、年間評価計画と定めている。2018年度の提出締切は 5 月 18 日であった。

（教育課程の編成及び届出）

第5条　小中学校等の教育課程は、法令並びに学校教育法施行規則（昭和 22 年文部省令第11 号）第 52 条に規定する小学校学習指導要領（同令第 79 条の 6 第 1 項において準用する場合を含む。）及び同令第 74 条に規定する中学校学習指導要領（同令第 79 条の 6 第 2項において準用する場合を含む。）並びに教育委員会が定める基準により、校長が編成する。

2　校長は、前項の規定により編成した教育課程について、次の事項を教育長に届け出なければならない。(1)学校教育目標　(2)指導の重点　(3)年間指導計画　(4)年間評価計画

---

(3) 教育課程と学校運営協議会

　学校には学校運営協議会を設置することができる。その場合には、教育課程の編成の基本的方針について、学校運営協議会の承認を得なければならないと規定されている（地方

教育行政の組織及び運営に関する法律第 47 条の 6）。

調べてみよう！

学校運営協議会について法令をもとに調べてみよう。

▶〈学びの確認〉

(1) 学校で教育課程の編成が必要な理由を考えてみよう。

(2) 教育課程の編成の手順をわかりやすく図でまとめて、自分の言葉で説明してみよう。

(3) 教育課程に関して学校が作成して教育委員会へ提出するものをまとめてみよう。また、この届出が必要な理由を考えてみよう。

[注]

1 中央教育審議会『幼稚園、小学校、中学校、高等学校及び特別支援学校の学習指導要領等の改善及び必要な方策等について』（答申）、2016 年、p.243

2 文部科学省『中学校学習指導要領（平成 29 年告示）解説総則編』東山書房、2017 年、p.245

3 横浜市教育委員会『横浜教育ビジョン 2030』2018 年、p.10

4 高橋正尚・小藤俊樹『成功事例に学ぶ カリキュラム・マネジメントの進め方』教育開発研究所、2019 年、p.220（pp.167－170、小藤執筆分より作成）。

5 文部科学省『小学校の教育課程に関する基礎資料』平成 28 年 4 月 25 日文部科学省教育課程部会小学校部会配布資料、資料 8、p.67

第20講

学級におけるカリキュラム・マネジメント

担任は学級をどのようにカリキュラム・マネジメントしていけばよいか？

村川雅弘

【本講のポイント】

　カリキュラム・マネジメントの捉え方は原則的には学校を単位としたもので、その主体は校長を中心とした教職員全員である。一方で、学級を単位としたカリキュラム・マネジメントも存在する。言うまでもなく、その主体は学級担任である。まず、新任や若手教員は学級のカリキュラム・マネジメントの PDCA サイクルの確立を目指したい。

1　学習や生活の基盤としての学級経営・ホームルーム経営

　平成 20（2008）年小学校学習指導要領は総則の中で「日ごろから学級経営の充実を図り、教師と児童の信頼関係及び児童相互の好ましい人間関係を育てる」（下線は筆者）と述べているが、中学校及び高等学校において下線部分はない。平成 29（2017）年小学校学習指導要領の総則（p.23）の中では「学習や生活の基盤として、教師と児童との信頼関係及び児童相互のよりよい人間関係を育てるため、日頃から学級経営の充実を図ること」が示されている。中学校においても同様に「学習や生活の基盤として、教師と生徒との信頼関係及び生徒相互のよりよい人間関係を育てるため、日頃から学級経営の充実を図ること」と記載されている。なお、高等学校では「学級経営」ではなく「ホームルーム経営」が使われているが、同様のことが書かれている。今次改訂では、小・中・高のいずれにおいても「学習や生活の基盤として、教師と生徒との信頼関係及び生徒相互のよりよい人間関係を育てるため、日頃から学級（ホームルーム）経営の充実を図ること」を重視している。「学級経営」の定義は諸説あるが、ここでは「学級における教育活動の目標を、最も有効に展開し実現するため、教師が教育活動全般の計画を立案し、運営していくこと」「授業を中心とした教育活動目標達成のための条件整備だけでなく、学級でのすべての活動を包括したもの」としておく[1]。

　近年、多くの教育委員会は、求められている授業を実践するのに必要とされる資質・能力を経験年数に応じて具体的に示した「教員スタンダード」を作成・提示し、採用や研修

等で活用している。例えば、高知県では「採用から10年終了まで身に付けるべき到達目標」として「若年前期」（採用から2年目）、「若年後期」（3年から5年まで）、「10年」（6年から10年まで）の3期に分けて示している。この分け方は一般的である。これから教職を目指す学生は「若年前期」を視野に入れ、大学の授業や教育実習に臨むことが有効である。受験予定の都道府県等の教員スタンダードを早い時点で確認しておくことを勧める。

　高知県の場合、4領域（「学級・HR経営力」「学習指導力」「チームマネジメント力」「セルフマネジメント力」）、8能力（「集団を高める力」「一人一人の能力を高める力」「授業実践・改善力」「専門性探究力」「協働性・同僚性の構築力」「組織貢献力」「自己管理能力」「自己変革力」）、50項目を示している。学級経営に関わるものは、領域「学級・HR経営力」、能力「集団を高める力」に該当し、12項目が示されている。集団づくりを進めるとともに、個々の児童生徒の理解と対応を重視していることがわかる（資料1）。

4領域	8能力	番号	到達目標	若年前期	若年後期	10年
1.学級・HR経営力	集団を高める力	1	児童生徒の実態に応じた、よりよい人間関係づくりや集団づくりを理解することができる。			
		2	児童生徒のよさを認め、児童生徒が安心・安全に過ごせる温かい学級・ホームルームづくりに取り組むことができる。			
		3	児童生徒との関わりの重要性を理解し、積極的にコミュニケーションを図ることができる。			
		4	児童生徒に公平かつ受容的・共感的に関わることができる。			
		5	学校教育目標を理解し、その実現に向けた学級経営やホームルーム計画を立てることができる。			
		6	不登校やいじめなどの教育課題について理解し、その予防・解決に取り組むことができる。			
		7	自尊感情を育むための手立てについて理解し、児童生徒の自己肯定感を高める取組を行うことができる。			
		8	教職員や家庭・地域と連携しながら、開かれた学級・ホームルーム経営を進めることができる。			
	一人一人の能力を高める力	9	児童生徒一人一人のよさを見取り、学校生活や学習に対する意欲や興味・関心を引き出すことができる。			
		10	個々の生徒指導上の課題について、その予防・解決に向けた適切な指導・支援を行うことができる。			
		11	児童生徒一人一人の心身の特性や状況、生活環境などを多面的に捉え、個に応じた指導・支援を行うことができる。			
		12	児童生徒の自己実現や将来の夢に向けて、個に応じた適切な働きかけを継続的に行うことができる。			

資料1

考えてみよう！

　学級経営・ホームルーム経営はなぜ必要なのかを考えてみよう。

2　学級のカリキュラム・マネジメント

　カリキュラム・マネジメントの考え方は原則的には学校を単位としたもので、その主体は校長を中心とした教職員全員である。一方で、学級を単位としたカリキュラム・マネジメントも存在する。その主体は学級担任である。新任や若手教員を含めた学級担任が行うべき役割をカリキュラム・マネジメントの枠組みで整理することができる。

　学級担任が担うべき役割として、具体的には、①児童生徒の実態を踏まえた学級教育目標の設定、②その実現のための教科指導（道徳科及び総合的な学習の時間を含む）、特別活動、生徒指導、③集団づくりと学級風土、④教室環境整備、⑤保護者や地域の人との連携・協力、⑥学級事務などが考えられる。これらの資質・能力が「学級経営力」である。

　資料2は新宿区立西新宿小学校の学級のカリキュラム・マネジメントをモデル化したも

のである。第 17 講をはじめ本書全体を通して述べられているカリキュラムマネジメント
のモデル（田村知子 2009）をもとに作成されている。

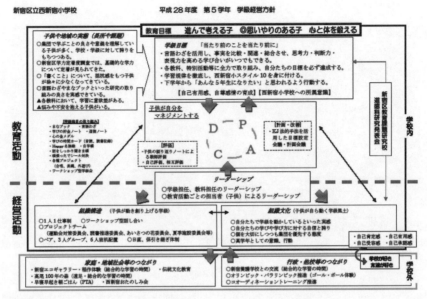

資料 2

　カリキュラム・マネジメントの視点を持って学級経営・ホームルーム経営を行うこと
で、学級経営に関わる諸活動、子ども等の実態を踏まえての学級目標の設定、それを実現
するためのカリキュラム・日々の授業の PDCA サイクルの確立、それを支える集団づく
りや教室環境整備等と学級の雰囲気・風土の醸成、家庭や地域等との連携・協力などを関
連付けて捉え、実践していくことができる。

考えてみよう！話し合ってみよう！

　カリキュラム・マネジメントの考えを生かして、学級経営・ホームルーム経営を行うことの有効
性は何かを考えてみよう。

3　「学級開き」の工夫

　学級のカリキュラム・マネジメントにおいて年度始めの「学級開き」は重要である。
　資料 3 は甲南女子大学 3 年生が平成 31（2019）年 4 月に作成したものである。「学級開
き」の考え方や手立てが特に若い教師の心得として整理されている。左から右にかけて「始
業式前の環境構成」「学級目標の決め方」「掲示物の工夫」「ルールづくり」など、授業の基
盤づくりが挙がっている。右上は保護者からの信頼を得るための手段として「学級通信」
「懇談会」「参観日」の作り方・持ち方が示されている。そして、全体を通して「先輩教師

に学ぶ」「自己のよさを生かす」「子どもと共につくり上げていく」「子ども理解」が挙がっている。学級開きを教師主導で進めていくのではなく「みんなでクラスを作っていこう」「授業でどんなことを大切にしていきたい」と投げかけ、子どもとともに考えたい。

資料3

　このようなワークショップを行う際には、その参加者がその課題に対して具体的な知識や情報、経験を持ち合わせていない場合は、満足のいく成果を得ることは困難である。学級経営や学級開きに関して、特に教育実習前の学生は同様の状態である。その場合は関連書籍を読んだり（学生間でできる限り異なる書籍を読むことが望ましい）、複数の先輩教員から具体的な話を聞いた上で行うことが有効である。

　静岡県立静岡西高等学校では、新入生に対する初期指導を工夫した[2]。それまでは校長や教員からの訓話や説明など教師主導で行われていたが、生徒主体の活動を一部組み入れた。例えば、初日に「仲間づくりのエンカウンター」を行った。4人グループで新聞紙を用い、できるだけ高い塔を作るという単純な活動であるが、多くの中学校から入学し初めて出会った生徒はささやかながらも競争心を煽られ一気に人間関係を構築することができた。

　その後、学級ごとに「クラス目標づくり」を行った。生徒一人一人が付せんに目標を書き、グループで整理し、クラス全体で一本化した。「高めあい、夢に向かって挑戦する～凡事徹底 文武両道～」「自律・信頼・成長・向上」といった目標が掲げられた。その日のアンケートより、例えば、「今日の活動は楽しかった」に対する肯定的回答（「そう思う」及び「まあそう思う」）は98.3％、「仲間の意見を聞くことができましたか」に対する肯定的回答は95.7％であった。学年で歩調を合わせる学級開きは極めて有効である。

4 児童生徒と作る「学級のカリキュラム・マネジメント」

　資料 4 は、神奈川県横浜市の小学校 3 年の教室に貼られていたものである。20 代後半の教員の学級であったが、実によく育っていた。40 人近い児童一人一人がまさに学びに

向かい、積極的に発言し、聴いている時は頷きながら「すごい」「一緒だ」などの適度な返しがある。班での話し合いも活発であった。このような学級づくり、授業づくりに一役買っているのがこの掲示物と考える。一人一人が書いた言葉をそのまま残しておくのも有効である。

資料 4

　例えば、「助け合い・思いやり・やさしさ」（読みやすくするために漢字表記。以下同様）には、「いつも笑顔で頑張る

・・・」「友だちを大切にする ・・・」など、「時刻を守るクラス」では、「いつも 5 分前行動の・・・」「掃除が時間に終わる ・・・」など、「けじめ」では、「メリハリがつけれる ・・・」「け（じめ）や（くそく）き（まり）ができる ・・・」など、目指す学級づくりのための行動目標が具体的に書かれている。これも PDCA の P である。学級のカリキュラム・マネジメントの P を教師と子どもとで作成している。

　このような目標を立てていても時折、子ども同士のもめ事や授業の乱れは起きる。その時に、教師がこの掲示物の前に立ち「最近のみんなはどうかな？」というだけで、子どもたちは自ら気付き、修正しようとするだろう。これは PDCA の CA に相当する。この掲示物を作成から 8 か月近くを経た 12 月でも書かれてある一言一言が鮮明である。「付せんにはサインペンで書く」「具体的な文章で書く」「書きたい内容を文字の大きさを考えて付せんいっぱいに書く」というワークショップの基本的な約束が守られているからである。

　今次改訂では、資質・能力の育成を目指している。学校や教師が与えたものよりも子ども自身が考えた方が自覚され、定着も期待できる。一人一人がどんな力を付けたいのか、どう成長したいのかを明確にし、その達成のためにどんな授業を作っていくのか。子どもとともに作り動かす学級のカリキュラム・マネジメントを目指したい。

　広島県尾道市立因北中学校の各教室の前の黒板の右には「自分たちで創るクラス　自分たちで創る未来～ひとり一人が輝く学級をめざして～○年○組の未来予想図」（資料 5）が掲示されている[3]。

　このクラスの目標は「皆で協力し合って絆を深め責任ある行動ができる笑顔の絶えないクラス」である。まさしく、学級のカリキュラム・マネジメントの目標に匹敵する。その

実現のために日々の授業だけでなく、体育大会や音楽コンクールなどの学校行事についても具体的な目標を設定している。1学期及び2学期の終わりに振り返りを行う。学級のカリキュラム・マネジメントのPDCAサイクルを生徒主体で廻している。

学校全体でこのようなシステムを構築することで各学級のカリキュラム・マネジメントに対して他の教員が協力でき

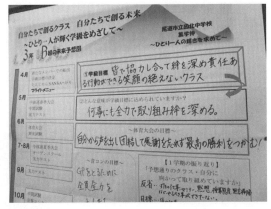

資料5

る。例えば、教科担任が教室に入ってくるとこの掲示物が自ずと目に入る。例えば、この写真のクラスは1学期の振り返りによって設定した目標の一つとして「受験生という自覚を持ち、日々の授業を大切にする」を掲げている。もし、ある日の授業の中で集中力に欠けている状況がみられた場合に、この点の確認を行うことができる。

考えてみよう！話し合ってみよう！

どのような学級づくりを行っていくかを子どもとともに考えることの有効性を考えてみよう。

▶〈学びの確認〉

(1) 学級を単位としたカリキュラム・マネジメントを推進する上で、学級担任が行うべきことを具体的に説明しよう。

(2) 学級開きや学級経営、授業づくりを子ども主体で進めていくことの有効性について、小学校や中学校等の具体的な事例を取り上げて説明しよう。

[注]
1 藤永保監修『最新 心理学事典』平凡社、2013年
2 村川雅弘「高等学校のスタートカリキュラムとアクティブ・ラーニング」、『新教育課程ライブラリⅡ』ぎょうせい、2017年6月号
3 村川雅弘『ワークショップ型教員研修 はじめの一歩』教育開発研究所、2016年、p.123

資料

本書の構成と教職課程コアカリキュラムとの対応表

本書の構成	教職課程コアカリキュラムの項目							
	(1)			(2)			(3)	
	1)	2)	3)	1)	2)	3)	1)	2)
第1講　カリキュラム・マネジメントができる教師					○	○	○	○
第2講　教育課程の意義	○		○	○		○		
第3講　教育課程の基準の必要性と教育課程に関する法令	○		○					
第4講　幕末から戦前までの教育制度と教育課程		○	○					
第5講　教育の再建から教育内容の現代化（戦後1）		○	○					
第6講　人間への着目と社会の変化への対応（戦後2）		○	○					
第7講　学力観の変遷や学力に関する諸調査		○	○					
第8講　総合的な学習の時間の意義と変遷		○	○					
第9講　平成29・30年改訂の学習指導要領 —「社会に開かれた教育課程」の実現—		○	○					
第10講　教育課程編成の基本	○			○	○	○		
第11講　教育課程の実施のための計画と指導の工夫 —主体的・対話的で深い学びを実現する授業—				○		○		
第12講　教育課程と児童生徒への支援				○				
第13講　学校段階等間の接続—スタートカリキュラム等の充実—					○	○		
第14講　カリキュラムの理論				○	○			
第15講　「逆向き設計」論に基づくパフォーマンス課題の開発と活用				○		○	○	○
第16講　学習評価の充実		○						○
第17講　カリキュラム・マネジメントの概念と意義				○	○	○	○	○
第18講　カリキュラム・マネジメントの方法					○	○	○	○
第19講　カリキュラム・マネジメントの中核—教育課程編成の実際—					○	○	○	○
第20講　学級におけるカリキュラム・マネジメント						○	○	○

教職課程コアカリキュラム「教育課程の意義及び編成の方法（カリキュラム・マネジメントを含む。）」

全体目標：	学習指導要領を基準として各学校において編成される教育課程について、その意義や編成の方法を理解するとともに、各学校の実情に合わせてカリキュラム・マネジメントを行うことの意義を理解する。

(1)教育課程の意義

一般目標：	学校教育において教育課程が有する役割・機能・意義を理解する。
到達目標：	1)学習指導要領・幼稚園教育要領の性格及び位置付け並びに教育課程編成の目的を理解している。
	2)学習指導要領・幼稚園教育要領の改訂の変遷及び主な改訂内容並びにその社会的背景を理解している。
	3)教育課程が社会において果たしている役割や機能を理解している。

(2)教育課程の編成の方法

一般目標：	教育課程編成の基本原理及び学校の教育実践に即した教育課程編成の方法を理解する。
到達目標：	1)教育課程編成の基本原理を理解している。
	2)教科・領域を横断して教育内容を選択・配列する方法を例示することができる。
	3)単元・学期・学年をまたいだ長期的な視野から、また幼児、児童及び生徒や学校・地域の実態を踏まえて教育課程や指導計画を検討することの重要性を理解している。

(3)カリキュラム・マネジメント

一般目標：	教科・領域・学年をまたいでカリキュラムを把握し、学校教育課全体をマネジメントすることの意義を理解する。
到達目標：	1)学習指導要領に規定するカリキュラム・マネジメントの意義や重要性を理解している。
	2)カリキュラム評価の基礎的な考え方を理解している。

教育課程関係法令

1．日本国憲法（抄）

第二十六条　すべて国民は、法律の定めるところにより、その能力に応じて、ひとしく教育を受ける権利を有する。

2　すべて国民は、法律の定めるところにより、その保護する子女に普通教育を受けさせる義務を負ふ。義務教育は、これを無償とする。

2．教育基本法（抄）（平成18（2006）年全部改正）

　我々日本国民は、たゆまぬ努力によって築いてきた民主的で文化的な国家を更に発展させるとともに、世界の平和と人類の福祉の向上に貢献することを願うものである。

　我々は、この理想を実現するため、個人の尊厳を重んじ、真理と正義を希求し、公共の精神を尊び、豊かな人間性と創造性を備えた人間の育成を期するとともに、伝統を継承し、新しい文化の創造を目指す教育を推進する。

　ここに、我々は、日本国憲法の精神にのっとり、我が国の未来を切り拓く教育の基本を確立し、その振興を図るため、この法律を制定する。

　　　第1章　教育の目的及び理念
（教育の目的）

第一条　教育は、人格の完成を目指し、平和で民主的な国家及び社会の形成者として必要な資質を備えた心身ともに健康な国民の育成を期して行われなければならない。
（教育の目標）

第二条　教育は、その目的を実現するため、学問の自由を尊重しつつ、次に掲げる目標を達成するよう行われるものとする。

一　幅広い知識と教養を身に付け、真理を求める態度を養い、豊かな情操と道徳心を培うとともに、健やかな身体を養うこと。

二　個人の価値を尊重して、その能力を伸ばし、創造性を培い、自主及び自律の精神を養うとともに、職業及び生活との関連を重視し、勤労を重んずる態度を養うこと。

三　正義と責任、男女の平等、自他の敬愛と協力を重んずるとともに、公共の精神に基づき、主体的に社会の形成に参画し、その発展に寄与する態度を養うこと。

四　生命を尊び、自然を大切にし、環境の保全に寄与する態度を養うこと。

五　伝統と文化を尊重し、それらをはぐくんできた我が国と郷土を愛するとともに、他国を尊重し、国際社会の平和と発展に寄与する態度を養うこと。
（生涯学習の理念）

第三条　国民一人一人が、自己の人格を磨き、豊かな人生を送ることができるよう、その生涯にわたって、あらゆる機会に、あらゆる場所において学習することができ、その成果を適切に生かすことのできる社会の実現が図られなければならない。
（教育の機会均等）

第四条　すべて国民は、ひとしく、その能力に応じた教育を受ける機会を与えられなければならず、人種、信条、性別、社会的身分、経済的地位又は門地によって、教育上差別されない。

2　国及び地方公共団体は、障害のある者が、その障害の状態に応じ、十分な教育を受けられるよう、教育上必要な支援を講じなければならない。

3　国及び地方公共団体は、能力があるにもかかわらず、経済的理由によって修学が困難な者に対して、奨学の措置を講じなければならない。

　　　第二章　教育の実施に関する基本
（義務教育）

第五条　国民は、その保護する子に、別に法律で定めるところにより、普通教育を受けさせる義務を負う。

2　義務教育として行われる普通教育は、各個人の有する能力を伸ばしつつ社会において自立的に生きる基礎を培い、また、国家及び社会の形成者として必要とされる基本的な資質を養うことを目的として行われるものとする。

3　国及び地方公共団体は、義務教育の機会を保障し、その水準を確保するため、適切な役割分担及び相互の協力の下、その実施に責任を負う。

4　国又は地方公共団体の設置する学校における義務教育については、授業料を徴収しない。
（学校教育）

第六条　法律に定める学校は、公の性質を有するものであって、国、地方公共団体及び法律に定める法人のみが、これを設置することができる。

2　前項の学校においては、教育の目標が達成されるよう、教育を受ける者の心身の発達に応じて、体系的な教育が組織的に行われなければならない。この場合において、教育を受ける者が、学校生活を営む上で必要な規律を重んずるとともに、自ら進んで学習に取り組む意欲を高めることを重視して行われなければならない。
（私立学校）

第八条　私立学校の有する公の性質及び学校教育において果たす重要な役割にかんがみ、国及び地方公共団体は、その自主性を尊重しつつ、助成その他の適当な方法によって私立学校教育の振興に努めなければならない。
（教員）

第九条　法律に定める学校の教員は、自己の崇高な使命を深く自覚し、絶えず研究と修養に励み、その職責の遂行に努めなければならない。

2　前項の教員については、その使命と職責の重要性

にかんがみ、その身分は尊重され、待遇の適正が期せられるとともに、養成と研修の充実が図られなければならない。

（家庭教育）

第十条　父母その他の保護者は、子の教育について第一義的責任を有するものであって、生活のために必要な習慣を身に付けさせるとともに、自立心を育成し、心身の調和のとれた発達を図るよう努めるものとする。

2　国及び地方公共団体は、家庭教育の自主性を尊重しつつ、保護者に対する学習の機会及び情報の提供その他の家庭教育を支援するために必要な施策を講ずるよう努めなければならない。

（幼児期の教育）

第十一条　幼児期の教育は、生涯にわたる人格形成の基礎を培う重要なものであることにかんがみ、国及び地方公共団体は、幼児の健やかな成長に資する良好な環境の整備その他適当な方法によって、その振興に努めなければならない。

（学校、家庭及び地域住民等の相互の連携協力）

第十三条　学校、家庭及び地域住民その他の関係者は、教育におけるそれぞれの役割と責任を自覚するとともに、相互の連携及び協力に努めるものとする。

（政治教育）

第十四条　良識ある公民として必要な政治的教養は、教育上尊重されなければならない。

2　法律に定める学校は、特定の政党を支持し、又はこれに反対するための政治教育その他政治的活動をしてはならない。

（宗教教育）

第十五条　宗教に関する寛容の態度、宗教に関する一般的な教養及び宗教の社会生活における地位は、教育上尊重されなければならない。

2　国及び地方公共団体が設置する学校は、特定の宗教のための宗教教育その他宗教的活動をしてはならない。

　　　　第三章　教育行政

（教育行政）

第十六条　教育は、不当な支配に服することなく、この法律及び他の法律の定めるところにより行われるべきものであり、教育行政は、国と地方公共団体との適切な役割分担及び相互の協力の下、公正かつ適正に行われなければならない。

2　国は、全国的な教育の機会均等と教育水準の維持向上を図るため、教育に関する施策を総合的に策定し、実施しなければならない。

3　地方公共団体は、その地域における教育の振興を図るため、その実情に応じた教育に関する施策を策定し、実施しなければならない。

4　国及び地方公共団体は、教育が円滑かつ継続的に実施されるよう、必要な財政上の措置を講じなけれ

ばならない。

（教育振興基本計画）

第十七条　政府は、教育の振興に関する施策の総合的かつ計画的な推進を図るため、教育の振興に関する施策についての基本的な方針及び講ずべき施策その他必要な事項について、基本的な計画を定め、これを国会に報告するとともに、公表しなければならない。

2　地方公共団体は、前項の計画を参酌し、その地域の実情に応じ、当該地方公共団体における教育の振興のための施策に関する基本的な計画を定めるよう努めなければならない。

3．学校教育法（抄）

第二十一条　義務教育として行われる普通教育は、教育基本法（平成十八年法律第百二十号）第五条第二項に規定する目的を実現するため、次に掲げる目標を達成するよう行われるものとする。

一　学校内外における社会的活動を促進し、自主、自律及び協同の精神、規範意識、公正な判断力並びに公共の精神に基づき主体的に社会の形成に参画し、その発展に寄与する態度を養うこと。

二　学校内外における自然体験活動を促進し、生命及び自然を尊重する精神並びに環境の保全に寄与する態度を養うこと。

三　我が国と郷土の現状と歴史について、正しい理解に導き、伝統と文化を尊重し、それらをはぐくんできた我が国と郷土を愛する態度を養うとともに、進んで外国の文化の理解を通じて、他国を尊重し、国際社会の平和と発展に寄与する態度を養うこと。

四　家族と家庭の役割、生活に必要な衣、食、住、情報、産業その他の事項について基礎的な理解と技能を養うこと。

五　読書に親しませ、生活に必要な国語を正しく理解し、使用する基礎的な能力を養うこと。

六　生活に必要な数量的な関係を正しく理解し、処理する基礎的な能力を養うこと。

七　生活にかかわる自然現象について、観察及び実験を通じて、科学的に理解し、処理する基礎的な能力を養うこと。

八　健康、安全で幸福な生活のために必要な習慣を養うとともに、運動を通じて体力を養い、心身の調和的発達を図ること。

九　生活を明るく豊かにする音楽、美術、文芸その他の芸術について基礎的な理解と技能を養うこと。

十　職業についての基礎的な知識と技能、勤労を重んずる態度及び個性に応じて将来の進路を選択する能力を養うこと。

第二十九条　小学校は、心身の発達に応じて、義務教育として行われる普通教育のうち基礎的なものを施すことを目的とする。

第三十条　小学校における教育は、前条に規定する目的を実現するために必要な程度において第二十一条各号に掲げる目標を達成するよう行われるものとする。

2　前項の場合においては、生涯にわたり学習する基盤が培われるよう、基礎的な知識及び技能を習得させるとともに、これらを活用して課題を解決するために必要な思考力、判断力、表現力その他の能力をはぐくみ、主体的に学習に取り組む態度を養うことに、特に意を用いなければならない。

第三十一条　小学校においては、前条第一項の規定による目標の達成に資するよう、教育指導を行うに当たり、児童の体験的な学習活動、特にボランティア活動など社会奉仕体験活動、自然体験活動その他の体験活動の充実に努めるものとする。この場合において、社会教育関係団体その他の関係団体及び関係機関との連携に十分配慮しなければならない。

第三十二条　小学校の修業年限は、六年とする。

第三十三条　小学校の教育課程に関する事項は、第二十九条及び第三十条の規定に従い、文部科学大臣が定める。

第四十二条　小学校は、文部科学大臣の定めるところにより当該小学校の教育活動その他の学校運営の状況について評価を行い、その結果に基づき学校運営の改善を図るため必要な措置を講ずることにより、その教育水準の向上に努めなければならない。

第四十三条　小学校は、当該小学校に関する保護者及び地域住民その他の関係者の理解を深めるとともに、これらの者との連携及び協力の推進に資するため、当該小学校の教育活動その他の学校運営の状況に関する情報を積極的に提供するものとする。

第四十五条　中学校は、小学校における教育の基礎の上に、心身の発達に応じて、義務教育として行われる普通教育を施すことを目的とする。

第四十六条　中学校における教育は、前条に規定する目的を実現するため、第二十一条各号に掲げる目標を達成するよう行われるものとする。

第四十七条　中学校の修業年限は、三年とする。

第四十八条　中学校の教育課程に関する事項は、第四十五条及び第四十六条の規定並びに次条において読み替えて準用する第三十条第二項の規定に従い、文部科学大臣が定める。

第四十九条　第三十条第二項、第三十一条、第三十四条、第三十五条及び第三十七条から第四十四条までの規定は、中学校に準用する。この場合において、第三十条第二項中「前項」とあるのは「第四十六条」と、第三十一条中「前条第一項」とあるのは「第四十六条」と読み替えるものとする。

第五十条　高等学校は、中学校における教育の基礎の上に、心身の発達及び進路に応じて、高度な普通教育及び専門教育を施すことを目的とする。

第五十一条　高等学校における教育は、前条に規定する目的を実現するため、次に掲げる目標を達成するよう行われるものとする。

一　義務教育として行われる普通教育の成果を更に発展拡充させて、豊かな人間性、創造性及び健やかな身体を養い、国家及び社会の形成者として必要な資質を養うこと。

二　社会において果たさなければならない使命の自覚に基づき、個性に応じて将来の進路を決定させ、一般的な教養を高め、専門的な知識、技術及び技能を習得させること。

三　個性の確立に努めるとともに、社会について、広く深い理解と健全な批判力を養い、社会の発展に寄与する態度を養うこと。

第五十二条　高等学校の学科及び教育課程に関する事項は、前二条の規定及び第六十二条において読み替えて準用する第三十条第二項の規定に従い、文部科学大臣が定める。

第五十三条　高等学校には、全日制の課程のほか、定時制の課程を置くことができる。

2　高等学校には、定時制の課程のみを置くことができる。

第五十四条　高等学校には、全日制の課程又は定時制の課程のほか、通信制の課程を置くことができる。

2　高等学校には、通信制の課程のみを置くことができる。

第五十六条　高等学校の修業年限は、全日制の課程については、三年とし、定時制の課程及び通信制の課程については、三年以上とする。

第六十二条　第三十条第二項、第三十一条、第三十四条、第三十七条第四項から第十七項まで及び第十九項並びに第四十二条から第四十四条までの規定は、高等学校に準用する。この場合において、第三十条第二項中「前項」とあるのは「第五十一条」と、第三十一条中「前条第一項」とあるのは「第五十一条」と読み替えるものとする。

第八十一条　幼稚園、小学校、中学校、義務教育学校、高等学校及び中等教育学校においては、次項各号のいずれかに該当する幼児、児童及び生徒その他教育上特別の支援を必要とする幼児、児童及び生徒に対し、文部科学大臣の定めるところにより、障害による学習上又は生活上の困難を克服するための教育を行うものとする。

2　小学校、中学校、義務教育学校、高等学校及び中等教育学校には、次の各号のいずれかに該当する児童及び生徒のために、特別支援学級を置くことができる。

一　知的障害者

二　肢体不自由者

三　身体虚弱者

四　弱視者

五　難聴者

六 その他障害のある者で、特別支援学級において
教育を行うことが適当なもの
3 前項に規定する学校においては、疾病により療養
中の児童及び生徒に対して、特別支援学級を設け、
又は教員を派遣して、教育を行うことができる。

4．学校教育法施行令（抄）

（学期及び休業日）

第二十九条 公立の学校（大学を除く。以下この条に
おいて同じ。）の学期並びに夏季、冬季、学年末、
農繁期等における休業日又は家庭及び地域における
体験的な学習活動その他の学習活動のための休業日
（次項において「体験的学習活動等休業日」という。）
は、市町村又は都道府県の設置する学校にあっては
当該市町村又は都道府県の教育委員会が、公立大学
法人の設置する学校にあっては当該公立大学法人の
理事長が定める。
2 市町村又は都道府県の教育委員会は、体験的学習
活動等休業日を定めるに当たっては、家庭及び地域
における幼児、児童、生徒又は学生の体験的な学習
活動その他の学習活動の体験的学習活動等休業日に
おける円滑な実施及び充実を図るため、休業日の時
期を適切に分散させて定めることその他の必要な措
置を講ずるよう努めるものとする。

（学校廃止後の書類の保存）

第三十一条 公立又は私立の学校…（中略）…が廃止
されたときは、市町村又は都道府県の設置する学校
（大学を除く。）については当該学校を設置していた
市町村又は都道府県の教育委員会が、…（中略）…
公立大学法人の設置する学校については当該学校を
設置していた公立大学法人の設立団体（地方独立行
政法人法第六条第三項に規定する設立団体をいう。）
の長が、私立の学校については当該学校の所在して
いた都道府県の知事が、文部科学省令で定めるとこ
ろにより、それぞれ当該学校に在学し、又はこれを
卒業した者の学習及び健康の状況を記録した書類を
保存しなければならない。

5．学校教育法施行規則（抄）

第二十四条 校長は、その学校に在学する児童等の指
導要録（学校教育法施行令第三十一条に規定する児
童等の学習及び健康の状況を記録した書類の原本を
いう。以下同じ。）を作成しなければならない。
2 校長は、児童等が進学した場合においては、その
作成に係る当該児童等の指導要録の抄本又は写しを
作成し、これを進学先の校長に送付しなければなら
ない。
3 校長は、児童等が転学した場合においては、その
作成に係る当該児童等の指導要録の写しを作成し、
その写し（転学してきた児童等については転学によ
り送付を受けた指導要録…（中略）…の写しを含

む。）及び前項の抄本又は写しを転学先の校長…
（中略）…に送付しなければならない。

第二十八条 学校において備えなければならない表簿
は、概ね次のとおりとする。
一 学校に関係のある法令
二 学則、日課表、教科用図書配当表、学校医執務
記録簿、学校歯科医執務記録簿、学校薬剤師執務
記録簿及び学校日誌
三 職員の名簿、履歴書、出勤簿並びに担任学級、
担任の教科又は科目及び時間表
四 指導要録、その写し及び抄本並びに出席簿及び
健康診断に関する表簿
五 入学者の選抜及び成績考査に関する表簿
六 資産原簿、出納簿及び経費の予算決算について
の帳簿並びに図書機械器具、標本、模型等の教具
の目録
七 往復文書処理簿
2 前項の表簿（第二十四条第二項の抄本又は写しを
除く。）は、別に定めるもののほか、五年間保存し
なければならない。ただし、指導要録及びその写し
のうち入学、卒業等の学籍に関する記録について
は、その保存期間は、二十年間とする。
3 学校教育法施行令第三十一条の規定により指導要
録及びその写しを保存しなければならない期間は、
前項のこれらの書類の保存期間から当該学校におい
てこれらの書類を保存していた期間を控除した期間
とする。

第五十条 小学校の教育課程は、国語、社会、算数、
理科、生活、音楽、図画工作、家庭、体育及び外国
語の各教科（以下この節において「各教科」とい
う。）、特別の教科である道徳、外国語活動、総合的
な学習の時間並びに特別活動によって編成するもの
とする。
2 私立の小学校の教育課程を編成する場合は、前項
の規定にかかわらず、宗教を加えることができる。
この場合においては、宗教をもつて前項の道徳に代
えることができる。

第五十一条 小学校…（中略）…の各学年における各
教科、特別の教科である道徳、外国語活動、総合的
な学習の時間及び特別活動のそれぞれの授業時数並
びに各学年におけるこれらの総授業時数は、別表第
1に定める授業時数を標準とする。

第五十二条 小学校の教育課程については、この節に
定めるもののほか、教育課程の基準として文部科学
大臣が別に公示する小学校学習指導要領によるもの
とする。

第五十三条 小学校においては、必要がある場合に
は、一部の各教科について、これらを合わせて授業
を行うことができる。

第五十四条 児童が心身の状況によって履修すること
が困難な各教科は、その児童の心身の状況に適合す

るように課さなければならない。

第五十五条　小学校の教育課程に関し、その改善に資する研究を行うため特に必要があり、かつ、児童の教育上適切な配慮がなされていると文部科学大臣が認める場合においては、文部科学大臣が別に定めるところにより、第五十条第一項、第五十一条…（中略）…第五十二条の規定によらないことができる。

第五十五条の二　文部科学大臣が、小学校において、当該小学校又は当該小学校が設置されている地域の実態に照らし、より効果的な教育を実施するため、当該小学校又は当該地域の特色を生かした特別の教育課程を編成して教育を実施する必要があり、かつ、当該特別の教育課程について、教育基本法（平成十八年法律第百二十号）及び学校教育法第三十条第一項の規定等に照らして適切であり、児童の教育上適切な配慮がなされているものとして文部科学大臣が定める基準を満たしていると認める場合においては、文部科学大臣が別に定めるところにより、第五十条第一項、第五十一条…（中略）…又は第五十二条の規定の全部又は一部によらないことができる。

第五十六条　小学校において、学校生活への適応が困難であるため相当の期間小学校を欠席し引き続き欠席すると認められる児童を対象として、その実態に配慮した特別の教育課程を編成して教育を実施する必要があると文部科学大臣が認める場合においては、文部科学大臣が別に定めるところにより、第五十条第一項、第五十一条…（中略）…又は第五十二条の規定によらないことができる。

第五十六条の二　小学校において、日本語に通じない児童のうち、当該児童の日本語を理解し、使用する能力に応じた特別の指導を行う必要があるものを教育する場合には、文部科学大臣が別に定めるところにより、第五十条第一項、第五十一条…（中略）…及び第五十二条の規定にかかわらず、特別の教育課程によることができる。

第五十六条の三　前条の規定により特別の教育課程による場合においては、校長は、児童が設置者の定めるところにより他の小学校…（中略）…において受けた授業を、当該児童の在学する小学校において受けた当該特別の教育課程に係る授業とみなすことができる。

第五十六条の四　小学校において、学齢を経過した者のうち、その者の年齢、経験又は勤労の状況その他の実情に応じた特別の指導を行う必要があるものを夜間その他特別の時間において教育する場合には、文部科学大臣が別に定めるところにより、第五十条第一項、第五十一条…（中略）…及び第五十二条の規定にかかわらず、特別の教育課程によることができる。

第五十七条　小学校において、各学年の課程の修了又は卒業を認めるに当たっては、児童の平素の成績を評価して、これを定めなければならない。

第五十八条　校長は、小学校の全課程を修了したと認めた者には、卒業証書を授与しなければならない。

第五十九条　小学校の学年は、四月一日に始まり、翌年三月三十一日に終わる。

第六十条　授業終始の時刻は、校長が定める。

第六十一条　公立小学校における休業日は、次のとおりとする。ただし、第三号に掲げる日を除き、当該学校を設置する地方公共団体の教育委員会（公立大学法人の設置する小学校にあっては、当該公立大学法人の理事長。第三号において同じ。）が必要と認める場合は、この限りでない。
　一　国民の祝日に関する法律（昭和二十三年法律第百七十八号）に規定する日
　二　日曜日及び土曜日
　三　学校教育法施行令第二十九条の規定により教育委員会が定める日

第六十二条　私立小学校における学期及び休業日は、当該学校の学則で定める。

第六十三条　非常変災その他急迫の事情があるときは、校長は、臨時に授業を行わないことができる。この場合において、公立小学校についてはこの旨を当該学校を設置する地方公共団体の教育委員会（公立大学法人の設置する小学校にあっては、当該公立大学法人の理事長）に報告しなければならない。

第六十六条　小学校は、当該小学校の教育活動その他の学校運営の状況について、自ら評価を行い、その結果を公表するものとする。

2　前項の評価を行うに当たっては、小学校は、その実情に応じ、適切な項目を設定して行うものとする。

第六十七条　小学校は、前条第一項の規定による評価の結果を踏まえた当該小学校の児童の保護者その他の当該小学校の関係者（当該小学校の職員を除く。）による評価を行い、その結果を公表するよう努めるものとする。

第六十八条　小学校は、第六十六条第一項の規定による評価の結果及び前条の規定により評価を行った場合はその結果を、当該小学校の設置者に報告するものとする。

第七十二条　中学校の教育課程は、国語、社会、数学、理科、音楽、美術、保健体育、技術・家庭及び外国語の各教科（以下本章及び第七章中「各教科」という。）、特別の教科である道徳、総合的な学習の時間並びに特別活動によって編成するものとする。

第七十三条　中学校…（中略）…の各学年における各教科、特別の教科である道徳、総合的な学習の時間及び特別活動のそれぞれの授業時数並びに各学年におけるこれらの総授業時数は、別表第2に定める授業時数を標準とする。

第七十四条　中学校の教育課程については、この章に

定めるもののほか、教育課程の基準として文部科学大臣が別に公示する中学校学習指導要領によるものとする。

第七十九条　第四十一条から第四十九条まで、第五十条第二項、第五十四条から第六十八条までの規定は、中学校に準用する。この場合において、…（中略）…、第五十五条から第五十六条の二まで及び第五十六条の四の規定中「第五十条第一項」とあるのは「第七十二条」と、「第五十一条…（中略）…」とあるのは「第七十三条…（中略）…」と、「第五十二条」とあるのは「第七十四条」と、第五十五条の二中「第三十条第一項」とあるのは「第四十六条」と、第五十六条の三中「他の小学校…（中略）…」とあるのは「他の中学校…（中略）…」と読み替えるものとする。

第八十三条　高等学校の教育課程は、別表第3に定める各教科に属する科目、総合的な学習の時間及び特別活動によって編成するものとする。

第八十四条　高等学校の教育課程については、この章に定めるもののほか、教育課程の基準として文部科学大臣が別に公示する高等学校学習指導要領によるものとする。

第八十五条　高等学校の教育課程に関し、その改善に資する研究を行うため特に必要があり、かつ、生徒の教育上適切な配慮がなされていると文部科学大臣が認める場合においては、文部科学大臣が別に定めるところにより、前二条の規定によらないことができる。

第八十五条の二　文部科学大臣が、高等学校において、当該高等学校又は当該高等学校が設置されている地域の実態に照らし、より効果的な教育を実施するため、当該高等学校又は当該地域の特色を生かした特別の教育課程を編成して教育を実施する必要があり、かつ、当該特別の教育課程について、教育基本法及び学校教育法第五十一条の規定等に照らして適切であり、生徒の教育上適切な配慮がなされているものとして文部科学大臣が定める基準を満たしていると認める場合においては、文部科学大臣が別に定めるところにより、第八十三条又は第八十四条の規定の全部又は一部によらないことができる。

第八十六条　高等学校において、学校生活への適応が困難であるため、相当の期間高等学校を欠席し引き続き欠席すると認められる生徒、高等学校を退学し、その後高等学校に入学していないと認められる者若しくは学校教育法第五十七条に規定する高等学校の入学資格を有するが、高等学校に入学していないと認められる者又は疾病による療養のため若しくは障害のため、相当の期間高等学校を欠席すると認められる生徒、高等学校を退学し、その後高等学校に入学していないと認められる者若しくは学校教育法第五十七条に規定する高等学校の入学資格を有す

るが、高等学校に入学していないと認められる者を対象として、その実態に配慮した特別の教育課程を編成して教育を実施する必要があると文部科学大臣が認める場合においては、文部科学大臣が別に定めるところにより、第八十三条又は第八十四条の規定によらないことができる。

第百三十八条　小学校、中学校若しくは義務教育学校又は中等教育学校の前期課程における特別支援学級に係る教育課程については、特に必要がある場合は、第五十条第一項（第七十九条の六第一項において準用する場合を含む。）、第五十一条、第五十二条…（中略）…、第七十二条…（中略）…、第七十三条、第七十四条…（中略）…の規定にかかわらず、特別の教育課程によることができる。

第百四十条　小学校、中学校…（中略）…において、次の各号のいずれかに該当する児童又は生徒（特別支援学級の児童及び生徒を除く。）のうち当該障害に応じた特別の指導を行う必要があるものを教育する場合には、文部科学大臣が別に定めるところにより、第五十条第一項…（中略）…、第五十一条、第五十二条…（中略）…、第七十二条…（中略）…、第七十三条、第七十四条…（中略）…の規定にかかわらず、特別の教育課程によることができる。

一　言語障害者

二　自閉症者

三　情緒障害者

四　弱視者

五　難聴者

六　学習障害者

七　注意欠陥多動性障害者

八　その他障害のある者で、この条の規定により特別の教育課程による教育を行うことが適当なもの

第百四十一条　前条の規定により特別の教育課程による場合においては、校長は、児童又は生徒が、当該小学校、中学校…（中略）…の設置者の定めるところにより他の小学校、中学校…（中略）…において受けた授業を、当該小学校、中学校…（中略）…において受けた当該特別の教育課程に係る授業とみなすことができる。

別表第1

区　分		第一学年	第二学年	第三学年	第四学年	第五学年	第六学年
各教科の授業時数	国語	306	315	245	245	175	175
	社会			70	90	100	105
	算数	136	175	175	175	175	175
	理科			90	105	105	105
	生活	102	105				
	音楽	68	70	60	60	50	50
	図画工作	68	70	60	60	50	50
	家庭					60	55
	体育	102	105	105	105	90	90
	外国語					70	70
特別の教科である道徳の授業時数		34	35	35	35	35	35
外国語活動の授業時数				35	35		
総合的な学習の時間の授業時数				70	70	70	70
特別活動の授業時数		34	35	35	35	35	35
総授業時数		850	910	980	1015	1015	1015

備考
一　この表の授業時数の一単位時間は，45分とする。
二　特別活動の授業時数は，小学校学習指導要領で定める学級活動（学校給食に係るものを除く。）に充てるものとする。
三　第50条第2項の場合において，特別の教科である道徳のほかに宗教を加えるときは，宗教の授業時数をもつてこの表の特別の教科である道徳の授業時数の一部に代えることができる。（別表第2及び別表第4の場合においても同様とする。）

別表第2

区　分		第一学年	第二学年	第三学年
各教科の授業時数	国語	140	140	105
	社会	105	105	140
	数学	140	105	140
	理科	105	140	140
	音楽	45	35	35
	美術	45	35	35
	保健体育	105	105	105
	技術・家庭	70	70	35
	外国語	140	140	140
特別の教科である道徳の授業時数		35	35	35
総合的な学習の時間の授業時数		50	70	70
特別活動の授業時数		35	35	35
総授業時数		1015	1015	1015

備考
一　この表の授業時数の一単位時間は、50分とする。
二　特別活動の授業時数は、中学校学習指導要領で定める学級活動（学校給食に係るものを除く。）に充てるものとする。

6．地方教育行政の組織及び運営に関する法律（抄）

（教育委員会の職務権限）
第二十一条　教育委員会は、当該地方公共団体が処理する教育に関する事務で、次に掲げるものを管理し、及び執行する。

一　教育委員会の所管に属する第三十条に規定する学校その他の教育機関（以下「学校その他の教育機関」という。）の設置、管理及び廃止に関すること。

二　教育委員会の所管に属する学校その他の教育機関の用に供する財産（以下「教育財産」という。）の管理に関すること。

三　教育委員会及び教育委員会の所管に属する学校その他の教育機関の職員の任免その他の人事に関すること。

四　学齢生徒及び学齢児童の就学並びに生徒、児童及び幼児の入学、転学及び退学に関すること。

五　教育委員会の所管に属する学校の組織編制、教育課程、学習指導、生徒指導及び職業指導に関すること。

六　教科書その他の教材の取扱いに関すること。

七　校舎その他の施設及び教具その他の設備の整備に関すること。

八　校長、教員その他の教育関係職員の研修に関すること。

九　校長、教員その他の教育関係職員並びに生徒、児童及び幼児の保健、安全、厚生及び福利に関すること。

十　教育委員会の所管に属する学校その他の教育機関の環境衛生に関すること。

十一　学校給食に関すること。

十二　青少年教育、女性教育及び公民館の事業その他社会教育に関すること。

十三　スポーツに関すること。

十四　文化財の保護に関すること。

十五　ユネスコ活動に関すること。

十六　教育に関する法人に関すること。

十七　教育に係る調査及び基幹統計その他の統計に関すること。

十八　所掌事務に係る広報及び所掌事務に係る教育行政に関する相談に関すること。

十九　前各号に掲げるもののほか、当該地方公共団体の区域内における教育に関する事務に関すること。

（学校等の管理）
第三十三条　教育委員会は、法令又は条例に違反しない限度において、その所管に属する学校その他の教育機関の施設、設備、組織編制、教育課程、教材の取扱その他学校その他の教育機関の管理運営の基本的事項について、必要な教育委員会規則を定めるものとする。この場合において、当該教育委員会規則で定めようとする事項のうち、その実施のためには新たに予算を伴うこととなるものについては、教育委員会は、あらかじめ当該地方公共団体の長に協議しなければならない。

2　前項の場合において、教育委員会は、学校におけ

る教科書以外の教材の使用について、あらかじめ、教育委員会に届け出させ、又は教育委員会の承認を受けさせることとする定を設けるものとする。
（文部科学大臣又は都道府県委員会の指導、助言及び援助）
第四十八条　地方自治法第二百四十五条の四第一項の規定によるほか、文部科学大臣は都道府県又は市町村に対し、都道府県委員会は市町村に対し、都道府県又は市町村の教育に関する事務の適正な処理を図るため、必要な指導、助言又は援助を行うことができる。
2　前項の指導、助言又は援助を例示すると、おおむね次のとおりである。
　一　学校その他の教育機関の設置及び管理並びに整備に関し、指導及び助言を与えること。
　二　学校の組織編制、教育課程、学習指導、生徒指導、職業指導、教科書その他の教材の取扱いその他学校運営に関し、指導及び助言を与えること。
　三　学校における保健及び安全並びに学校給食に関し、指導及び助言を与えること。
　四　教育委員会の委員及び校長、教員その他の教育関係職員の研究集会、講習会その他研修に関し、指導及び助言を与え、又はこれらを主催すること。
　五　（略）～七　（略）
　八　指導主事、社会教育主事その他の職員を派遣すること。
　九　教育及び教育行政に関する資料、手引書等を作成し、利用に供すること。
　十　教育に係る調査及び統計並びに広報及び教育行政に関する相談に関し、指導及び助言を与えること。
　十一　教育委員会の組織及び運営に関し、指導及び助言を与えること。
3　文部科学大臣は、都道府県委員会に対し、第一項の規定による市町村に対する指導、助言又は援助に関し、必要な指示をすることができる。
4　地方自治法第二百四十五条の四第三項の規定によるほか、都道府県知事又は都道府県委員会は文部科学大臣に対し、市町村長又は市町村委員会は文部科学大臣又は都道府県委員会に対し、教育に関する事務の処理について必要な指導、助言又は援助を求めることができる。
（是正の要求の方式）
第四十九条　文部科学大臣は、都道府県委員会又は市町村委員会の教育に関する事務の管理及び執行が法令の規定に違反するものがある場合又は当該事務の管理及び執行を怠るものがある場合において、児童、生徒等の教育を受ける機会が妨げられていることその他の教育を受ける権利が侵害されていることが明らかであるとして地方自治法第二百四十五条の五第一項若しくは第四項の規定による求め又は同条

第二項の指示を行うときは、当該教育委員会が講ずべき措置の内容を示して行うものとする。

7．小学校学習指導要領（平成29（2017）年告示）（抄）　中学校学習指導要領（平成29（2017）年告示）（抄）

＊　小学校学習指導要領と中学校学習指導要領の前文及び総則は、構成も内容もほぼ同一であるため、ここでは小学校学習指導要領の前文と総則をベースとし、中学校については「児童」を「生徒」と読み替えられるよう「児童（生徒）」と表記した。また、両者が異なるところは下線を引き、＊を付すなどして違いを説明している。

（前文）

　教育は、教育基本法第１条に定めるとおり、人格の完成を目指し、平和で民主的な国家及び社会の形成者として必要な資質を備えた心身ともに健康な国民の育成を期すという目的のもと、同法第２条に掲げる次の目標を達成するよう行われなければならない。
1　幅広い知識と教養を身に付け、真理を求める態度を養い、豊かな情操と道徳心を培うとともに、健やかな身体を養うこと。
2　個人の価値を尊重して、その能力を伸ばし、創造性を培い、自主及び自律の精神を養うとともに、職業及び生活との関連を重視し、勤労を重んずる態度を養うこと。
3　正義と責任、男女の平等、自他の敬愛と協力を重んずるとともに、公共の精神に基づき、主体的に社会の形成に参画し、その発展に寄与する態度を養うこと。
4　生命を尊び、自然を大切にし、環境の保全に寄与する態度を養うこと。
5　伝統と文化を尊重し、それらをはぐくんできた我が国と郷土を愛するとともに、他国を尊重し、国際社会の平和と発展に寄与する態度を養うこと。
　これからの学校には、こうした教育の目的及び目標の達成を目指しつつ、一人一人の児童（生徒）が、自分のよさや可能性を認識するとともに、あらゆる他者を価値のある存在として尊重し、多様な人々と協働しながら様々な社会的変化を乗り越え、豊かな人生を切り拓き、持続可能な社会の創り手となることができるようにすることが求められる。このために必要な教育の在り方を具体化するのが、各学校において教育の内容等を組織的かつ計画的に組み立てた教育課程である。
　教育課程を通して、これからの時代に求められる教育を実現していくためには、よりよい学校教育を通してよりよい社会を創るという理念を学校と社会とが共有し、それぞれの学校において、必要な学習内容をどのように学び、どのような資質・能力を身に付けられるようにするのかを教育課程において明確にしなが

ら、社会との連携及び協働によりその実現を図っていくという、社会に開かれた教育課程の実現が重要となる。

　学習指導要領とは、こうした理念の実現に向けて必要となる教育課程の基準を大綱的に定めるものである。学習指導要領が果たす役割の一つは、公の性質を有する学校における教育水準を全国的に確保することである。また、各学校がその特色を生かして創意工夫を重ね、長年にわたり積み重ねられてきた教育実践や学術研究の蓄積を生かしながら、児童（生徒）や地域の現状や課題を捉え、家庭や地域社会と協力して、学習指導要領を踏まえた教育活動の更なる充実を図っていくことも重要である。

　児童（生徒）が学ぶことの意義を実感できる環境を整え、一人一人の資質・能力を伸ばせるようにしていくことは、教職員をはじめとする学校関係者はもとより、家庭や地域の人々も含め、様々な立場から児童（生徒）や学校に関わる全ての大人に期待される役割である。幼児期の教育（＊中学校は「幼児期の教育及び小学校教育」）の基礎の上に、中学校（＊中学校は「高等学校」）以降の教育や生涯にわたる学習とのつながりを見通しながら、児童（生徒）の学習の在り方を展望していくために広く活用されるものとなることを期待して、ここに小学校学習指導要領（※中学校は「中学校学習指導要領」）を定める。

第1章　総　則

第1　小学校教育（※中学校は「中学校教育」）の基本と教育課程の役割

1　各学校においては、教育基本法及び学校教育法その他の法令並びにこの章以下に示すところに従い、児童（生徒）の人間として調和のとれた育成を目指し、児童（生徒）の心身の発達の段階や特性及び学校や地域の実態を十分考慮して、適切な教育課程を編成するものとし、これらに掲げる目標を達成するよう教育を行うものとする。

2　学校の教育活動を進めるに当たっては、各学校において、第3の1に示す主体的・対話的で深い学びの実現に向けた授業改善を通して、創意工夫を生かした特色ある教育活動を展開する中で、次の(1)から(3)までに掲げる事項の実現を図り、児童（生徒）に生きる力を育むことを目指すものとする。

(1)　基礎的・基本的な知識及び技能を確実に習得させ、これらを活用して課題を解決するために必要な思考力、判断力、表現力等を育むとともに、主体的に学習に取り組む態度を養い、個性を生かし多様な人々との協働を促す教育の充実に努めること。その際、児童（生徒）の発達の段階を考慮して、児童（生徒）の言語活動など、学習の基盤をつくる活動を充実するとともに、家庭との連携を図りながら、児童（生徒）の学習習慣が確立するよう配慮すること。

(2)　道徳教育や体験活動、多様な表現や鑑賞の活動等を通して、豊かな心や創造性の涵養を目指した教育の充実に努めること。学校における道徳教育は、特別の教科である道徳（以下「道徳科」という。）を要として学校の教育活動全体を通じて行うものであり、道徳科はもとより、各教科、外国語活動（＊小学校のみ）、総合的な学習の時間及び特別活動のそれぞれの特質に応じて、児童（生徒）の発達の段階を考慮して、適切な指導を行うこと。

　道徳教育は、教育基本法及び学校教育法に定められた教育の根本精神に基づき、自己の生き方（＊中学校は「人間としての生き方」）を考え、主体的な判断の下に行動し、自立した人間として他者と共によりよく生きるための基盤となる道徳性を養うことを目標とすること。

　道徳教育を進めるに当たっては、人間尊重の精神と生命に対する畏敬の念を家庭、学校、その他社会における具体的な生活の中に生かし、豊かな心をもち、伝統と文化を尊重し、それらを育んできた我が国と郷土を愛し、個性豊かな文化の創造を図るとともに、平和で民主的な国家及び社会の形成者として、公共の精神を尊び、社会及び国家の発展に努め、他国を尊重し、国際社会の平和と発展や環境の保全に貢献し未来を拓く主体性のある日本人の育成に資することとなるよう特に留意すること。

(3)　学校における体育・健康に関する指導を、児童（生徒）の発達の段階を考慮して、学校の教育活動全体を通じて適切に行うことにより、健康で安全な生活と豊かなスポーツライフの実現を目指した教育の充実に努めること。特に、学校における食育の推進並びに体力の向上に関する指導、安全に関する指導及び心身の健康の保持増進に関する指導については、体育科、家庭科（＊中学校は「保健体育科、技術・家庭科」）及び特別活動の時間はもとより、各教科、道徳科、外国語活動（＊小学校のみ）及び総合的な学習の時間などにおいてもそれぞれの特質に応じて適切に行うよう努めること。また、それらの指導を通して、家庭や地域社会との連携を図りながら、日常生活において適切な体育・健康に関する活動の実践を促し、生涯を通じて健康・安全で活力ある生活を送るための基礎が培われるよう配慮すること。

3　2の(1)から(3)までに掲げる事項の実現を図り、豊かな創造性を備え持続可能な社会の創り手となることが期待される児童（生徒）に、生きる力を育むことを目指すに当たっては、学校教育全体並びに各教科、道徳科、外国語活動（＊小学校のみ）、総合的な学習の時間及び特別活動（以下「各教科等」という。ただし、第2の3の(2)のア及びウにおいて、特

別活動については学級活動（学校給食に係るものを除く。）に限る。）の指導を通してどのような資質・能力の育成を目指すのかを明確にしながら、教育活動の充実を図るものとする。その際、児童（生徒）の発達の段階や特性等を踏まえつつ、次に掲げることが偏りなく実現できるようにするものとする。

(1) 知識及び技能が習得されるようにすること。
(2) 思考力、判断力、表現力等を育成すること。
(3) 学びに向かう力、人間性等を涵養すること。

4 各学校においては、児童（生徒）や学校、地域の実態を適切に把握し、教育の目的や目標の実現に必要な教育の内容等を教科等横断的な視点で組み立てていくこと、教育課程の実施状況を評価してその改善を図っていくこと、教育課程の実施に必要な人的又は物的な体制を確保するとともにその改善を図っていくことなどを通して、教育課程に基づき組織的かつ計画的に各学校の教育活動の質の向上を図っていくこと（以下「カリキュラム・マネジメント」という。）に努めるものとする。

第2　教育課程の編成

1 各学校の教育目標と教育課程の編成
教育課程の編成に当たっては、学校教育全体や各教科等における指導を通して育成を目指す資質・能力を踏まえつつ、各学校の教育目標を明確にするとともに、教育課程の編成についての基本的な方針が家庭や地域とも共有されるよう努めるものとする。その際、第5章（＊中学校は「第5章」）総合的な学習の時間の第2の1に基づき定められる目標との関連を図るものとする。

2 教科等横断的な視点に立った資質・能力の育成
(1) 各学校においては、児童（生徒）の発達の段階を考慮し、言語能力、情報活用能力（情報モラルを含む。）、問題発見・解決能力等の学習の基盤となる資質・能力を育成していくことができるよう、各教科等の特質を生かし、教科等横断的な視点から教育課程の編成を図るものとする。
(2) 各学校においては、児童（生徒）や学校、地域の実態及び児童（生徒）の発達の段階を考慮し、豊かな人生の実現や災害等を乗り越えて次代の社会を形成することに向けた現代的な諸課題に対応して求められる資質・能力を、教科等横断的な視点で育成していくことができるよう、各学校の特色を生かした教育課程の編成を図るものとする。

3 教育課程の編成における共通的事項
(1) 内容等の取扱い
ア 第2章以下に示す各教科、道徳科、外国語活動（＊小学校のみ）及び特別活動の内容に関する事項は、特に示す場合を除き、いずれの学校においても取り扱わなければならない。
イ 学校において特に必要がある場合には、第2

章以下に示していない内容を加えて指導することができる。また、第2章以下に示す内容の取扱いのうち内容の範囲や程度等を示す事項は、全ての児童（生徒）に対して指導するものとする内容の範囲や程度等を示したものであり、学校において特に必要がある場合には、この事項にかかわらず加えて指導することができる。ただし、これらの場合には、第2章以下に示す各教科、道徳科、外国語活動（＊小学校のみ）及び特別活動の目標や内容の趣旨を逸脱したり、児童（生徒）の負担過重となったりすることのないようにしなければならない。
ウ 第2章以下に示す各教科、道徳科、外国語活動（＊小学校のみ）及び特別活動の内容に掲げる事項の順序は、特に示す場合を除き、指導の順序を示すものではないので、学校においては、その取扱いについて適切な工夫を加えるものとする。
エ 学年の内容を2学年まとめて示した教科及び外国語活動の内容は、2学年間かけて指導する事項を示したものである。各学校においては、これらの事項を児童や学校、地域の実態に応じ、2学年間を見通して計画的に指導することとし、特に示す場合を除き、いずれかの学年に分けて、又はいずれの学年においても指導するものとする。
（＊小学校のみ示されている。）
オ（＊中学校は「エ」）学校において2以上の学年の児童（生徒）で編制する学級について特に必要がある場合には、各教科及び道徳科の目標の達成に支障のない範囲内で、各教科及び道徳科の目標及び内容について学年別の順序によらないことができる。
（＊中学校では道徳科の内容は学年ごとに分けられていない。低・中・高学年で分けて示した小学校のみ道徳科が示されている。）
オ 各学校においては、生徒や学校、地域の実態を考慮して、生徒の特性等に応じた多様な学習活動が行えるよう、第2章に示す各教科や、特に必要な教科を、選択教科として開設し生徒に履修させることができる。その場合にあっては、全ての生徒に指導すべき内容との関連を図りつつ、選択教科の授業時数及び内容を適切に定め選択教科の指導計画を作成し、生徒の負担過重となることのないようにしなければならない。また、特に必要な教科の名称、目標、内容などについては、各学校が適切に定めるものとする。
（＊中学校のみ示されている。）
カ 道徳科を要として学校の教育活動全体を通じて行う道徳教育の内容は、第3章特別の教科道

徳の第2に示す内容とし、その実施に当たって
は、第6に示す道徳教育に関する配慮事項を踏
まえるものとする。

(2)　授業時数等の取扱い

　ア　各教科等の授業は、年間35週（第1学年に
　　ついては34週）（＊小学校のみ）以上にわたっ
　　て行うよう計画し、週当たりの授業時数が児童
　　（生徒）の負担過重にならないようにするもの
　　とする。ただし、各教科等や学習活動の特質に
　　応じ効果的な場合には、夏季、冬季、学年末等
　　の休業日の期間に授業日を設定する場合を含
　　め、これらの授業を特定の期間に行うことがで
　　きる。

　イ　特別活動の授業のうち、児童会（生徒会）活
　　動、クラブ活動（＊小学校のみ）及び学校行事
　　については、それらの内容に応じ、年間、学期
　　ごと、月ごとなどに適切な授業時数を充てるも
　　のとする。

　ウ　各学校の時間割については、次の事項を踏ま
　　え適切に編成するものとする。

　　(ｱ)　各教科等のそれぞれの授業の1単位時間
　　　は、各学校において、各教科等の年間授業時
　　　数を確保しつつ、児童（生徒）の発達の段階
　　　及び各教科等や学習活動の特質を考慮して適
　　　切に定めること。

　　(ｲ)　各教科等の特質に応じ、10分から15分程
　　　度の短い時間を活用して特定の教科等の指導
　　　を行う場合において、教師（＊中学校は「当
　　　該教科等を担当する教師」）が、単元や題材
　　　など内容や時間のまとまりを見通した中で、
　　　その指導内容の決定や指導の成果の把握と活
　　　用等を責任をもって行う体制が整備されてい
　　　るときは、その時間を当該教科等の年間授業
　　　時数に含めることができること。

　　(ｳ)　給食、休憩などの時間については、各学校
　　　において工夫を加え、適切に定めること。

　　(ｴ)　各学校において、児童（生徒）や学校、地
　　　域の実態、各教科等や学習活動の特質等に応
　　　じて、創意工夫を生かした時間割を弾力的に
　　　編成できること。

　エ　総合的な学習の時間における学習活動によ
　　り、特別活動の学校行事に掲げる各行事の実施
　　と同様の成果が期待できる場合においては、総
　　合的な学習の時間における学習活動をもって相
　　当する特別活動の学校行事に掲げる各行事の実
　　施に替えることができる。

(3)　指導計画の作成等に当たっての配慮事項

　　各学校においては　次の事項に配慮しながら学
　校の創意工夫を生かし全体として、調和のとれた
　具体的な指導計画を作成するものとする。

　ア　各教科等の指導内容については、(1)のアを踏

まえつつ、単元や題材など内容や時間のまとま
りを見通しながら、そのまとめ方や重点の置き
方に適切な工夫を加え、第3の1に示す主体
的・対話的で深い学びの実現に向けた授業改善
を通して資質・能力を育む効果的な指導ができ
るようにすること。

　イ　各教科等及び各学年相互間の関連を図り、系
　　統的、発展的な指導ができるようにすること。

　ウ　学年の内容を2学年まとめて示した教科及び
　　外国語活動については、当該学年間を見通し
　　て、児童や学校、地域の実態に応じ、児童の発
　　達の段階を考慮しつつ、効果的、段階的に指導
　　するようにすること。

　エ　児童の実態等を考慮し、指導の効果を高める
　　ため、児童の発達の段階や指導内容の関連性等
　　を踏まえつつ、合科的・関連的な指導を進める
　　こと。

　　（＊ウとエは小学校のみ示されている。）

4　学校段階等間の接続

　　教育課程の編成に当たっては、次の事項に配慮し
　ながら、学校段階等間の接続を図るものとする。

(1)　幼児期の終わりまでに育ってほしい姿を踏まえ
　た指導を工夫することにより、幼稚園教育要領等
　に基づく幼児期の教育を通して育まれた資質・能
　力を踏まえて教育活動を実施し、児童が主体的に
　自己を発揮しながら学びに向かうことが可能とな
　るようにすること。

　　また、低学年における教育全体において、例え
　ば生活科において育成する自立し生活を豊かにし
　ていくための資質・能力が、他教科等の学習にお
　いても生かされるようにするなど、教科等間の関
　連を積極的に図り、幼児期の教育及び中学年以降
　の教育との円滑な接続が図られるよう工夫するこ
　と。特に、小学校入学当初においては、幼児期に
　おいて自発的な活動としての遊びを通して育まれ
　てきたことが、各教科等における学習に円滑に接
　続されるよう、生活科を中心に、合科的・関連的
　な指導や弾力的な時間割の設定など、指導の工夫
　や指導計画の作成を行うこと。

(2)　中学校学習指導要領及び高等学校学習指導要領
　を踏まえ、中学校教育及びその後の教育との円滑
　な接続が図られるよう工夫すること。特に、義務
　教育学校、中学校連携型小学校及び中学校併設型
　小学校においては、義務教育9年間を見通した計
　画的かつ継続的な教育課程を編成すること。

（＊(1)と(2)について、中学校では次のように示され
　ている。）

(1)　小学校学習指導要領を踏まえ、小学校教育まで
　の学習の成果が中学校教育に円滑に接続され、義
　務教育段階の終わりまでに育成することを目指す
　資質・能力を、生徒が確実に身に付けることがで

きるよう工夫すること。特に、義務教育学校、小学校連携型中学校及び小学校併設型中学校においては、義務教育9年間を見通した計画的かつ継続的な教育課程を編成すること。

(2) 高等学校学習指導要領を踏まえ、高等学校教育及びその後の教育との円滑な接続が図られるよう工夫すること。特に、中等教育学校、連携型中学校及び併設型中学校においては、中等教育6年間を見通した計画的かつ継続的な教育課程を編成すること。)

第3 教育課程の実施と学習評価

1 主体的・対話的で深い学びの実現に向けた授業改善
各教科等の指導に当たっては、次の事項に配慮するものとする。

(1) 第1の3の(1)から(3)までに示すことが偏りなく実現されるよう、単元や題材など内容や時間のまとまりを見通しながら、児童（生徒）の主体的・対話的で深い学びの実現に向けた授業改善を行うこと。

　特に、各教科等において身に付けた知識及び技能を活用したり、思考力、判断力、表現力等や学びに向かう力、人間性等を発揮させたりして、学習の対象となる物事を捉え思考することにより、各教科等の特質に応じた物事を捉える視点や考え方（以下「見方・考え方」という。）が鍛えられていくことに留意し、児童（生徒）が各教科等の特質に応じた見方・考え方を働かせながら、知識を相互に関連付けてより深く理解したり、情報を精査して考えを形成したり、問題を見いだして解決策を考えたり、思いや考えを基に創造したりすることに向かう過程を重視した学習の充実を図ること。

(2) 第2の2の(1)に示す言語能力の育成を図るため、各学校において必要な言語環境を整えるとともに、国語科を要としつつ各教科等の特質に応じて、児童（生徒）の言語活動を充実すること。あわせて、(7)に示すとおり読書活動を充実すること。

(3) 第2の2の(1)に示す情報活用能力の育成を図るため、各学校においてコンピュータや情報通信ネットワークなどの情報手段を活用するために必要な環境を整え、これらを適切に活用した学習活動の充実を図ること。また、各種の統計資料や新聞、視聴覚教材や教育機器などの教材・教具の適切な活用を図ること。

　あわせて、各教科等の特質に応じて、次の学習活動を計画的に実施すること。

ア　児童がコンピュータで文字を入力するなどの学習の基盤として必要となる情報手段の基本的な操作を習得するための学習活動

イ　児童がプログラミングを体験しながら、コンピュータに意図した処理を行わせるために必要な論理的思考力を身に付けるための学習活動
（＊情報教育について小学校では中心となる教科がないため総則に示されている。）

(4) 児童（生徒）が学習の見通しを立てたり学習したことを振り返ったりする活動を、計画的に取り入れるように工夫すること。

(5) 児童（生徒）が生命の有限性や自然の大切さ、主体的に挑戦してみることや多様な他者と協働することの重要性などを実感しながら理解することができるよう、各教科等の特質に応じた体験活動を重視し、家庭や地域社会と連携しつつ体系的・継続的に実施できるよう工夫すること。

(6) 児童（生徒）が自ら学習課題や学習活動を選択する機会を設けるなど、児童（生徒）の興味・関心を生かした自主的、自発的な学習が促されるよう工夫すること。

(7) 学校図書館を計画的に利用しその機能の活用を図り、児童（生徒）の主体的・対話的で深い学びの実現に向けた授業改善に生かすとともに児童（生徒）の自主的、自発的な学習活動や読書活動を充実すること。また、地域の図書館や博物館、美術館、劇場、音楽堂等の施設の活用を積極的に図り、資料を活用した情報の収集や鑑賞等の学習活動を充実すること。

2 学習評価の充実
学習評価の実施に当たっては、次の事項に配慮するものとする。

(1) 児童（生徒）のよい点や進歩の状況などを積極的に評価し、学習したことの意義や価値を実感できるようにすること。また、各教科等の目標の実現に向けた学習状況を把握する観点から、単元や題材など内容や時間のまとまりを見通しながら評価の場面や方法を工夫して、学習の過程や成果を評価し、指導の改善や学習意欲の向上を図り、資質・能力の育成に生かすようにすること。

(2) 創意工夫の中で学習評価の妥当性や信頼性が高められるよう、組織的かつ計画的な取組を推進するとともに、学年や学校段階を越えて児童（生徒）の学習の成果が円滑に接続されるように工夫すること。

第4 児童（生徒）の発達の支援

1 児童（生徒）の発達を支える指導の充実
教育課程の編成及び実施に当たっては、次の事項に配慮するものとする。

(1) 学習や生活の基盤として、教師と児童（生徒）との信頼関係及び児童相互のよりよい人間関係を育てるため、日頃から学級経営の充実を図ること。また、主に集団の場面で必要な指導や援助を行うガイダンスと、個々の児童（生徒）の多様な

実態を踏まえ、一人一人が抱える課題に個別に対応した指導を行うカウンセリングの双方により、児童（生徒）発達を支援すること。あわせて、小学校の低学年、中学年、高学年の学年の時期の特長を生かした指導の工夫を行うこと。（＊小学校のみ）

(2)　児童（生徒）が、自己の存在感を実感しながら、よりよい人間関係を形成し、有意義で充実した学校生活を送る中で、現在及び将来における自己実現を図っていくことができるよう、生徒理解を深め、学習指導と関連付けながら、生徒指導の充実を図ること。

(3)　児童（生徒）が、学ぶことと自己の将来とのつながりを見通しながら、社会的・職業的自立に向けて必要な基盤となる資質・能力を身に付けていくことができるよう、特別活動を要としつつ各教科等の特質に応じて、キャリア教育の充実を図ること。
（＊中学校は、これに続けて次の内容が示されている。
「その中で、生徒が自らの生き方を考え主体的に進路を選択することができるよう、学校の教育活動全体を通じ、組織的かつ計画的な進路指導を行うこと。」）

(4)　児童（生徒）が、基礎的・基本的な知識及び技能の習得も含め、学習内容を確実に身に付けることができるよう、児童（生徒）や学校の実態に応じ、個別学習やグループ別学習、繰り返し学習、学習内容の習熟の程度に応じた学習、児童（生徒）の興味・関心等に応じた課題学習、補充的な学習や発展的な学習などの学習活動を取り入れることや、教師間の協力による指導体制を確保することなど、指導方法や指導体制の工夫改善により、個に応じた指導の充実を図ること。その際、第3の1の(3)に示す情報手段や教材・教具の活用を図ること。

2　特別な配慮を必要とする児童（生徒）への指導

(1)　障害のある児童（生徒）などへの指導
　ア　障害のある児童（生徒）などについては、特別支援学校等の助言又は援助を活用しつつ、個々の児童（生徒）の障害の状態等に応じた指導内容や指導方法の工夫を組織的かつ計画的に行うものとする。
　イ　特別支援学級において実施する特別の教育課程については、次のとおり編成するものとする。
　　(ｱ)　障害による学習上又は生活上の困難を克服し自立を図るため、特別支援学校小学部・中学部学習指導要領第7章に示す自立活動を取り入れること。
　　(ｲ)　児童（生徒）の障害の程度や学級の実態等を考慮の上、各教科の目標や内容を下学年の

教科の目標や内容に替えたり、各教科を、知的障害者である児童（生徒）に対する教育を行う特別支援学校の各教科に替えたりするなどして、実態に応じた教育課程を編成すること。

　ウ　障害のある児童（生徒）に対して、通級による指導を行い、特別の教育課程を編成する場合には、特別支援学校小学部・中学部学習指導要領第7章に示す自立活動の内容を参考とし、具体的な目標や内容を定め、指導を行うものとする。その際、効果的な指導が行われるよう、各教科等と通級による指導との関連を図るなど、教師間の連携に努めるものとする。

　エ　障害のある児童（生徒）などについては、家庭、地域及び医療や福祉、保健、労働等の業務を行う関係機関との連携を図り、長期的な視点で児童（生徒）への教育的支援を行うために、個別の教育支援計画を作成し活用することに努めるとともに、各教科等の指導に当たって、個々の児童（生徒）の実態を的確に把握し、個別の指導計画を作成し活用することに努めるものとする。特に、特別支援学級に在籍する児童（生徒）や通級による指導を受ける児童（生徒）については、個々の児童（生徒）の実態を的確に把握し、個別の教育支援計画や個別の指導計画を作成し、効果的に活用するものとする。

(2)　海外から帰国した児童（生徒）などの学校生活への適応や、日本語の習得に困難のある児童（生徒）に対する日本語指導
　ア　海外から帰国した児童（生徒）などについては、学校生活への適応を図るとともに、外国における生活経験を生かすなどの適切な指導を行うものとする。
　イ　日本語の習得に困難のある児童（生徒）については、個々の児童（生徒）の実態に応じた指導内容や指導方法の工夫を組織的かつ計画的に行うものとする。特に、通級による日本語指導については、教師間の連携に努め、指導についての計画を個別に作成することなどにより、効果的な指導に努めるものとする。

(3)　不登校児童（生徒）への配慮
　ア　不登校児童（生徒）については、保護者や関係機関と連携を図り、心理や福祉の専門家の助言又は援助を得ながら、社会的自立を目指す観点から、個々の児童（生徒）の実態に応じた情報の提供その他の必要な支援を行うものとする。
　イ　相当の期間小学校（中学校）を欠席し引き続き欠席すると認められる児童（生徒）を対象として、文部科学大臣が認める特別の教育課程を編成する場合には、児童（生徒）の実態に配慮

した教育課程を編成するとともに、個別学習や
グループ別学習など指導方法や指導体制の工夫
改善に努めるものとする。

第5　学校運営上の留意事項

1　教育課程の改善と学校評価等

ア　各学校においては、校長の方針の下に、校務分
掌に基づき教職員が適切に役割を分担しつつ、相
互に連携しながら、各学校の特色を生かしたカリ
キュラム・マネジメントを行うよう努めるものと
する。また、各学校が行う学校評価については、
教育課程の編成、実施、改善が教育活動や学校運
営の中核となることを踏まえ、カリキュラム・マ
ネジメントと関連付けながら実施するよう留意す
るものとする。

イ　教育課程の編成及び実施に当たっては学校保健
計画、学校安全計画、食に関する指導の全体計
画、いじめの防止等のための対策に関する基本的
な方針など、各分野における学校の全体計画等と
関連付けながら、効果的な指導が行われるように
留意するものとする。

（＊中学校は、これに続けて教育課程と部活動の
関係について次の内容が示されている。

「ウ　教育課程外の学校教育活動と教育課程の関
連が図られるように留意するものとする。特に、
生徒の自主的、自発的な参加により行われる部活
動については、スポーツや文化、科学等に親しま
せ、学習意欲の向上や責任感、連帯感の涵養等、
学校教育が目指す資質・能力の育成に資するもの
であり、学校教育の一環として、教育課程との関
連が図られるよう留意すること。その際、学校や
地域の実態に応じ、地域の人々の協力、社会教育
施設や社会教育関係団体等の各種団体との連携な
どの運営上の工夫を行い、持続可能な運営体制が
整えられるようにするものとする。」）

2　家庭や地域社会との連携及び協働と学校間の連携
　教育課程の編成及び実施に当たっては、次の事項に
配慮するものとする。

ア　学校がその目的を達成するため、学校や地域の
実態等に応じ、教育活動の実施に必要な人的又は
物的な体制を家庭や地域の人々の協力を得ながら
整えるなど、家庭や地域社会との連携及び協働を
深めること。また、高齢者や異年齢の子供など、
地域における世代を越えた交流の機会を設けるこ
と。

イ　他の小学校（中学校）や、幼稚園、認定こども
園、保育所、中学校（小学校）、高等学校、特別
支援学校などとの間の連携や交流を図るととも
に、障害のある幼児児童生徒との交流及び共同学
習の機会を設け、共に尊重し合いながら協働して
生活していく態度を育むようにすること。

第6　道徳教育に関する配慮事項

道徳教育を進めるに当たっては、道徳教育の特質を
踏まえ、前項までに示す事項に加え、次の事項に配慮
するものとする。

1　各学校においては、第1の2の⑵に示す道徳教育
の目標を踏まえ、道徳教育の全体計画を作成し、校
長の方針の下に、道徳教育の推進を主に担当する教
師（以下「道徳教育推進教師」という。）を中心に、
全教師が協力して道徳教育を展開すること。なお、
道徳教育の全体計画の作成に当たっては、児童（生
徒）や学校、地域の実態を考慮して、学校の道徳教
育の重点目標を設定するとともに、道徳科の指導方
針、第3章特別の教科道徳の第2に示す内容との関
連を踏まえた各教科、外国語活動（＊小学校のみ）、
総合的な学習の時間及び特別活動における指導の内
容及び時期並びに家庭や地域社会との連携の方法を
示すこと。

2　各学校においては、児童（生徒）の発達の段階や
特性等を踏まえ、指導内容の重点化を図ること。そ
の際、各学年を通じて、自立心や自律性、生命を尊
重する心や他者を思いやる心を育てることに留意す
ること。また、各学年段階においては、次の事項に
留意すること。

⑴　第1学年及び第2学年においては、挨拶などの
基本的な生活習慣を身に付けること、善悪を判断
し、してはならないことをしないこと、社会生活
上のきまりを守ること。

⑵　第3学年及び第4学年においては、善悪を判断
し、正しいと判断したことを行うこと、身近な
人々と協力し助け合うこと、集団や社会のきまり
を守ること。

⑶　第5学年及び第6学年においては、相手の考え
方や立場を理解して支え合うこと、法やきまりの
意義を理解して進んで守ること、集団生活の充実
に努めること、伝統と文化を尊重し、それらを育
んできた我が国と郷土を愛するとともに、他国を
尊重すること。

（＊中学校は次のように示されている。

「その際、小学校における道徳教育の指導内容を
更に発展させ、自立心や自律性を高め、規律ある
生活をすること、生命を尊重する心や自らの弱さ
を克服して気高く生きようとする心を育てるこ
と、法やきまりの意義に関する理解を深めるこ
と、自らの将来の生き方を考え主体的に社会の形
成に参画する意欲と態度を養うこと、伝統と文化
を尊重し、それらを育んできた我が国と郷土を愛
するとともに、他国を尊重すること、国際社会に
生きる日本人としての自覚を身に付けることに留
意すること。」）

3　学校や学級内の人間関係や環境を整えるととも
に、集団宿泊活動やボランティア活動、自然体験活

動、地域の行事への参加などの豊かな体験を充実すること。また、道徳教育の指導内容が、児童（生徒）の日常生活に生かされるようにすること。その際、いじめの防止や安全の確保等にも資することとなるよう留意すること。

4　学校の道徳教育の全体計画や道徳教育に関する諸活動などの情報を積極的に公表したり、道徳教育の充実のために家庭や地域の人々の積極的な参加や協力を得たりするなど、家庭や地域社会との共通理解を深め、相互の連携を図ること。

8. 高等学校学習指導要領（平成30（2018）年告示）（抄）

＊高等学校学習指導要領の前文は、中学校学習指導要領の内容が次の最後の一文を除き同じであるため、省略する。「幼児期の教育及び義務教育の基礎の上に、高等学校卒業以降の教育や職業、生涯にわたる学習とのつながりを見通しながら、生徒の学習の在り方を展望していくために広く活用されるものとなることを期待して、ここに高等学校学習指導要領を定める。」

第1章　総則
第1款　高等学校教育の基本と教育課程の役割

1　各学校においては、教育基本法及び学校教育法その他の法令並びにこの章以下に示すところに従い、生徒の人間として調和のとれた育成を目指し、生徒の心身の発達の段階や特性、課程や学科の特色及び学校や地域の実態を十分考慮して、適切な教育課程を編成するものとし、これらに掲げる目標を達成するよう教育を行うものとする。

2　学校の教育活動を進めるに当たっては、各学校において、第3款の1に示す主体的・対話的で深い学びの実現に向けた授業改善を通して、創意工夫を生かした特色ある教育活動を展開する中で、次の(1)から(3)までに掲げる事項の実現を図り、生徒に生きる力を育むことを目指すものとする。

(1)　基礎的・基本的な知識及び技能を確実に習得させ、これらを活用して課題を解決するために必要な思考力、判断力、表現力等を育むとともに、主体的に学習に取り組む態度を養い、個性を生かし多様な人々との協働を促す教育の充実に努めること。その際、生徒の発達の段階を考慮して、生徒の言語活動など、学習の基盤をつくる活動を充実するとともに、家庭との連携を図りながら、生徒の学習習慣が確立するよう配慮すること。

(2)　道徳教育や体験活動、多様な表現や鑑賞の活動等を通して、豊かな心や創造性の涵養を目指した教育の充実に努めること。

学校における道徳教育は、人間としての在り方生き方に関する教育を学校の教育活動全体を通じて行うことによりその充実を図るものとし、各教科に属する科目（以下「各教科・科目」という。）、総合的な探究の時間及び特別活動（以下「各教科・科目等」という。）のそれぞれの特質に応じて、適切な指導を行うこと。

道徳教育は、教育基本法及び学校教育法に定められた教育の根本精神に基づき、生徒が自己探求と自己実現に努め国家・社会の一員としての自覚に基づき行為しうる発達の段階にあることを考慮し、人間としての在り方生き方を考え、主体的な判断の下に行動し、自立した人間として他者と共によりよく生きるための基盤となる道徳性を養うことを目標とすること。

道徳教育を進めるに当たっては、人間尊重の精神と生命に対する畏敬の念を家庭、学校、その他社会における具体的な生活の中に生かし、豊かな心をもち、伝統と文化を尊重し、それらを育んできた我が国と郷土を愛し、個性豊かな文化の創造を図るとともに、平和で民主的な国家及び社会の形成者として、公共の精神を尊び、社会及び国家の発展に努め、他国を尊重し、国際社会の平和と発展や環境の保全に貢献し未来を拓く主体性のある日本人の育成に資することとなるよう特に留意すること。

(3)　学校における体育・健康に関する指導を、生徒の発達の段階を考慮して、学校の教育活動全体を通じて適切に行うことにより、健康で安全な生活と豊かなスポーツライフの実現を目指した教育の充実に努めること。特に、学校における食育の推進並びに体力の向上に関する指導、安全に関する指導及び心身の健康の保持増進に関する指導については、保健体育科、家庭科及び特別活動の時間はもとより、各教科・科目及び総合的な探究の時間などにおいてもそれぞれの特質に応じて適切に行うよう努めること。また、それらの指導を通して、家庭や地域社会との連携を図りながら、日常生活において適切な体育・健康に関する活動の実践を促し、生涯を通じて健康・安全で活力ある生活を送るための基礎が培われるよう配慮すること。

3　2の(1)から(3)までに掲げる事項の実現を図り、豊かな創造性を備え持続可能な社会の創り手となることが期待される生徒に、生きる力を育むことを目指すに当たっては、学校教育全体及び各教科・科目等の指導を通してどのような資質・能力の育成を目指すのかを明確にしながら、教育活動の充実を図るものとする。その際、生徒の発達の段階や特性等を踏まえつつ、次に掲げることが偏りなく実現できるようにするものとする。

(1)　知識及び技能が習得されるようにすること。
(2)　思考力、判断力、表現力等を育成すること。
(3)　学びに向かう力、人間性等を涵養すること。

4 学校においては、地域や学校の実態等に応じて、就業やボランティアに関わる体験的な学習の指導を適切に行うようにし、勤労の尊さや創造することの喜びを体得させ、望ましい勤労観、職業観の育成や社会奉仕の精神の涵養に資するものとする。

5 各学校においては、生徒や学校、地域の実態を適切に把握し、教育の目的や目標の実現に必要な教育の内容等を教科等横断的な視点で組み立てていくこと、教育課程の実施状況を評価してその改善を図っていくこと、教育課程の実施に必要な人的又は物的な体制を確保するとともにその改善を図っていくことなどを通して、教育課程に基づき組織的かつ計画的に各学校の教育活動の質の向上を図っていくこと（以下「カリキュラム・マネジメント」という。）に努めるものとする。

第2款 教育課程の編成

1 各学校の教育目標と教育課程の編成

　教育課程の編成に当たっては、学校教育全体や各教科・科目等における指導を通して育成を目指す資質・能力を踏まえつつ、各学校の教育目標を明確にするとともに、教育課程の編成についての基本的な方針が家庭や地域とも共有されるよう努めるものとする。その際、第4章の第2の1に基づき定められる目標との関連を図るものとする。

2 教科等横断的な視点に立った資質・能力の育成

(1) 各学校においては、生徒の発達の段階を考慮し、言語能力、情報活用能力（情報モラルを含む。）、問題発見・解決能力等の学習の基盤となる資質・能力を育成していくことができるよう、各教科・科目等の特質を生かし、教科等横断的な視点から教育課程の編成を図るものとする。

(2) 各学校においては、生徒や学校、地域の実態及び生徒の発達の段階を考慮し、豊かな人生の実現や災害等を乗り越えて次代の社会を形成することに向けた現代的な諸課題に対応して求められる資質・能力を、教科等横断的な視点で育成していくことができるよう、各学校の特色を生かした教育課程の編成を図るものとする。

3 教育課程の編成における共通的事項

(1) 各教科・科目及び単位数等

　ア 卒業までに履修させる単位数等

　　各学校においては、卒業までに履修させるイからオまでに示す各教科・科目及びその単位数、総合的な探究の時間の単位数並びに特別活動及びその授業時数に関する事項を定めるものとする。この場合、各教科・科目及び総合的な探究の時間の単位数の計は、(2)のア、イ及びウの(ア)に掲げる各教科・科目の単位数並びに総合的な探究の時間の単位数を含めて74単位以上とする。

　　単位については、1単位時間を50分とし、35単位時間の授業を1単位として計算することを標準とする。ただし、通信制の課程においては、5に定めるところによるものとする。

　イ 各学科に共通する各教科・科目及び総合的な探究の時間並びに標準単位数

　　各学校においては、教育課程の編成に当たって、次の表に掲げる各教科・科目及び総合的な探究の時間並びにそれぞれの標準単位数を踏まえ、生徒に履修させる各教科・科目及び総合的な探究の時間並びにそれらの単位数について適切に定めるものとする。ただし、生徒の実態等を考慮し、特に必要がある場合には、標準単位数の標準の限度を超えて単位数を増加して配当することができる。

教科等	科目	標準単位数	教科等	科目	標準単位数
国語	現代の国語	2	保健体育	体育	7〜8
	言語文化	2		保健	2
	論理国語	4	芸術	音楽Ⅰ	2
	文学国語	4		音楽Ⅱ	2
	国語表現	4		音楽Ⅲ	2
	古典探究	4		美術Ⅰ	2
地理歴史	地理総合	2		美術Ⅱ	2
	地理探究	3		美術Ⅲ	2
	歴史総合	2		工芸Ⅰ	2
	日本史探究	3		工芸Ⅱ	2
	世界史探究	3		工芸Ⅲ	2
公民	公共	2		書道Ⅰ	2
	倫理	2		書道Ⅱ	2
	政治・経済	2		書道Ⅲ	2
数学	数学Ⅰ	3	外国語	英語コミュニケーションⅠ	3
	数学Ⅱ	4		英語コミュニケーションⅡ	4
	数学Ⅲ	3		英語コミュニケーションⅢ	4
	数学A	2			
	数学B	2		論理・表現Ⅰ	2
	数学C	2		論理・表現Ⅱ	2
理科	科学と人間生活	2		論理・表現Ⅲ	2
	物理基礎	2	家庭	家庭基礎	2
	物理	4		家庭総合	4
	化学基礎	2	情報	情報Ⅰ	2
	化学	4		情報Ⅱ	2
	生物基礎	2	理数	理数探究基礎	1
	生物	4		理数探究	2〜5
	地学基礎	2	総合的な探究の時間		3〜6
	地学	4			

　ウ 主として専門学科において開設される各教科・科目

　　各学校においては、教育課程の編成に当たって、次の表に掲げる主として専門学科（専門教育を主とする学科をいう。以下同じ。）において開設される各教科・科目及び設置者の定めるそれぞれの標準単位数を踏まえ、生徒に履修させる各教科・科目及びその単位数について適切に定めるものとする。

　エ 学校設定科目

　　学校においては、生徒や学校、地域の実態及

び学科の特色等に応じ、特色ある教育課程の編成に資するよう、イ及びウの表に掲げる教科について、これらに属する科目以外の科目（以下「学校設定科目」という。）を設けることができる。この場合において、学校設定科目の名称、目標、内容、単位数等については、その科目の属する教科の目標に基づき、高等学校教育としての水準の確保に十分配慮し、各学校の定めるところによるものとする。

オ　学校設定教科

　(ア)　学校においては、生徒や学校、地域の実態及び学科の特色等に応じ、特色ある教育課程の編成に資するよう、イ及びウの表に掲げる教科以外の教科（以下「学校設定教科」という。）及び当該教科に関する科目を設けることができる。この場合において、学校設定教科及び当該教科に関する科目の名称、目標、内容、単位数等については、高等学校教育の目標に基づき、高等学校教育としての水準の確保に十分配慮し、各学校の定めるところによるものとする。

　(イ)　学校においては、学校設定教科に関する科目として「産業社会と人間」を設けることができる。この科目の目標、内容、単位数等を各学校において定めるに当たっては、産業社会における自己の在り方生き方について考えさせ、社会に積極的に寄与し、生涯にわたって学習に取り組む意欲や態度を養うとともに、生徒の主体的な各教科・科目の選択に資するよう、就業体験活動等の体験的な学習や調査・研究などを通して、次のような事項について指導することに配慮するものとする。

　　㋐　社会生活や職業生活に必要な基本的な能力や態度及び望ましい勤労観、職業観の育成

　　㋑　我が国の産業の発展とそれがもたらした社会の変化についての考察

　　㋒　自己の将来の生き方や進路についての考察及び各教科・科目の履修計画の作成

(2)　各教科・科目の履修等

ア　各学科に共通する必履修教科・科目及び総合的な探究の時間

　(ア)　全ての生徒に履修させる各教科・科目（以下「必履修教科・科目」という。）は次のとおりとし、その単位数は、(1)のイに標準単位数として示された単位数を下らないものとする。ただし、生徒の実態及び専門学科の特色等を考慮し、特に必要がある場合には、「数学Ⅰ」及び「英語コミュニケーションⅠ」については２単位とすることができ、その他の必履修教科・科目（標準単位数が２単位であるものを除く。）についてはその単位数の一

部を減じることができる。

　　㋐　国語のうち「現代の国語」及び「言語文化」

　　㋑　地理歴史のうち「地理総合」及び「歴史総合」

　　㋒　公民のうち「公共」

　　㋓　数学のうち「数学Ⅰ」

　　㋔　理科のうち「科学と人間生活」、「物理基礎」、「化学基礎」、「生物基礎」及び「地学基礎」のうちから２科目（うち１科目は「科学と人間生活」とする。）又は「物理基礎」、「化学基礎」、「生物基礎」及び「地学基礎」のうちから３科目

　　㋕　保健体育のうち「体育」及び「保健」

　　㋖　芸術のうち「音楽Ⅰ」、「美術Ⅰ」、「工芸Ⅰ」及び「書道Ⅰ」のうちから１科目

　　㋗　外国語のうち「英語コミュニケーションⅠ」（英語以外の外国語を履修する場合は、学校設定科目として設ける１科目とし、その標準単位数は３単位とする。）

　　㋘　家庭のうち「家庭基礎」及び「家庭総合」のうちから１科目

　　㋙　情報のうち「情報Ⅰ」

　(イ)　総合的な探究の時間については、全ての生徒に履修させるものとし、その単位数は、(1)のイに標準単位数として示された単位数の下限を下らないものとする。ただし、特に必要がある場合には、その単位数を２単位とすることができる。

　(ウ)　略

イ、ウ　略

(3)　各教科・科目等の授業時数等

ア　全日制の課程における各教科・科目及びホームルーム活動の授業は、年間35週行うことを標準とし、必要がある場合には、各教科・科目の授業を特定の学期又は特定の期間（夏季、冬季、学年末等の休業日の期間に授業日を設定する場合を含む。）に行うことができる。

イ　全日制の課程における週当たりの授業時数は、30単位時間を標準とする。ただし、必要がある場合には、これを増加することができる。

ウ　定時制の課程における授業日数の季節的配分又は週若しくは１日当たりの授業時数については、生徒の勤労状況と地域の諸事情等を考慮して、適切に定めるものとする。

エ　ホームルーム活動の授業時数については、原則として、年間35単位時間以上とするものとする。

オ　生徒会活動及び学校行事については、学校の実態に応じて、それぞれ適切な授業時数を充てるものとする。

カ　定時制の課程において、特別の事情がある場合には、ホームルーム活動の授業時数の一部を減じ、又はホームルーム活動及び生徒会活動の内容の一部を行わないものとすることができる。

キ　各教科・科目等のそれぞれの授業の1単位時間は、各学校において、各教科・科目等の授業時数を確保しつつ、生徒の実態及び各教科・科目等の特質を考慮して適切に定めるものとする。

ク　各教科・科目等の特質に応じ、10分から15分程度の短い時間を活用して特定の各教科・科目等の指導を行う場合において、当該各教科・科目等を担当する教師が単元や題材など内容や時間のまとまりを見通した中で、その指導内容の決定や指導の成果の把握と活用等を責任をもって行う体制が整備されているときは、その時間を当該各教科・科目等の授業時数に含めることができる。

ケ　総合的な探究の時間における学習活動により、特別活動の学校行事に掲げる各行事の実施と同様の成果が期待できる場合においては、総合的な探究の時間における学習活動をもって相当する特別活動の学校行事に掲げる各行事の実施に替えることができる。

コ　理数の「理数探究基礎」又は「理数探究」の履修により、総合的な探究の時間の履修と同様の成果が期待できる場合においては、「理数探究基礎」又は「理数探究」の履修をもって総合的な探究の時間の履修の一部又は全部に替えることができる。

(4)　選択履修の趣旨を生かした適切な教育課程の編成
　　　教育課程の編成に当たっては、生徒の特性、進路等に応じた適切な各教科・科目の履修ができるようにし、このため、多様な各教科・科目を設け生徒が自由に選択履修することのできるよう配慮するものとする。また、教育課程の類型を設け、そのいずれかの類型を選択して履修させる場合においても、その類型において履修させることになっている各教科・科目以外の各教科・科目を履修させたり、生徒が自由に選択履修することのできる各教科・科目を設けたりするものとする。

(5)　各教科・科目等の内容等の取扱い
ア　学校においては、第2章以下に示していない事項を加えて指導することができる。また、第2章以下に示す内容の取扱いのうち内容の範囲や程度等を示す事項は、当該科目を履修する全ての生徒に対して指導するものとする内容の範囲や程度等を示したものであり、学校において必要がある場合には、この事項にかかわらず指導することができる。ただし、これらの場合には、第2章以下に示す教科、科目及び特別活動の目標や内容の趣旨を逸脱したり、生徒の負担

が過重となったりすることのないようにするものとする。

イ　第2章以下に示す各教科・科目及び特別活動の内容に掲げる事項の順序は、特に示す場合を除き、指導の順序を示すものではないので、学校においては、その取扱いについて適切な工夫を加えるものとする。

ウ　学校においては、あらかじめ計画して、各教科・科目の内容及び総合的な探究の時間における学習活動を学期の区分に応じて単位ごとに分割して指導することができる。

エ　学校においては、特に必要がある場合には、第2章及び第3章に示す教科及び科目の目標の趣旨を損なわない範囲内で、各教科・科目の内容に関する事項について、基礎的・基本的な事項に重点を置くなどその内容を適切に選択して指導することができる。

(6)　指導計画の作成に当たって配慮すべき事項
　　　各学校においては、次の事項に配慮しながら、学校の創意工夫を生かし、全体として、調和のとれた具体的な指導計画を作成するものとする。

ア　各教科・科目等の指導内容については、単元や題材など内容や時間のまとまりを見通しながら、そのまとめ方や重点の置き方に適切な工夫を加え、第3款の1に示す主体的・対話的で深い学びの実現に向けた授業改善を通して資質・能力を育む効果的な指導ができるようにすること。

イ　各教科・科目等について相互の関連を図り、系統的、発展的な指導ができるようにすること。

(7)　キャリア教育及び職業教育に関して配慮すべき事項
ア　学校においては、第5款の1に示すキャリア教育及び職業教育を推進するために、生徒の特性や進路、学校や地域の実態等を考慮し、地域や産業界等との連携を図り、産業現場等における長期間の実習を取り入れるなどの就業体験活動の機会を積極的に設けるとともに、地域や産業界等の人々の協力を積極的に得るよう配慮するものとする。

イ　普通科においては、生徒の特性や進路、学校や地域の実態等を考慮し、必要に応じて、適切な職業に関する各教科・科目の履修の機会の確保について配慮するものとする。

ウ、エ　略

4　学校段階等間の接続
　　教育課程の編成に当たっては、次の事項に配慮しながら、学校段階等間の接続を図るものとする。

(1)　現行の中学校学習指導要領を踏まえ、中学校教育までの学習の成果が高等学校教育に円滑に接続され、高等学校教育段階の終わりまでに育成することを目指す資質・能力を、生徒が確実に身に付

けることができるよう工夫すること。特に、中等教育学校、連携型高等学校及び併設型高等学校においては、中等教育6年間を見通した計画的かつ継続的な教育課程を編成すること。

(2)　生徒や学校の実態等に応じ、必要がある場合には、例えば次のような工夫を行い、義務教育段階での学習内容の確実な定着を図るようにすること。

ア　各教科・科目の指導に当たり、義務教育段階での学習内容の確実な定着を図るための学習機会を設けること。

イ　義務教育段階での学習内容の確実な定着を図りながら、必履修教科・科目の内容を十分に習得させることができるよう、その単位数を標準単位数の標準の限度を超えて増加して配当すること。

ウ　義務教育段階での学習内容の確実な定着を図ることを目標とした学校設定科目等を履修させた後に、必履修教科・科目を履修させるようにすること。

(3)　大学や専門学校等における教育や社会的・職業的自立、生涯にわたる学習のために、高等学校卒業以降の教育や職業との円滑な接続が図られるよう、関連する教育機関や企業等との連携により、卒業後の進路に求められる資質・能力を着実に育成することができるよう工夫すること。

5　略

第3款　教育課程の実施と学習評価

1　主体的・対話的で深い学びの実現に向けた授業改善

各教科・科目等の指導に当たっては、次の事項に配慮するものとする。

(1)　第1款の3の(1)から(3)までに示すことが偏りなく実現されるよう、単元や題材など内容や時間のまとまりを見通しながら、生徒の主体的・対話的で深い学びの実現に向けた授業改善を行うこと。

特に、各教科・科目等において身に付けた知識及び技能を活用したり、思考力、判断力、表現力等や学びに向かう力、人間性等を発揮させたりして、学習の対象となる物事を捉え思考することにより、各教科・科目等の特質に応じた物事を捉える視点や考え方（以下「見方・考え方」という。）が鍛えられていくことに留意し、生徒が各教科・科目等の特質に応じた見方・考え方を働かせながら、知識を相互に関連付けてより深く理解したり、情報を精査して考えを形成したり、問題を見いだして解決策を考えたり、思いや考えを基に創造したりすることに向かう過程を重視した学習の充実を図ること。

(2)　第2款の2の(1)に示す言語能力の育成を図るため、各学校において必要な言語環境を整えるとともに、国語科を要としつつ各教科・科目等の特質に応じて、生徒の言語活動を充実すること。あわ

せて、(6)に示すとおり読書活動を充実すること。

(3)　第2款の2の(1)に示す情報活用能力の育成を図るため、各学校において、コンピュータや情報通信ネットワークなどの情報手段を活用するために必要な環境を整え、これらを適切に活用した学習活動の充実を図ること。また、各種の統計資料や新聞、視聴覚教材や教育機器などの教材・教具の適切な活用を図ること。

(4)　生徒が学習の見通しを立てたり学習したことを振り返ったりする活動を、計画的に取り入れるように工夫すること。

(5)　生徒が生命の有限性や自然の大切さ、主体的に挑戦してみることや多様な他者と協働することの重要性などを実感しながら理解することができるよう、各教科・科目等の特質に応じた体験活動を重視し、家庭や地域社会と連携しつつ体系的・継続的に実施できるよう工夫すること。

(6)　学校図書館を計画的に利用しその機能の活用を図り、生徒の主体的・対話的で深い学びの実現に向けた授業改善に生かすとともに、生徒の自主的、自発的な学習活動や読書活動を充実すること。また、地域の図書館や博物館、美術館、劇場、音楽堂等の施設の活用を積極的に図り、資料を活用した情報の収集や鑑賞等の学習活動を充実すること。

2　学習評価の充実

学習評価の実施に当たっては、次の事項に配慮するものとする。

(1)　生徒のよい点や進歩の状況などを積極的に評価し、学習したことの意義や価値を実感できるようにすること。また、各教科・科目等の目標の実現に向けた学習状況を把握する観点から、単元や題材など内容や時間のまとまりを見通しながら評価の場面や方法を工夫して、学習の過程や成果を評価し、指導の改善や学習意欲の向上を図り、資質・能力の育成に生かすようにすること。

(2)　創意工夫の中で学習評価の妥当性や信頼性が高められるよう、組織的かつ計画的な取組を推進するとともに、学年や学校段階を越えて生徒の学習の成果が円滑に接続されるように工夫すること。

第4款　単位の修得及び卒業の認定

1　各教科・科目及び総合的な探究の時間の単位の修得の認定

(1)　学校においては、生徒が学校の定める指導計画に従って各教科・科目を履修し、その成果が教科及び科目の目標からみて満足できると認められる場合には、その各教科・科目について履修した単位を修得したことを認定しなければならない。

(2)　学校においては、生徒が学校の定める指導計画に従って総合的な探究の時間を履修し、その成果が第4章の第2の1に基づき定められる目標から

みて満足できると認められる場合には、総合的な探究の時間について履修した単位を修得したことを認定しなければならない。

(3) 学校においては、生徒が1科目又は総合的な探究の時間を2以上の年次にわたって履修したときは、各年次ごとにその各教科・科目又は総合的な探究の時間について履修した単位を修得したことを認定することを原則とする。また、単位の修得の認定を学期の区分ごとに行うことができる。

2 卒業までに修得させる単位数

学校においては、卒業までに修得させる単位数を定め、校長は、当該単位数を修得した者で、特別活動の成果がその目標からみて満足できると認められるものについて、高等学校の全課程の修了を認定するものとする。この場合、卒業までに修得させる単位数は、74単位以上とする。なお、普通科においては、卒業までに修得させる単位数に含めることができる学校設定科目及び学校設定教科に関する科目に係る修得単位数は、合わせて20単位を超えることができない。

3 各学年の課程の修了の認定

学校においては、各学年の課程の修了の認定については、単位制が併用されていることを踏まえ、弾力的に行うよう配慮するものとする。

第5款 生徒の発達の支援

1 生徒の発達を支える指導の充実

教育課程の編成及び実施に当たっては、次の事項に配慮するものとする。

(1) 学習や生活の基盤として、教師と生徒との信頼関係及び生徒相互のよりよい人間関係を育てるため、日頃からホームルーム経営の充実を図ること。また、主に集団の場面で必要な指導や援助を行うガイダンスと、個々の生徒の多様な実態を踏まえ、一人一人が抱える課題に個別に対応した指導を行うカウンセリングの双方により、生徒の発達を支援すること。

(2) 生徒が、自己の存在感を実感しながら、よりよい人間関係を形成し、有意義で充実した学校生活を送る中で、現在及び将来における自己実現を図っていくことができるよう、生徒理解を深め、学習指導と関連付けながら、生徒指導の充実を図ること。

(3) 生徒が、学ぶことと自己の将来とのつながりを見通しながら、社会的・職業的自立に向けて必要な基盤となる資質・能力を身に付けていくことができるよう、特別活動を要としつつ各教科・科目等の特質に応じて、キャリア教育の充実を図ること。その中で、生徒が自己の在り方生き方を考え主体的に進路を選択することができるよう、学校の教育活動全体を通じ、組織的かつ計画的な進路指導を行うこと。

(4) 学校の教育活動全体を通じて、個々の生徒の特性等の的確な把握に努め、その伸長を図ること。また、生徒が適切な各教科・科目や類型を選択し学校やホームルームでの生活によりよく適応するとともに、現在及び将来の生き方を考え行動する態度や能力を育成することができるようにすること。

(5) 生徒が、基礎的・基本的な知識及び技能の習得も含め、学習内容を確実に身に付けることができるよう、生徒や学校の実態に応じ、個別学習やグループ別学習、繰り返し学習、学習内容の習熟の程度に応じた学習、生徒の興味・関心等に応じた課題学習、補充的な学習や発展的な学習などの学習活動を取り入れることや、教師間の協力による指導体制を確保することなど、指導方法や指導体制の工夫改善により、個に応じた指導の充実を図ること。その際、第3款の1の(3)に示す情報手段や教材・教具の活用を図ること。

(6) 学習の遅れがちな生徒などについては、各教科・科目等の選択、その内容の取扱いなどについて必要な配慮を行い、生徒の実態に応じ、例えば義務教育段階の学習内容の確実な定着を図るための指導を適宜取り入れるなど、指導内容や指導方法を工夫すること。

2 略

第6款 学校運営上の留意事項

1 教育課程の改善と学校評価、教育課程外の活動との連携等

ア 各学校においては、校長の方針の下に、校務分掌に基づき教職員が適切に役割を分担しつつ、相互に連携しながら、各学校の特色を生かしたカリキュラム・マネジメントを行うよう努めるものとする。また、各学校が行う学校評価については、教育課程の編成、実施、改善が教育活動や学校運営の中核となることを踏まえ、カリキュラム・マネジメントと関連付けながら実施するよう留意するものとする。

イ 教育課程の編成及び実施に当たっては、学校保健計画、学校安全計画、食に関する指導の全体計画、いじめの防止等のための対策に関する基本的な方針など、各分野における学校の全体計画等と関連付けながら、効果的な指導が行われるように留意するものとする。

ウ 教育課程外の学校教育活動と教育課程の関連が図られるように留意するものとする。特に、生徒の自主的、自発的な参加により行われる部活動については、スポーツや文化、科学等に親しませ、学習意欲の向上や責任感、連帯感の涵養等、学校教育が目指す資質・能力の育成に資するものであり、学校教育の一環として、教育課程との関連が図られるよう留意すること。その際、学校や地域の実態に応じ、地域の人々の協力、社会教育施設

や社会教育関係団体等の各種団体との連携などの
運営上の工夫を行い、持続可能な運営体制が整え
られるようにするものとする。
2　家庭や地域社会との連携及び協働と学校間の連携
教育課程の編成及び実施に当たっては、次の事項
に配慮するものとする。
ア　学校がその目的を達成するため、学校や地域の
実態等に応じ、教育活動の実施に必要な人的又は
物的な体制を家庭や地域の人々の協力を得ながら
整えるなど、家庭や地域社会との連携及び協働を
深めること。また、高齢者や異年齢の子供など、
地域における世代を越えた交流の機会を設けること。
イ　他の高等学校や、幼稚園、認定こども園、保育
所、小学校、中学校、特別支援学校及び大学など
との間の連携や交流を図るとともに、障害のある
幼児児童生徒との交流及び共同学習の機会を設
け、共に尊重し合いながら協働して生活していく
態度を育むようにすること。
第7款　道徳教育に関する配慮事項
道徳教育を進めるに当たっては、道徳教育の特質を
踏まえ、第6款までに示す事項に加え、次の事項に配
慮するものとする。
1　各学校においては、第1款の2の(2)に示す道徳教
育の目標を踏まえ、道徳教育の全体計画を作成し、
校長の方針の下に、道徳教育の推進を主に担当する
教師（「道徳教育推進教師」という。）を中心に、全
教師が協力して道徳教育を展開すること。なお、道
徳教育の全体計画の作成に当たっては、生徒や学校
の実態に応じ、指導の方針や重点を明らかにして、
各教科・科目等との関係を明らかにすること。その
際、公民科の「公共」及び「倫理」並びに特別活動
が、人間としての在り方生き方に関する中核的な指
導の場面であることに配慮すること。
2　道徳教育を進めるに当たっては、中学校までの特
別の教科である道徳の学習等を通じて深めた、主と
して自分自身、人との関わり、集団や社会との関わ
り、生命や自然、崇高なものとの関わりに関する道
徳的諸価値についての理解を基にしながら、様々な
体験や思索の機会等を通して、人間としての在り方
生き方についての考えを深めるよう留意すること。
また、自立心や自律性を高め、規律ある生活をす
ること、生命を尊重する心を育てること、社会連帯の
自覚を高め、主体的に社会の形成に参画する意欲と
態度を養うこと、義務を果たし責任を重んずる態度
及び人権を尊重し差別のないよりよい社会を実現し
ようとする態度を養うこと、伝統と文化を尊重し、
それらを育んできた我が国と郷土を愛するととも
に、他国を尊重すること、国際社会に生きる日本人
としての自覚を身に付けることに関する指導が適切
に行われるよう配慮すること。
3　学校やホームルーム内の人間関係や環境を整える

とともに、就業体験活動やボランティア活動、自
然体験活動、地域の行事への参加などの豊かな体験
を充実すること。また、道徳教育の指導が、生徒の
日常生活に生かされるようにすること。その際、い
じめの防止や安全の確保等にも資することとなるよ
うに留意すること。
4　学校の道徳教育の全体計画や道徳教育に関する諸
活動などの情報を積極的に公表したり、道徳教育の
充実のために家庭や地域の人々の積極的な参加や協
力を得たりするなど、家庭や地域社会との共通理解
を深めること。

小学校における各教科等の授業時数の変遷

ここでは、学習指導要領が教育課程の基準として文部大臣が公示するものとされた昭和33年の改訂から平成29年の改訂までの各教科等の授業時数の変遷を示す。

○ 表中の数字は、年間の授業時数を示す。
○ ( )の数字は、年間の授業日数を35週(第1学年は34週)とした場合における週当たりの平均授業時数を示す。
○ 授業時間の1単位時間は45分である。

【昭和33年改訂】(昭和36年度実施)

教科等＼学年	1	2	3	4	5	6
国語	238(7)	315(9)	280(8)	280(8)	245(7)	245(7)
社会	68(2)	70(2)	105(3)	140(4)	140(4)	140(4)
算数	102(3)	140(4)	175(5)	210(6)	210(6)	210(6)
理科	68(2)	70(2)	105(3)	105(3)	140(4)	140(4)
音楽	102(3)	70(2)	70(2)	70(2)	70(2)	70(2)
図画工作	102(3)	70(2)	70(2)	70(2)	70(2)	70(2)
家庭	—	—	—	—	70(2)	70(2)
体育	102(3)	105(3)	105(3)	105(3)	105(3)	105(3)
道徳	34(1)	35(1)	35(1)	35(1)	35(1)	35(1)
計	816(24)	875(25)	945(27)	1015(29)	1085(31)	1085(31)

※ 小学校の教育課程は、表中の教科等と特別教育活動及び学校行事等によって編成されるが、特別教育活動及び学校行事等の時数の規定はない。

【昭和52年改訂】(昭和55年度実施)

教科等＼学年	1	2	3	4	5	6
国語	272(8)	280(8)	280(8)	280(8)	210(6)	210(6)
社会	68(2)	70(2)	105(3)	105(3)	105(3)	105(3)
算数	136(4)	175(5)	175(5)	175(5)	175(5)	175(5)
理科	68(2)	70(2)	105(3)	105(3)	105(3)	105(3)
音楽	68(2)	70(2)	70(2)	70(2)	70(2)	70(2)
図画工作	68(2)	70(2)	70(2)	70(2)	70(2)	70(2)
家庭	—	—	—	70(2)	70(2)	70(2)
体育	102(3)	105(3)	105(3)	105(3)	105(3)	105(3)
道徳	34(1)	35(1)	35(1)	35(1)	35(1)	35(1)
特別活動	34(1)	35(1)	35(1)	35(1)	35(1)	35(1)
計	850(25)	910(26)	980(28)	1015(29)	1015(29)	1015(29)

※ 特別活動は、学級会活動、クラブ活動及び学級指導(学校給食に係るものを除く。)に充てる時数。

【昭和43年改訂】(昭和46年度実施)

教科等＼学年	1	2	3	4	5	6
国語	238(7)	315(9)	280(8)	280(8)	245(7)	245(7)
社会	68(2)	70(2)	105(3)	140(4)	140(4)	140(4)
算数	102(3)	140(4)	175(5)	210(6)	210(6)	210(6)
理科	68(2)	70(2)	105(3)	105(3)	140(4)	140(4)
音楽	102(3)	70(2)	70(2)	70(2)	70(2)	70(2)
図画工作	102(3)	70(2)	70(2)	70(2)	70(2)	70(2)
家庭	—	—	—	—	70(2)	70(2)
体育	102(3)	105(3)	105(3)	105(3)	105(3)	105(3)
道徳	34(1)	35(1)	35(1)	35(1)	35(1)	35(1)
特別活動	[34(1)]	[35(1)]	[35(1)]	[70(2)]	[70(2)]	[70(2)]
計	850(25)	910(26)	980(28)	1085(31)	1155(33)	1155(33)

※ 小学校の教育課程は、表中の教科等と特別活動によって編成されるが、特別活動の学級会活動の時数の規定はない。(ただし、学習指導要領において、特別活動のクラブ活動(第1学年～第6学年)及びクラブ活動(第4学年～第6学年)にそれぞれ毎週1単位時間を充てることが望ましいとしていた。表中では、当該時数も総授業時数に加えている。)

【平成元年改訂】（平成4年度実施）

教科等＼学年	1	2	3	4	5	6
国語	306(9)	315(9)	280(8)	280(8)	210(6)	210(6)
社会	－	－	105(3)	105(3)	105(3)	105(3)
算数	136(4)	175(5)	175(5)	175(5)	175(5)	175(5)
理科	－	－	105(3)	105(3)	105(3)	105(3)
生活	102(3)	105(3)	－	－	－	－
音楽	68(2)	70(2)	70(2)	70(2)	70(2)	70(2)
図画工作	68(2)	70(2)	70(2)	70(2)	70(2)	70(2)
家庭	－	－	－	－	70(2)	70(2)
体育	102(3)	105(3)	105(3)	105(3)	105(3)	105(3)
道徳	34(1)	35(1)	35(1)	35(1)	35(1)	35(1)
特別活動	34(1)	35(1)	35(1)	35(1)	70(2)	70(2)
計	850(25)	910(26)	980(28)	1015(29)	1015(29)	1015(29)

※　特別活動は、学級活動（学校給食に係るものを除く。）とクラブ活動に充てる時数。

【平成10年改訂】（平成14年度実施）

教科等＼学年	1	2	3	4	5	6
国語	272(8)	280(8)	235(6.7)	235(6.7)	180(5.1)	175(5)
社会	－	－	70(2)	85(2.4)	90(2.6)	100(2.9)
算数	114(3.4)	155(4.4)	150(4.3)	150(4.3)	150(4.3)	150(4.3)
理科	－	105(3)	70(2)	90(2.6)	95(2.7)	95(2.7)
生活	102(3)	－	－	－	－	－
音楽	68(2)	70(2)	60(1.7)	60(1.7)	50(1.4)	50(1.4)
図画工作	68(2)	70(2)	60(1.7)	60(1.7)	50(1.4)	50(1.4)
家庭	－	－	－	－	60(1.7)	55(1.6)
体育	90(2.6)	90(2.6)	90(2.6)	90(2.6)	90(2.6)	90(2.6)
道徳	34(1)	35(1)	35(1)	35(1)	35(1)	35(1)
特別活動	34(1)	35(1)	35(1)	35(1)	35(1)	35(1)
総合的な学習の時間	－	－	105(3)	105(3)	110(3.1)	110(3.1)
計	782(23)	840(24)	910(26)	945(27)	945(27)	945(27)

※　特別活動は、学級活動（学校給食に係るものを除く。）に充てる授業時数。

【平成20年改訂】（平成23年度実施）

教科等＼学年	1	2	3	4	5	6
国語	306(9)	315(9)	245(7)	245(7)	175(5)	175(5)
社会	－	－	70(2)	90(2.6)	100(2.9)	105(3)
算数	136(4)	175(5)	175(5)	175(5)	175(5)	175(5)
理科	－	－	90(2.6)	105(3)	105(3)	105(3)
生活	102(3)	105(3)	－	－	－	－
音楽	68(2)	70(2)	60(1.7)	60(1.7)	50(1.4)	50(1.4)
図画工作	68(2)	70(2)	60(1.7)	60(1.7)	50(1.4)	50(1.4)
家庭	－	－	－	－	60(1.7)	55(1.6)
体育	102(3)	105(3)	105(3)	105(3)	90(2.6)	90(2.6)
道徳	34(1)	35(1)	35(1)	35(1)	35(1)	35(1)
特別活動	34(1)	35(1)	35(1)	35(1)	35(1)	35(1)
総合的な学習の時間	－	－	70(2)	70(2)	70(2)	70(2)
外国語活動	－	－	－	－	35(1)	35(1)
計	850(25)	910(26)	945(27)	980(28)	980(28)	980(28)

※　特別活動は、学級活動（学校給食に係るものを除く。）に充てる授業時数。

【平成29年改訂】（令和2年度実施）

教科等＼学年	1	2	3	4	5	6
国語	306(9)	315(9)	245(7)	245(7)	175(5)	175(5)
社会	－	－	70(2)	90(2.6)	100(2.9)	105(3)
算数	136(4)	175(5)	175(5)	175(5)	175(5)	175(5)
理科	－	－	90(2.6)	105(3)	105(3)	105(3)
生活	102(3)	105(3)	－	－	－	－
音楽	68(2)	70(2)	60(1.7)	60(1.7)	50(1.4)	50(1.4)
図画工作	68(2)	70(2)	60(1.7)	60(1.7)	50(1.4)	50(1.4)
家庭	－	－	－	－	60(1.7)	55(1.6)
体育	102(3)	105(3)	105(3)	105(3)	90(2.6)	90(2.6)
外国語	－	－	－	－	70(2)	70(2)
特別の教科 道徳	34(1)	35(1)	35(1)	35(1)	35(1)	35(1)
特別活動	34(1)	35(1)	35(1)	35(1)	35(1)	35(1)
総合的な学習の時間	－	－	70(2)	70(2)	70(2)	70(2)
外国語活動	－	－	35(1)	35(1)	－	－
計	850(25)	910(26)	980(28)	1015(29)	1015(29)	1015(29)

※　特別活動は、学級活動（学校給食に係るものを除く。）に充てる授業時数。

【昭和33年改訂】（昭和37年度実施）

教科＼学年		1	2	3
必修教科	国語	175 (5)	140 (4)	175 (5)
	社会	140 (4)	175 (5)	140 (4)
	数学	140 (4)	140 (4)	105 (3)
	理科	140 (4)	140 (4)	140 (4)
	音楽	70 (2)	70 (2)	35 (1)
	美術	70 (2)	35 (1)	35 (1)
	保健体育	105 (3)	105 (3)	105 (3)
	技術・家庭	105 (3)	105 (3)	105 (3)
	小計	945 (27)	910 (26)	840 (24)
選択教科	外国語	105 (3)	105 (3)	105 (3)
	農業	70 (2)	70 (2)	70 (2)
	工業	70 (2)	70 (2)	70 (2)
	商業	70 (2)	70 (2)	70 (2)
	水産	70 (2)	70 (2)	70 (2)
	家庭	70 (2)	70 (2)	70 (2)
	数学	—	—	70 (2)
	音楽	35 (1)	35 (1)	35 (1)
	美術	35 (1)	35 (1)	35 (1)
道徳		35 (1)	35 (1)	35 (1)
特別教育活動		35 (1)	35 (1)	35 (1)
最低授業時数		1,120 (32〜)	1,120 (32〜)	1,120 (32〜)

※ 選択教科については、毎学年1教科以上105単位時間以上を履修。

中学校における各教科等の授業時数の変遷

ここでは、学習指導要領が教育課程の基準として文部大臣が公示することとされた昭和33年の改訂から平成29年の改訂までの各教科等の授業時数の変遷を示す。

○ 表中の数字は、年間の授業時数を示す。
○ （ ）の数字は、年間の授業日数を35週とした場合における週当たりの平均授業時数を示す。
○ 授業時数の1単位時間は50分である。
○ 特別教育活動（特別活動）の授業時数は、それぞれ次にあてる授業時数である。
昭和33年改訂
昭和44年、昭和52年改訂
学級指導（学校給食に係るものを除く）、クラブ活動及び学級会活動
平成元年改訂
学級活動（学校給食に係るものを除く）及びクラブ活動
平成10年、平成20年、平成29年改訂
学級活動（学校給食に係るものを除く）

【昭和52年改訂】（昭和56年度実施）

教科＼学年	1	2	3
国語	175 (5)	140 (4)	140 (4)
社会	140 (4)	140 (4)	105 (3)
数学	105 (3)	140 (4)	140 (4)
理科	105 (3)	105 (3)	140 (4)
音楽	70 (2)	70 (2)	35 (1)
美術	70 (2)	70 (2)	35 (1)
保健体育	105 (3)	105 (3)	105 (3)
技術・家庭	70 (2)	70 (2)	105 (3)
小計	840 (24)	840 (24)	805 (23)
道徳	35 (1)	35 (1)	35 (1)
特別活動	70 (2)	70 (2)	70 (2)
選択教科等	105 (3)	105 (3)	140 (4)
総授業時数	1,050 (30)	1,050 (30)	1,050 (30)

※1．選択教科等にあてる授業時数は、1以上の選択教科にあてるほか、特別活動の授業時数等の増加にあてることができる。

※2．選択教科の種類は、音楽、美術、保健体育、技術・家庭（以上、第3学年）、外国語、その他特に必要な教科（第1〜3学年）。

※3．選択教科の授業時数は外国語は各学年105、それ以外の教科は35を標準。

【昭和44年改訂】（昭和47年度実施）

教科＼学年	1	2	3
国語	175 (5)	175 (5)	175 (5)
社会	140 (4)	140 (4)	175 (5)
数学	140 (4)	140 (4)	140 (4)
理科	140 (4)	140 (4)	140 (4)
音楽	70 (2)	70 (2)	35 (1)
美術	70 (2)	70 (2)	35 (1)
保健体育	125 (3.6)	125 (3.6)	125 (3.6)
技術・家庭	105 (3)	105 (3)	105 (3)
小計	965 (27.6)	965 (27.6)	930 (26.6)
道徳	35 (1)	35 (1)	35 (1)
特別活動	50 (1.4)	50 (1.4)	50 (1.4)
選択教科等	140 (4)	140 (4)	140 (4)
総授業時数	1,190 (34)	1,190 (34)	1,155 (33)

※1．選択教科等にあてる授業時数は、1以上の選択教科等にあてるほか、特別活動の授業時数等の増加にあてることができる。

※2．選択教科の種類は、外国語、農業、工業、商業、水産、家庭、その他特に必要な教科。

※3．選択教科の授業時数は外国語は各学年105、第3学年は各学年105、第3学年は外国語とそれ以外の教科は第1・2学年は35、第3学年は70を標準。

※4．第3学年の選択教科は、外国語とそれ以外の教科とあわせて履修させる場合等学校において特に必要がある場合には175を標準。この場合、総授業時数は1190を標準。

【平成元年改訂】（平成5年度実施）

教科＼学年	1	2	3
必修教科 国語	175（5）	140（4）	140（4）
社会	140（4）	140（4）	70～105（2～3）
数学	105（3）	140（4）	140（4）
理科	105（3）	105（3）	105～140（3～4）
音楽	70（2）	35～70（1～2）	35（1）
美術	70（2）	35～70（1～2）	35（1）
保健体育	105（3）	105（3）	105～140（3～4）
技術・家庭	70（2）	70（2）	70～105（2～3）
小計	840（24）	770～840（22～24）	700～840（20～24）
道徳	35（1）	35（1）	35（1）
特別活動	35～70（1～2）	35～70（1～2）	35～70（1～2）
選択教科等	105～140（3～4）	105～210（3～6）	140～280（4～8）
総授業時数	1,050（30）	1,050（30）	1,050（30）

※1. 選択教科等にあてる授業時数は、選択教科の授業時数にあてるほか、特別活動の授業時数の増加にあてることができる。
※2. 選択教科の種類は、国語、社会、数学、理科、音楽、美術、保健体育、技術・家庭、外国語（以上、第3学年）、国語、社会、数学、美術、保健体育、技術・家庭、外国語（以上、第2～3学年）、その他特に必要な教科（以上、第1～3学年）。
※3. 選択教科の授業時数は外国語は各学年105から140を標準。それ以外の教科は35以内で各学校で適切な時数を定める。
※4. 生徒に履修させる選択教科の数は、第1・2学年は1以上、第3学年は2以上。

【平成10年改訂】（平成14年度実施）

教科＼学年	1	2	3
必修教科 国語	140（4）	105（3）	105（3）
社会	105（3）	105（3）	85（2.4）
数学	105（3）	105（3）	105（3）
理科	105（3）	105（3）	80（2.3）
音楽	45（1.3）	35（1）	35（1）
美術	45（1.3）	35（1）	35（1）
保健体育	90（2.6）	90（2.6）	90（2.6）
技術・家庭	70（2）	70（2）	35（1）
外国語	105（3）	105（3）	105（3）
小計	810（23.2）	755（21.6）	675（19.3）
道徳	35（1）	35（1）	35（1）
特別活動	35（1）	35（1）	35（1）
選択教科等	0～30（0～0.8）	50～85（1.4～2.4）	105～165（3～4.7）
総合的な学習の時間	70～100（2～2.8）	70～105（2～3）	70～130（2～3.7）
総授業時数	980（28）	980（28）	980（28）

※1. 選択教科等にあてる授業時数は、選択教科の授業時数にあてるほか、特別活動の授業時数の増加にあてることができる。
※2. 選択教科の種類は、各学年とも全教科及びその他特に必要な教科。
※3. 各選択教科の授業時数は70（第1学年は30）の範囲内で各学校で適切な時数を定める。
※4. 生徒に履修させる選択教科の数は、第2学年は1以上、第3学年は2以上。

【平成20年改訂】（平成24年度実施）

教科＼学年		1	2	3
必修教科	国語	140 (4)	140 (4)	105 (3)
	社会	105 (3)	105 (3)	140 (4)
	数学	140 (4)	105 (3)	140 (4)
	理科	105 (3)	140 (4)	140 (4)
	音楽	45 (1.3)	35 (1)	35 (1)
	美術	45 (1.3)	35 (1)	35 (1)
	保健体育	105 (3)	105 (3)	105 (3)
	技術・家庭	70 (2)	70 (2)	35 (1)
	外国語	140 (4)	140 (4)	140 (4)
	小計	895 (25.6)	875 (25)	875 (25)
道徳		35 (1)	35 (1)	35 (1)
特別活動		35 (1)	35 (1)	35 (1)
総合的な学習の時間		50 (1.4)	70 (2)	70 (2)
総授業時数		1,015 (29)	1,015 (29)	1,015 (29)

※　選択教科については、標準授業時数の枠外で、各学校において開設。

【平成29年改訂】（令和3年度実施）

教科＼学年		1	2	3
必修教科	国語	140 (4)	140 (4)	105 (3)
	社会	105 (3)	105 (3)	140 (4)
	数学	140 (4)	105 (3)	140 (4)
	理科	105 (3)	140 (4)	140 (4)
	音楽	45 (1.3)	35 (1)	35 (1)
	美術	45 (1.3)	35 (1)	35 (1)
	保健体育	105 (3)	105 (3)	105 (3)
	技術・家庭	70 (2)	70 (2)	35 (1)
	外国語	140 (4)	140 (4)	140 (4)
	小計	895 (25.6)	875 (25)	875 (25)
特別の教科 道徳		35 (1)	35 (1)	35 (1)
特別活動		35 (1)	35 (1)	35 (1)
総合的な学習の時間		50 (1.4)	70 (2)	70 (2)
総授業時数		1,015 (29)	1,015 (29)	1,015 (29)

※　選択教科については、標準授業時数の枠外で、各学校において開設。

【昭和35年改訂】（昭和38年度実施）

高等学校における各教科・科目等の標準単位数の変遷

ここでは、学習指導要領が教育課程の基準として文部大臣が公示するものとされた昭和35年の改訂から平成30年の改訂までの各教科・科目等の標準単位数の変遷を示す。

○ 表中の数字は、卒業までに履修する各教科・科目等の標準単位数を示す。
○ 単位については、1単位時間を50分とし、35単位時間の授業を1単位として計算すること。
○ 表中、全日制・定時制課程で普通は普通科、農業は農業、商業は商業、工業は工業、水産は水産、家庭は家庭、看護は看護、体育は体育、音楽は音楽、美術は美術、英語は英語を指す。

教科	科目	標準単位数	すべての生徒に履修させる科目
国語	現代国語	7	○
	古典甲	2	〕うち1科目
	古典乙I	5	
	古典乙II	3	
社会	倫理・社会	2	○
	政治・経済	2	○
	日本史	3	○
	世界史A	3	〕うち1科目
	世界史B	4	
	地理A	3	〕うち1科目
	地理B	4	
数学	数学I	5	○
	数学IIA	4	〕うち1科目
	数学IIB	5	
	数学III	6	
	応用数学		
理科	物理A	3	〕うち1科目
	物理B	5	
	化学A	3	〕うち1科目
	化学B	4	
	生物	4	
	地学	2	
保健体育	体育	男9女7	○
	保健	2	○
芸術	音楽I	2	〔Iの科目から1科目
	音楽II	4	
	美術I	2	
	美術II	4	
	工芸I	2	
	工芸II	4	
	書道I	2	
	書道II	4	
外国語	英語A	9	
	英語B	15	〕うち1科目
	ドイツ語	15	
	フランス語	15	
	その他の外国語に関する科目		
家庭	家庭一般	4	○（女）
卒業単位数		85単位以上	

普通科必修
　男　17科目　68単位〜74
　　　　　　　（定66）
　女　18科目　70〜76
職業学科必修
　普通教科・科目　14科目（47〜58単位）
　職業教科・科目　35単位以上
　（高等科小間10単位含めてもも可）

【昭和53年改訂】（昭和57年度実施）

普通科必修（32単位）
男 7科目・必修（32単位）
女 8科目・必修・科目
普通学科必修・科目
男 7科目（27単位）
女 8科目（31単位）
専門教科・科目：30単位
（商業科か国語 10単位・職業科目・科目と関連の教科が設置できる場合には、普通職科・科目5単位を含めてもよい）

教科	科目	標準単位数	すべての生徒に履修させる科目
国語	国語I	4	○
	国語II	4	
	現代文	2	
	古典	4	
社会	現代社会	4	○
	日本史	4	
	世界史	4	
	地理	4	
	倫理	2	
	政治・経済	2	
数学	数学I	4	○
	数学II	3	
	代数・幾何	3	
	基礎解析	3	
	微分・積分	3	
	確率・統計	3	
理科	理科I	4	○
	理科II	2	
	物理	4	
	化学	4	
	生物	4	
	地学	4	
保健体育	体育	7～9	○（全普男11）
	保健	2	○
芸術	音楽I	2	Iの科目から1科目（普3単位）
	音楽II	2	
	音楽III	2	
	美術I	2	
	美術II	2	
	美術III	2	
	工芸I	2	
	工芸II	2	
	工芸III	2	
	書道I	2	
	書道II	2	
	書道III	2	
外国語	英語I	4	
	英語II	5	
	英語IIA	3	
	英語IIB	3	
	英語IIC	3	
	ドイツ語		
	フランス語		
	その他の外国語に関する科目		
家庭	家庭一般	4	○（女）
	卒業所要単位数		80単位以上

【昭和45年改訂】（昭和48年度実施）

普通科必修
男 11～12科目（47単位）
女 12～13科目（47単位）
専門学科必修
男 12～13科目（42単位）
女 11～12科目（46単位）
普通教科・科目：35単位
専門教科・科目 10単位を含む（商業科か国語）

教科	科目	標準単位数	すべての生徒に履修させる科目
国語	現代国語	7	うち1科目
	古典I甲	2	
	古典I乙	5	
	古典II	3	
社会	倫理・社会	2	うち2科目
	政治・経済	2	○
	日本史	3	○
	世界史A	3	
	世界史B	3	
	地理A	3	
	地理B	3	
数学	数学一般	6	うち1科目
	数学I	6	
	数学IIA	4	
	数学IIB	5	
	数学III	5	
	応用数学	6	
理科	基礎理科	6	○ 又はIの科目から2科目
	物理I	3	
	物理II	3	
	化学I	3	
	化学II	3	
	生物I	3	
	生物II	3	
	地学I	3	
	地学II	3	
保健体育	体育	7～9	○（全普男11）
	保健	2	○
芸術	音楽I	2	Iの科目から1科目（普3単位）
	音楽II	2	
	音楽III	2	
	美術I	2	
	美術II	2	
	美術III	2	
	工芸I	2	
	工芸II	2	
	工芸III	2	
	書道I	2	
	書道II	2	
	書道III	2	
外国語	初級英語	6	
	英語A	9	
	英語B	15	
	英語会話	5	
	ドイツ語	15	
	フランス語	15	
	その他の外国語に関する科目	5	
家庭	家庭一般	4	○（女）
	卒業所要単位数		85単位以上

【平成11年度改訂】（平成15年度実施）

教科	科目	標準単位数	すべての生徒に履修させる科目
国語	国語表現Ⅰ	2	
	国語表現Ⅱ	2	
	国語総合	4	○
	現代文	4	
	古典	2	
	古典講読	2	
地理歴史	世界史A	2	うち1科目
	世界史B	4	
	日本史A	2	うち1科目
	日本史B	4	
	地理A	2	
	地理B	4	
公民	現代社会	2	「現代社会」又は「倫理」・「政治・経済」
	倫理	2	
	政治・経済	2	
数学	数学基礎	2	うち1科目
	数学Ⅰ	3	
	数学Ⅱ	4	
	数学Ⅲ	3	
	数学A	2	
	数学B	2	
	数学C	2	
理科	理科基礎	2	うち2科目（「理科基礎」「理科総合A」「理科総合B」のうち1科目を含む）
	理科総合A	2	
	理科総合B	2	
	物理Ⅰ	3	
	物理Ⅱ	3	
	化学Ⅰ	3	
	化学Ⅱ	3	
	生物Ⅰ	3	
	生物Ⅱ	3	
	地学Ⅰ	3	
	地学Ⅱ	3	
保健体育	体育	7〜8	○
	保健	2	○
芸術	音楽Ⅰ	2	Ⅰの科目から1科目
	音楽Ⅱ	2	
	音楽Ⅲ	2	
	美術Ⅰ	2	
	美術Ⅱ	2	
	美術Ⅲ	2	
	工芸Ⅰ	2	
	工芸Ⅱ	2	
	工芸Ⅲ	2	
	書道Ⅰ	2	
	書道Ⅱ	2	
	書道Ⅲ	2	
外国語	オーラル・コミュニケーションⅠ	2	うち1科目
	オーラル・コミュニケーションⅡ	4	
	英語Ⅰ	3	
	英語Ⅱ	4	
	リーディング	4	
	ライティング	4	
家庭	家庭基礎	2	うち1科目
	家庭総合	4	
	生活技術	4	
情報	情報A	2	うち1科目
	情報B	2	
	情報C	2	
総合的な学習の時間		3〜6	○

専門教科：農業、工業、商業、水産、家庭、看護、情報、福祉、理数、体育、音楽、美術、英語

卒業単位数74単位以上

- 普通科目必修 13〜14科目（31単位）
- 専門学科必修 13〜14科目（31単位）
- 専門教科・科目：25単位
  （農業科は外国語5単位、商業科は簿記と同様の成果が期待できる場合は、看護科・福祉科5単位を含めてもよい）

【平成元年度改訂】（平成6年度実施）

教科	科目	標準単位数	すべての生徒に履修させる科目
国語	国語Ⅰ	4	○
	国語Ⅱ	4	
	国語表現	2	
	現代文	4	
	現代語	2	
	古典Ⅰ	3	
	古典Ⅱ	2	
	古典講読	2	
地理歴史	世界史A	2	うち1科目
	世界史B	4	
	日本史A	2	うち1科目
	日本史B	4	
	地理A	2	
	地理B	4	
公民	現代社会	4	「現代社会」又は「倫理」・「政治・経済」
	倫理	2	
	政治・経済	2	
数学	数学Ⅰ	4	○
	数学Ⅱ	3	
	数学Ⅲ	3	
	数学A	2	
	数学B	2	
	数学C	2	
理科	総合理科	4	5区分から2区分にわたって2科目
	物理ⅠA	2	
	物理ⅠB	4	
	化学ⅠA	2	
	化学ⅠB	4	
	生物ⅠA	2	
	生物ⅠB	4	
	地学ⅠA	2	
	地学ⅠB	4	
保健体育	体育	7〜9	○（全部9）
	保健	2	○
芸術	音楽Ⅰ	2	Ⅰの科目から1科目（書3単位）
	音楽Ⅱ	2	
	音楽Ⅲ	2	
	美術Ⅰ	2	
	美術Ⅱ	2	
	美術Ⅲ	2	
	工芸Ⅰ	2	
	工芸Ⅱ	2	
	工芸Ⅲ	2	
	書道Ⅰ	2	
	書道Ⅱ	2	
	書道Ⅲ	2	
外国語	英語Ⅰ	4	うち1科目
	英語Ⅱ	4	
	オーラル・コミュニケーションA	2	
	オーラル・コミュニケーションB	2	
	オーラル・コミュニケーションC	2	
	リーディング	4	
	ライティング	4	
	ドイツ語		
	フランス語		
家庭	家庭一般	4	うち1科目
	生活技術	4	
	生活一般	4	

専門教科：農業、工業、商業、水産、家庭、看護、音楽、美術、英語

卒業単位数80単位以上

- 普通科目必修 11〜12科目（38単位）
- 専門学科必修 11〜12科目（35単位）
- 専門教科・科目：30単位
  （農業科は外国語10単位、商業科は簿記と同様の成果が期待できる場合は、看護科5単位、書道科5単位を含めてもよい）

【平成30年改訂】（令和4年度実施）

教科	科目	標準単位数	すべての生徒に履修させる科目
国語	現代の国語	2	○
	言語文化	2	○
	論理国語	4	
	文学国語	4	
	国語表現	4	
	古典探究	4	
地理歴史	地理総合	2	○
	地理探究	3	
	歴史総合	2	○
	日本史探究	3	
	世界史探究	3	
公民	公共	2	○
	倫理	2	
	政治・経済	2	
数学	数学I	3	○ 2単位まで減可
	数学II	4	
	数学III	3	
	数学A	2	
	数学B	2	
	数学C	2	
理科	科学と人間生活	2	「科学と人間生活」を含む2科目又は基礎を付した科目を3科目
	物理基礎	2	
	物理	4	
	化学基礎	2	
	化学	4	
	生物基礎	2	
	生物	4	
	地学基礎	2	
	地学	4	
保健体育	体育	7〜8	○
	保健	2	○
芸術	音楽I	2	Iの科目から1科目
	音楽II	2	
	音楽III	2	
	美術I	2	
	美術II	2	
	美術III	2	
	工芸I	2	
	工芸II	2	
	工芸III	2	
	書道I	2	
	書道II	2	
	書道III	2	
外国語	英語コミュニケーションI	3	○ 2単位まで減可
	英語コミュニケーションII	4	
	英語コミュニケーションIII	4	
	論理・表現I	2	
	論理・表現II	2	
	論理・表現III	2	
家庭	家庭基礎	2	□ うち1科目
	家庭総合	4	
情報	情報I	2	○
	情報II	2	
理数	理数探究基礎	1	
	理数探究	2〜5	
	総合的な探究の時間	3〜6	○ 2単位まで減可

農工商水看情福、各学科に共通する各教科

卒業単位数　74単位以上

普通科目必修　14〜15科目（33単位）
専門学科必修　14〜15科目（33単位）
（農学科以外の学科で、理数の5単位を総合的な探究・理数科目と同等の成果・科目5単位に含める場合でも可）

【平成21年改訂】（平成25年度実施）

教科	科目	標準単位数	すべての生徒に履修させる科目
国語	国語総合	4	○ 2単位まで減可
	国語表現	3	
	現代文A	2	
	現代文B	4	
	古典A	2	
	古典B	4	
地理歴史	世界史A	2	うち1科目
	世界史B	4	
	日本史A	2	
	日本史B	4	
	地理A	2	
	地理B	4	
公民	現代社会	2	「現代社会」又は「倫理」・「政治・経済」
	倫理	2	
	政治・経済	2	
数学	数学I	3	○ 2単位まで減可
	数学II	4	
	数学III	5	
	数学A	2	
	数学B	2	
	数学活用	2	
理科	科学と人間生活	2	「科学と人間生活」を含む2科目又は基礎を付した科目を3科目
	物理基礎	2	
	物理	4	
	化学基礎	2	
	化学	4	
	生物基礎	2	
	生物	4	
	地学基礎	2	
	地学	4	
	理科課題研究	1	
保健体育	体育	7〜8	○
	保健	2	○
芸術	音楽I	2	Iの科目から1科目
	音楽II	2	
	音楽III	2	
	美術I	2	
	美術II	2	
	美術III	2	
	工芸I	2	
	工芸II	2	
	工芸III	2	
	書道I	2	
	書道II	2	
	書道III	2	
外国語	コミュニケーション英語基礎	2	○ 2単位まで減可
	コミュニケーション英語I	3	
	コミュニケーション英語II	4	
	コミュニケーション英語III	4	
	英語表現I	2	
	英語表現II	4	
	英語会話	2	
家庭	家庭基礎	2	□ うち1科目
	家庭総合	4	
	生活デザイン	4	
情報	社会と情報	2	うち1科目
	情報の科学	2	
	総合的な学習の時間	3〜6	○ 2単位まで減可

農工商水看、各教科、各学科に共通する各教科

卒業単位数　74単位以上

普通科目必修　13〜15科目（31単位）
専門学科必修　13〜15科目（31単位）
（農学科以外の学科で、理数の5単位を総合的な学習・科目と同等の成果・科目5単位を認める場合）

様式1（学籍に関する記録）

小 学 校 児 童 指 導 要 録 （参 考 様 式）

区分＼学年	1	2	3	4	5	6
学級						
整理番号						

学 籍 の 記 録

児童	ふりがな		
	氏名		性別
	生年月日	年 月 日生	
	現住所		

保護者	ふりがな	
	氏名	
	現住所	

入学前の経歴	

学校名及び所在地（分校名・所在地等）	

入学・編入学等	年 月 日 第1学年入学 第 学年編入学
転入学	年 月 日 第 学年転入学
転学・退学等	（ 年 月 日） 年 月 日
卒業	年 月 日
進学先	

年度		年度		年度	
区分＼学年	1	2	3
校長氏名印			
学級担任者氏名印			

年度		年度		年度	
区分＼学年	4	5	6
校長氏名印			
学級担任者氏名印			

児童氏名

行動の記録

項目	学年	1	2	3	4	5	6	項目	学年	1	2	3	4	5	6
基本的な生活習慣								思いやり・協力							
健康・体力の向上								生命尊重・自然愛護							
自主・自律								勤労・奉仕							
責任感								公正・公平							
創意工夫								公共心・公徳心							

総合所見及び指導上参考となる諸事項

第1学年		第4学年	
第2学年		第5学年	
第3学年		第6学年	

出欠の記録

区分　学年	授業日数	出席停止・忌引等の日数	出席しなければならない日数	欠席日数	出席日数	備考
1						
2						
3						
4						
5						
6						

様式2（指導に関する記録）

児童氏名	学校名	区分　学年	1	2	3	4	5	6
		学級						
		整理番号						

各教科の学習の記録

教科	観点	学年	1	2	3	4	5	6
国語	知識・技能							
	思考・判断・表現							
	主体的に学習に取り組む態度							
	評定							
社会	知識・技能							
	思考・判断・表現							
	主体的に学習に取り組む態度							
	評定							
算数	知識・技能							
	思考・判断・表現							
	主体的に学習に取り組む態度							
	評定							
理科	知識・技能							
	思考・判断・表現							
	主体的に学習に取り組む態度							
	評定							
生活	知識・技能							
	思考・判断・表現							
	主体的に学習に取り組む態度							
	評定							
音楽	知識・技能							
	思考・判断・表現							
	主体的に学習に取り組む態度							
	評定							
図画工作	知識・技能							
	思考・判断・表現							
	主体的に学習に取り組む態度							
	評定							
家庭	知識・技能							
	思考・判断・表現							
	主体的に学習に取り組む態度							
	評定							
体育	知識・技能							
	思考・判断・表現							
	主体的に学習に取り組む態度							
	評定							
外国語	知識・技能							
	思考・判断・表現							
	主体的に学習に取り組む態度							
	評定							

特別の教科　道徳

学年	学習状況及び道徳性に係る成長の様子
1	
2	
3	
4	
5	
6	

外国語活動の記録

学年	知識・技能	思考・判断・表現	主体的に学習に取り組む態度
3			
4			

総合的な学習の時間の記録

学年	学習活動	観点	評価
3			
4			
5			
6			

特別活動の記録

内容	観点	学年	1	2	3	4	5	6
学級活動								
児童会活動								
クラブ活動								
学校行事								

様式1（学籍に関する記録）

中 学 校 生 徒 指 導 要 録 （参 考 様 式）

区分　学年	1	2	3
学　　級			
整理番号			

学 籍 の 記 録

生徒	ふりがな		
	氏　名		性別
	生年月日	年　月　日生	
	現住所		
保護者	ふりがな		
	氏　名		
	現住所		
入学前の経歴			
学校名及び所在地（分校名・所在地等）			

入学・編入学等	年　月　日　第1学年入学 第　学年編入学
転入学	年　月　日　第　学年転入学
転学・退学等	（　年　月　日）年　月　日
卒　業	年　月　日
進学先 就職先等	

年度	1（年度）	2（年度）	3（年度）
区分　学年			
校長氏名印			
学級担任者氏名印			

様式2（指導に関する記録）

生徒氏名　　　　　学校名　　　　　区分 学年 | 1 | 2 | 3
学級
整理番号

各教科の学習の記録

教科	観点	学年 1	2	3
国語	知識・技能			
	思考・判断・表現			
	主体的に学習に取り組む態度			
	評定			
社会	知識・技能			
	思考・判断・表現			
	主体的に学習に取り組む態度			
	評定			
数学	知識・技能			
	思考・判断・表現			
	主体的に学習に取り組む態度			
	評定			
理科	知識・技能			
	思考・判断・表現			
	主体的に学習に取り組む態度			
	評定			
音楽	知識・技能			
	思考・判断・表現			
	主体的に学習に取り組む態度			
	評定			
美術	知識・技能			
	思考・判断・表現			
	主体的に学習に取り組む態度			
	評定			
保健体育	知識・技能			
	思考・判断・表現			
	主体的に学習に取り組む態度			
	評定			
技術・家庭	知識・技能			
	思考・判断・表現			
	主体的に学習に取り組む態度			
	評定			
外国語	知識・技能			
	思考・判断・表現			
	主体的に学習に取り組む態度			
	評定			

特別の教科　道徳

学年	学習状況及び道徳性に係る成長の様子
1	
2	
3	

総合的な学習の時間の記録

学年	学習活動	観点	評価
1			
2			
3			

特別活動の記録

内容	観点	学年 1	2	3
学級活動				
生徒会活動				
学校行事				

生徒氏名

行動の記録

項目	学年 1	2	3	項目	学年 1	2	3
基本的な生活習慣				思いやり・協力			
健康・体力の向上				生命尊重・自然愛護			
自主・自律				勤労・奉仕			
責任感				公正・公平			
創意工夫				公共心・公徳心			

総合所見及び指導上参考となる諸事項

第1学年	
第2学年	
第3学年	

出欠の記録

区分 学年	授業日数	出席停止・忌引等の日数	欠席日数	出席しなければならない日数	出席日数	備考
1						
2						
3						

（様式1 裏面）

おいて開設される各教科・科目

教科	科目	修得単位数のほか
情報	〃	
福祉	〃	
理数	〃	
体育	〃	
音楽	〃	
美術	〃	
英語	〃	
学校設定教科	〃	

総合的な探究の時間	留学

各教科・科目等の修得単位数の記録

教科	科目	修得単位数のほか
家庭	〃	
情報	〃	
理数	〃	
学校設定教科	〃	
主として専門学科において 農業	〃	
工業	〃	
商業	〃	
水産	〃	
家庭	〃	
看護	〃	

各学科に共通する各教科・科目

教科	科目	修得単位数のほか
国語	現代の国語 略	
地理歴史	〃	
公民	〃	
数学	〃	
理科	〃	
保健体育	〃	
芸術	〃	
外国語	〃	

高等学校（全日制の課程・定時制の課程）　生徒指導要録（参考様式）

様式1（学籍に関する記録）

区分 学年	1	2	3	4
ホームルーム				
整理番号				

学籍の記録

生徒	ふりがな		
	氏名	性別	
	生年月日	年 月 日生	
	現住所		
保護者	ふりがな		
	氏名		
	現住所		
入学前の経歴	中学校卒業　年		
	入学・編入学	年 月 日	第1学年入学／第1学年編入学
	転入学	年 月 日	
	転学・退学	年 月 日	
	留学等	年 月 日 〜 年 月 日	
	卒業	年 月 日	
	進学先 就職先等		
学校名及び所在地（分校名・所在地等）			
課程名・学科名			

年度	年度	年度	年度
区分 学年	1	2	3	4
校長氏名印				
ホームルーム担任者氏名印				

様式2（指導に関する記録）

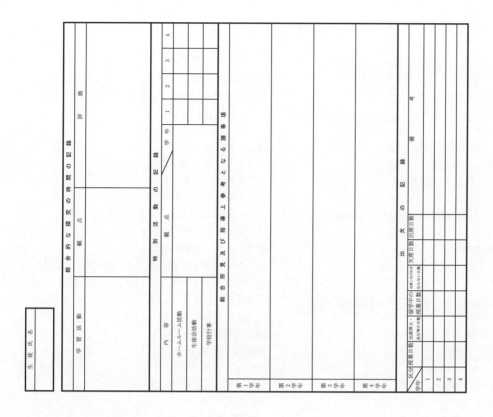

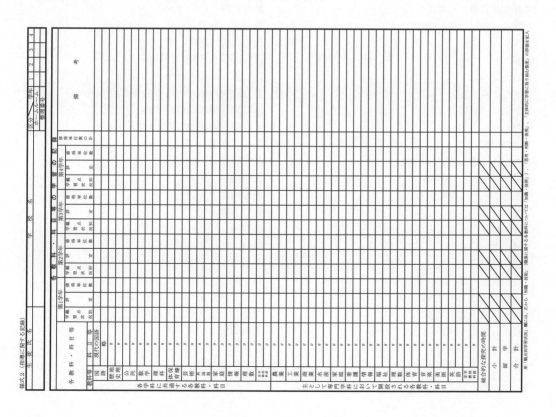

索　引

【関心1】 カリキュラム・マネジメントの考え方やそれに基づく具体的な方法論を体系的に学びたい……

田村知子・村川雅弘・吉冨芳正・西岡加名恵『カリキュラムマネジメント・ハンドブック』

ぎょうせい、2016年、2,530円(10%税込み)、ISBN978-4-324-10083-7

【関心2】 カリキュラム・マネジメントの考え方を踏まえて、多様で特色ある実践事例にはどのようなものがあるか知りたい……

田村知子『実践・カリキュラムマネジメント』

ぎょうせい、2011年、2,619円(10%税込み)、ISBN978-4-324-09294-1

【関心3】 各学校がカリキュラム・マネジメントを推進していく上での文部科学省や各地域の教育行政による支援の在り方や具体例が知りたい……

村川雅弘・吉冨芳正・田村知子・泰山裕『教育委員会・学校管理職のためのカリキュラム・マネジメント実現への戦略と実践』

ぎょうせい、2020年、2,750円(10%税込み)、ISBN978-4-324-10792-8

【関心4】 カリキュラム・マネジメントの考え方をもとにして、コロナ禍を経て学校はどのように前進していけばよいのか、具体的な事例や考え方を学びたい……

村川雅弘『withコロナ時代の新しい学校づくり 危機から学びを生み出す現場の知恵』

ぎょうせい、2020年、2,750円(10%税込み)、ISBN 978-4-324-10902-1

【関心5】 各学校でカリキュラムマネジメントに取り組む具体的な方法が簡便にわかる手引きがほしい……

田村知子『カリキュラムマネジメント―学力向上へのアクションプラン―』

日本標準、ブックレットNo.13、2014年、660円(10%税込み)、ISBN978-4-8208-0580-9

【関心6】 各学校において教育課程を適切に編成していくための研究的な理論を詳しく学びたい……

安彦忠彦『教育課程編成論〔改訂版〕－学校は何を学ぶところか』

放送大学教育振興会、2006年、2,310円(10%税込み)、ISBN978-4-595-12618-5

【関心7】 カリキュラム・マネジメントを実現するための校内研修の工夫について学びたい……

村川雅弘『ワークショップ型教員研修 はじめの一歩』

教育開発研究所、2016年、1,980円(10%税込み)、ISBN978-4-87380-470-5

┌───┐
│   〔**参考サイトの紹介**〕   │
│   あなたの知識を広げ、考える手がかりが探せるサイトを紹介します！   │
└───┘

1 学習指導要領改訂のポイント、学校種別ごとの学習指導要領、教科等ごとの学習指導要領
 解説等が見たい！
 【文部科学省のサイト】
　　https://www.mext.go.jp/a_menu/shotou/new-cs/1384661.htm
 ＊ 学習指導要領は教育課程の基準であり、教員の仕事のいわば〈ルールブック〉、その解
 　説はいわば〈ガイドブック〉だと捉えることができます。特に学習指導要領解説総則編の
 　内容を概観すると、本書の内容もよりわかりやすくなります。

2 授業改善のための教員向け指導資料や学習評価関係の資料など、具体的な課題についての
 参考資料を探したい！
 【文部科学省のサイト】
　　https://www.mext.go.jp/a_menu/shotou/new-cs/senseiouen/index.htm
 【国立教育政策研究所のサイト】
　　https://www.nier.go.jp/kaihatsu/shidousiryou.html
 【才能開発教育研究財団のサイト「先生の学び応援サイト― IMETS Web ―」】
　　https://sainou.or.jp/senseimanabi/

3 学力調査についての情報が欲しい！
 【国立教育政策研究所のサイト】
 ⑴ 文部科学省・国立教育政策研究所　全国学力・学習状況調査
　　https://www.nier.go.jp/kaihatsu/zenkokugakuryoku.html

 ⑵ OECD（経済協力開発機構）　生徒の学習到達度調査（PISA）
　　https://www.nier.go.jp/kokusai/pisa/index.html

 ⑶ IEA（国際教育到達度評価学会）　国際数学・理科教育動向調査（TIMSS）
　　https://www.nier.go.jp/timss/index.html

4 過去の学習指導要領を見てみたい！
 【国立教育政策研究所のサイト】
　　https://erid.nier.go.jp/guideline.html

編著者一覧

■編集代表

吉冨　芳正　明星大学教授

■編著者

村川　雅弘　甲南女子大学教授

田村　知子　大阪教育大学大学院教授

石塚　　等　横浜国立大学教授

倉見　昇一　兵庫教育大学大学院教授

■執筆者 （執筆順）

石田　有記　文部科学省初等中等教育局教育課程課

　　　　　　学校教育官（併）カリキュラム・マネジメント調査官

八釼　明美　愛知県知多市教諭

西岡加名恵　京都大学大学院教授

高橋　正尚　鎌倉女子大学教授

＊肩書きは、本書刊行時のものを記載。

これからの教育課程とカリキュラム・マネジメント

令和 2 年 4 月 1 日　第 1 刷発行
令和 6 年 3 月10日　第 5 刷発行

編著者　吉冨芳正／村川雅弘／田村知子／石塚　等／倉見昇一

発　行　株式会社ぎょうせい

〒136-8575　東京都江東区新木場1-18-11
URL：https://gyosei.jp

フリーコール　0120-953-431

ぎょうせい　お問い合わせ　検索　https://gyosei.jp/inquiry/

〈検印省略〉

印刷　ぎょうせいデジタル株式会社　　　　　　　　　　　　©2020　Printed in Japan
※乱丁・落丁本はお取り替えいたします。

ISBN978-4-324-10793-5
(5108597-00-000)
〔略号：これからの教育課程〕